hänssler

Hansjörg Bräumer

Orte im Leben Jesu

Von Bethlehem nach Kapernaum

Hänssler
Bestell-Nr. 394.432
ISBN 978-3-7751-4432-2

Internet: www.haenssler-verlag.de
E-Mail: info@haenssler.de
Umschlaggestaltung: Jens Vogelsang, Aachen
Titelbild: Alexander Schick
Satz: typoscript GmbH, Kirchentellinsfurt
Druck und Bindung: Druckerei Steinmeier, Deiningen
Printed in Germany

Inhalt

Zum Geleit

Mit Beni Elon sprach ich in Jerusalem über die »Landfrage«. »Dieses Land gehört nicht uns, es gehört Gott.« So deutlich und plakativ drückte sich dabei der damalige Minister für Tourismus aus.

Das Buch »Orte im Leben Jesu« nimmt uns mit auf die Suche nach den Spuren Gottes in Israel – von Bethlehem bis nach Kapernaum. Es ist zuallererst eine Entdeckungsreise nach Orten im Leben Jesu, in denen die Welt der Bibel lebendig wird und uns ganz nahekommt. Dieses Ursprüngliche zu entdecken, ist viel mehr als das Betreten eines Freilichtmuseums. Es ist der Schauplatz des »Fünften Evangeliums«, wie der Archäologe Bargil Pixner es einmal formulierte.

Hansjörg Bräumer habe ich als profunden Kenner des biblischen Landes, der israelischen Geschichte und der hebräischen Sprache kennengelernt und bewundere ihn in freundschaftlicher Verbundenheit schon seit Jahrzehnten. In diesem Buch legt er eine Basis zum Umgang mit den vier Evangelien, zum neuen Nachdenken und Erfassen der großen Taten Gottes und dem Verständnis der Evangelien als Botschaft vom Hereinbrechen des Reiches Gottes in diese Welt.

Schon die häppchenweise Vorveröffentlichungen in den Lobetaler Werksnachrichten faszinierten mich. Ich war beeindruckt über die tiefschürfenden Aussagen des Verkündigers Hansjörg Bräumer. Aus seinen Zeilen spricht mehr als flache Israeleuphorie; er gibt Orientierungshilfe für die Bibel.

Obwohl ich schon oft im Lande Jesu war, gibt es für mich doch viel Neues zu entdecken. Vor allem wird als »roter Faden« deutlich, wie Gott in der Geschichte handelt. Ich wünschte nur, ich hätte diesen biblisch-historisch-theologischen Reiseführer schon bei meinen ersten Israel-Aufenthalten zur Hand gehabt. Auf jeder Buchseite spürt man: Hier wird »tief gegraben«.

Friedrich Hänssler
Mai 2008

Abb. 1: Fenster der Kapelle »dominus flevit«

Vorwort

Der Weg Jesu von Bethlehem nach Kapernaum ist kein Triumphzug. Es ist ein Weg der Erniedrigung.

Jesus ging diesen Weg als der – wie es Aurelius Augustinus (354–430) formuliert – »der Mensch wurde und doch Gott blieb«.

Als Sohn des lebendigen Gottes war Jesus sein Leben lang in dieser Welt ein Fremder: fremd in seiner Familie, in seinem Volk, in den Bereichen des Staates und in den religiösen Strömungen seiner Zeit.

Jesu Leben war aber auch bestimmt von der Freude an seiner Existenz und an seiner Sendung. Wie beides zusammengehört, wird dem deutlich, der mit dem Neuen Testament in der Hand die Orte Jesu aufsucht, von Bethlehem bis Kapernaum. Er erlebt Jesus einsam, verkannt und verfolgt, aber auch voller Freude am Leben und an seinem Auftrag. Nicht umsonst wird das Bild von der Hochzeitsfreude so oft erwähnt. Die Wunder Jesu sind Fingerzeige auf Gottes Wirken in dieser Welt. Mit Jesus kommt Heilung und Hilfe in das Leben der Menschen. Jesus freut sich in seinen Beispielerzählungen an der ihn umgebenden Natur. Er nimmt Kinder an sein Herz und segnet sie (Mk 10,16). Er ruft die Niedergeschlagenen und Belasteten zu sich und sagt ihnen zu: »Ich will euch Ruhe schaffen« (Mt 11,28).

Außerhalb der vier Evangelien wird im übrigen Neuen Testament kaum Bezug auf die Stationen Jesu von Bethlehem bis Kapernaum genommen. Im Fokus der übrigen Schriften des Neuen Testamentes steht das Kreuz von Golgatha und die Auferstehung Jesu am Ostermorgen. Um das Geheimnis der Erlösung und das Geschenk des ewigen Lebens zu verstehen, gilt es jedoch, das ganze Leben Jesu zu betrachten, und zwar auch die Zeit von Bethlehem bis Kapernaum. Auf diesem Hintergrund erstrahlt dann die letzte Woche Jesu in Jerusalem, seine Auferstehung und die vierzig Tage seines Erscheinens bis zu seiner Himmelfahrt in neuem Licht.

Die einzelnen Ausführungen dieser Veröffentlichung eignen sich als Hilfe zum Verstehen der Evangelien, zur Vorbereitung einer Reise in das Heilige Land und als Reiseführer. Vielen, die zum ersten Mal im Heiligen Land sind, wird es wie mir ergehen auf meiner ersten Reise 1972. Ich hielt einen Hebräischkurs in Jerusalem. Mit zwanzig Studenten der Augustana-Hochschule in Neuendettelsau war ich eigens dazu nach Israel geflogen. Alle uns verbleibende freie Zeit verbrachten wir damit, die Spuren Jesu aufzusuchen. Da dies für mich damals noch mit den Erwartungen verbunden war, zweifelsfrei auf Jesu Wegen gehen zu können, war die Enttäuschung groß. So wohnten wir z. B. ganz in der Nähe der Grabeskirche, ohne in dem Labyrinth der Gedächtnisstätten bis zur Osterfreude vordringen zu können.

Damals erinnerte ich mich an eine Tischrunde, an der ich als Schüler bei den Marienschwestern in Darmstadt teilnehmen konnte. Ein Israelreisender berichtete, wie abstoßend er das Treiben an den heiligen Stätten empfunden habe. Er hatte so genug von dem Lärm, der Geschäftemacherei und dem Streit der Konfessionen, dass er sich gefreut habe, wieder zurückkehren zu können. Gast am Tisch war der damalige griechisch-orthodoxe Archimandrit von Athen. Er erhob sich und sagte nur einen Satz: »Sie hätten tiefer graben müssen, dann wären Sie auf die Spuren Jesu gestoßen und hätten glücklich vom Heiligen Land zurückkehren können.«

Immer wieder klangen diese Worte in meinen Ohren, immer neu habe ich sie meinen Studenten und vielen Reisegruppen weitergegeben. Und nur so ist es mir zumindest teilweise gelungen, die Erfahrung zu machen, die der Benediktinerpater Bargil Pixner in die Worte fasst:

> *»Der Boden des Heiligen Landes kann als Schauplatz der Ereignisse Jesu als fünftes Evangelium verstanden werden.«*

Um »tiefer graben« zu können, um die biblische Landschaft als »fünftes Evangelium« zu verstehen, braucht es folgende fünf Voraussetzungen:

1. *Die ganze Bibel als Begleiter*
   Das Neue Testament ist nicht nur die Erfüllung, sondern auch die zweite Lesung des Alten Testamentes. Ohne den alttestamentlichen Hintergrund bleibt das Neue Testament in weiten Strecken unverständlich oder verleitet zu Missverständnissen. Jedes Bildwort im Neuen Testament hat sein Vorbild in einem im Alten Testament berichteten Geschehen bzw. in einem Wort aus den Psalmen oder den Propheten.

2. *Jüdisches Denken und rabbinische Auslegung des Alten Testamentes*
   Jesus war Jude. Er wusste sich zuerst gesandt zu seinem Volk (Mt 10,5-6; 15,24).
   Die Worte Jesu, seine Beispielerzählungen, seine Wunder und sein Ruf in die Nachfolge haben ihr Kolorit, ihre Farbgebung in der Sprache und im Alltag seiner Zeit.

3. *Die Zeitgeschichte Jesu aus dem Blickwinkel früher Geschichtsschreiber*
   Es gibt nicht wenige Autoren, die Einzelheiten aus der Zeitgeschichte Jesu überliefern oder auch ganze Abläufe beschreiben. An erster Stelle ist hier der jüdische Historiker Flavius Josephus zu nennen. Er wurde 37 oder 38 n. Chr. in Jerusalem als Sohn des Priesters Matthias geboren und gehörte mütterlicherseits der Hasmonäerfamilie an. Er wurde im jüdischen Gesetz unterrichtet und lernte dann nacheinander in den Schulen der Pharisäer, Sadduzäer und Essener.
   Seine erste Mission war eine erfolgreiche Fahrt nach Rom zur Befreiung einiger Priester.
   Im jüdischen Aufstand übernahm er den Oberbefehl über die Provinz Galiläa. Im Jahre 67 ergab er sich dem römischen Feldherrn Vespasian. Er nahm an der Belagerung Jerusalems teil. Der

flavische Kaiser Vespasian schenkte Josephus die Freiheit. In Rom nimmt Josephus den römischen Familiennamen Flavius an.
Die erste Ausgabe seines Werkes der »Jüdische Krieg« verfasste Flavius Josephus in den Jahren 75–79. In seinem umfangreichen Werk »Jüdische Altertümer« beschreibt Flavius Josephus die Geschichte des israelitischen/jüdischen Volkes von der Schöpfung bis zum Ausbruch des Krieges gegen Rom. »Ohne Flavius Josephus würden wir die Geschichte der Judenschaft in Palästina und der Diaspora in dem Jahrhundert vor Christus und nach Christus weder in ihrem tatsächlichen Verlauf noch in ihren Strömungen erkennen können« (W. Foerster).

4. *Kontaktpersonen und Freunde an den Orten der Länder, an denen Gott Geschichte schrieb*
Es begann mit einer kurzen Begegnung. Aus dem Aufeinanderhören und Voneinanderlernen entwickelten sich die Kontakte in der Regel zu einer Freundschaft. So hatte ich in allen Ländern, die ich auf der Spurensuche Jesu bereiste, Ansprechpartner und Freunde: in Ägypten, in Syrien und im Libanon, in Jordanien und vor allem in Israel.

- In Ägypten war es Doktora Schmidt in Assuan. Ursprünglich wollte sie als junge Medizinerin nur einige Monate im Missionshospital in Assuan hospitieren. Assuan aber wurde zu ihrer Wirkungsstätte bis zu ihrem Ruhestand. Durch Doktora Schmidt bekam ich die Kontakte zum koptischen Bischof Hydras, zum technischen Leiter des Assuanstaudammes, zum alten Be, dem muslimischen Bürgermeister von Assuan, zu einem christlichen Stammesfürsten der Nubier und zu einem Wissenschaftler des archäologischen Institutes auf der Elefantine.

- Die Reisen in den Libanon und nach Syrien unternahm ich zusammen mit meiner Frau. Unsere Anlaufstelle waren unsere Freunde, das Missionsehepaar Gottfried und Anneliese Spangenberg in der kleinen Stadt Anjar in der Bekaa-Ebene. Unsere Exkursionen führten uns bis in den Osten Syriens. Hier gibt es noch aramäisch sprechende Christen und Gemeinden, die sich auf Jakobus zurückführen. Zwei Bischöfe der aramäischen Kirche gaben uns einen Einblick in die Praxis ihrer Frömmigkeit.

Ein Schwerpunkt waren die Kontakte mit aramäischen Christen und deren Pastoren. An den Schulungen aramäischer Laien nahmen auch Scheich Talal und sein Sohn teil. Scheich Talal war durch den Missionar Spangenberg sen. zum Glauben an Jesus gekommen. Er gründete für seinen Stamm eine Grundschule. Seine Denk- und Lebensweise war weitgehend beduinisch-muslimisch geprägt. Er wurde nach muslimischem Ritus bestattet.
Unvergessen bleiben die Gespräche mit dem Priester in dem kleinen Dorf Kana im Libanon und die Begegnung mit einem alten Krippenschnitzer in Beirut und dessen querschnittsgelähmtem Sohn.

➡ In Jordanien lebt seit zwanzig Jahren Frau Birgit Gassmann, eine ehemalige Mitarbeiterin der Lobetalarbeit in Celle. In dem von ihr gegründeten »Zentrum der Hoffnung« werden muslimische behinderte Kinder und Jugendliche betreut.
Die letzte Reise unternahmen wir 2007, zur Zeit des Ramadan. An einem Abend feierten wir mit den Bewohnern und Mitarbeitern auf dem Dach des »Zentrums der Hoffnung« in Amman das Fastenbrechen. Die Frauen des Zentrums und ihre Angehörigen hatten die verschiedenen arabischen Spezialitäten zubereitet. Eine Kapelle spielte, die Behinderten tanzten, und wir hatten aufschlussreiche Gespräche.
Auf einer früheren Jordanienreise wurden meine Frau und ich mit einem befreundeten Ehepaar von unserem Busfahrer in seine Sippe eingeladen. Ein Dolmetscher wurde geordert. Das ganze kleine Dorf am Jabbok hatte sich versammelt und Speisen vorbereitet. Frauen und Männer waren streng getrennt. Im Männerzelt jedoch saß schweigend, etwas erhöht die Sippenälteste und verfolgte das Geschehen. Die Frauen konnten es nicht verstehen, dass meine Frau und ihre Freundin nicht in ihrem Zelt übernachteten. Zum Abschied wurde uns ein kleiner Gebetsteppich überreicht.

➡ Auf den Israelreisen hatten meine Frau und ich auf der gemeinsam mit der Reisegruppe unternommenen Suche nach den Spuren Jesu ein zweites Programm. Es waren die Abende im Hause unserer Freunde.
Hier sollen nur einige genannt werden, und zwar in dankbarem Gedenken an die, die nicht mehr leben.

An erster Stelle ist hier der rabbinische Gelehrte Aharon Bier zu nennen. Aharon Bier war verantwortlich für einen großen Verlag. Er schrieb seine wissenschaftliche Arbeit über Mose Maimonides und veröffentlichte u.a. den Reiseführer Eretz Israel und andere Werke über das Land Israel. In seinen Werken klammert Aharon Bier sämtliche christliche Überlieferungen aus. Aharon Biers radikale Abgrenzung zu Christen, Palästinensern, aber auch zu Martin Buber, den er als Assimilanten bezeichnete, war nicht zu überbieten.
Im Hause Bier jedoch bei Festen und Lehrgesprächen lernte ich mehr als aus aller mir zur Verfügung stehenden Literatur. Die Freundschaft mit Aharon und seiner Frau Refka Bier bleibt ein unschätzbares Gut.

➡ Aharon und Refka Bier stellten die Kontakte her zu dem Talmudlehrer Wolf und seiner Frau und zu Aharon Biers prominentestem Schüler Dr. Auerbach.

➡ Audeh Rantisi war der palästinensische Gegenpol zu Aharon Bier. Audeh Rantisi war Pastor der anglikanischen Kirche. Er gründete zusammen mit seiner Frau Patricia ein Waisenhaus in Ramallah. Die Zahl derer, die hier Heimat fanden und von Jesus, dem Erlöser, hörten, ist nicht erfasst. Für die Waisen aus den jüdisch-palästinensischen Kriegen waren Audeh und Patricia Eltern und Zeugen Jesu.
Audeh Rantisis radikale Urteile über die Israelis waren für mich und meine Frau nicht nachvollziehbar. Sie gaben jedoch einen Einblick in den unlösbaren jüdisch-palästinensischen Konflikt.

➡ Naim Nassar hatte eine weit gemäßigtere Einstellung. Bereits in unserer gemeinsamen Studienzeit in Neuendettelsau und Hamburg lernte ich von Naim, was es heißt, arabisch zu denken und zu leben. Naim Nassar wurde Pfarrer in Bethlehem und später Bischof der Evangelisch-Lutherischen Kirche Jordanien mit Sitz in Jerusalem. Bedingt durch sein Amt war Naim Nassar in Fragen »Juden und Palästinenser« oft hin- und hergerissen. Seine tiefste Überzeugung äußerte er in einem Nachtgespräch: Die Juden sind das Volk der Verheißung.

➡ Dieser Grundtenor herrschte auch im Hause der alten Younans. Nach ihrer Vertreibung aus ihrem Haus in der Altstadt –

Herr Younan hatte dort eine Klempnerwerkstatt – bezog die Familie zwei kleine Zimmer im Innenhof des Johannes-Konvents. Eine winzige Küche, die gleichzeitig als Duschraum diente, lag auf einer der Galerien gegenüber dem Wohn- und Schlafraum. Ich lernte Frau Younan bereits auf meiner ersten Israelreise kennen. Sie war damals eine Angestellte der Erlöserkirche. Für ein geringes Entgelt war sie bereit, für meine Studenten und mich Nahrungsmittel einzukaufen und täglich für uns zu kochen. Sit Alice Younan starb am 24. Dezember 2007. Das eindrücklichste Erlebnis für meine Frau im Zimmer der Younans war eine Bibelstunde zum Thema: Jesus, der Messias. Mit leuchtenden Augen legte der damals schon von Krankheit gezeichnete Herr Younan Zeugnis von seinem christlichen Glauben ab. Trotz der bitteren Erfahrungen, die er als Palästinenser machen musste, bekannte er sich zu dem Wort aus dem Johannesevangelium: »Das Heil kommt von den Juden« (Joh 4,22).

➡ Unter den vielen arabischen Christen ist noch Samir Habasch zu erwähnen. Er leitete ein Reisebüro und organisierte die meisten Reisen für die Gruppen, die ich durch das Heilige Land führte. Als ich wieder einmal nach Jahresfrist nach Jerusalem kam, überreichte er mir als erstes einen 100-DM-Schein. Diese Summe – so lauteten seine Worte – blieb bei der letzten Abrechnung übrig.

➡ Die Kontakte zu Muslimen in Israel beschränkten sich auf eine Audienz bei dem Scheich Sa'd el-Din al-Alami, Mufti von Jerusalem, der seinen Amtssitz auf dem Tempelberg hatte.

➡ Umso tiefer war die Freundschaft mit zwei bereits ebenfalls verstorbenen Judenchristen, mit Pater Daniel Rufeisen und mit Rose Warmer.
Pater Daniel war von Hause aus polnischer Jude. Sein bürgerlicher Vorname war Oswald. Als deutschsprechender Jude ließ er sich von den Nationalsozialisten als Dolmetscher anwerben. Er bekam die schwarze SS-Uniform und legte den Führer-Eid ab. In dieser Position konnte er geplante Pogrome gegen seine jüdischen Mitbürger verraten und hat so Hunderten von Juden das Leben gerettet. Seine Rettungsaktionen blieben jedoch nicht lange geheim. Er konnte aber fliehen.

Karmeliterinnen versteckten ihn in ihrer Bibliothek. Dort las er das Neue Testament, kam zum Glauben an Jesus und wurde von der Äbtissin des Klosters getauft. Er studierte nach dem Krieg Theologie. Seine Kaplanzeit verbrachte er zusammen mit dem späteren Papst Johannes Paul II.
1959 reiste Pater Daniel nach Israel. In den Sechzigerjahren gründete er einen Hilfsfond und den »Verein Hebräischer Christen in Israel und in der Diaspora«. Mit seinen Gemeindegliedern konnte sich Pater Daniel in acht Sprachen verständigen. Glaubensgrundlage und Praxis der hebräisch-christlichen Gemeinde ist nach den Worten Pater Daniels: die Beibehaltung des Judentums und das Einpflanzen der wesentlichen Elemente des Christentums.
Unvergessen bleibt jedem Teilnehmer einer meiner Reisegruppen ein Passa-Abend im Gemeindehaus in Haifa. Pater Daniel und ich zelebrierten die gesamte jüdische Passafeier. An der Stelle aber, an der Jesus das Abendmahl einsetzte, sangen wir die Abendmahlsliturgie und feierten das Heilige Abendmahl.

Bis zum Tode Pater Daniels im August 1998 standen wir in einem regen Briefwechsel. Die Briefe aus der Feder von Pater Daniel sind für mich ein Lehrbuch praktischer Theologie. Seine Briefe unterzeichnete er mit: »Ihr Confrater (Mitbruder) Daniel«. Das Lebensmotto Pater Daniels war das Wort des Aurelius Augustinus:

» *In allen notwendigen Dingen Einheit,*
in Zweifelsfragen Freiheit,
in allem die Liebe. «

Was Liebe bedeutet und bewirkt, lernten meine Frau und ich in der Begegnung mit Rose Warmer in Haifa und in unserem Haus in Celle kennen. Rose Warmer ist von Haus aus ungarische Jüdin. Sie war Bildhauerin und Tänzerin und verwickelte sich in okkulte Praktiken. Von dem Tag an, als sie Jesus als ihren Herrn und Heiland annahm, beseelte sie nur ein Gedanke: Ich will mit meinem Leben unter meinem jüdischen Volk ein Zeugnis für Jesus sein. Zur Zeit der Judenverfolgung durch die Nationalsozialisten hatte sie eine Einreise- und Aufenthaltserlaubnis für die Schweiz. Rose Warmer nahm dieses Angebot nicht an. Sie ging mit ihrem Volk in die Zwangsarbeit, in das KZ nach Auschwitz und nach Bergen-Belsen. Ohnmächtig und typhuskrank wurde sie dort von den Engländern befreit. Aufgrund ihres Christuszeugnisses wurde sie von ihren jüdischen Mitinhaftierten gemieden und verachtet. Ihre letzte langjährige Wirkungsstätte war Haifa. Wenn sie ihren jüdischen Mitbürgern von Jesus erzählte, war deren verständliche Reaktion: »Wo warst du, als die Christen die sechs Millionen Juden vernichteten?« Ihre Antwort bestand nur in den drei Worten: »Ich war dort.«

Die Spurensuche an den Orten im Leben Jesu sind zusammen mit den Begegnungen im Heiligen Land wie ein fünftes Evangelium, wie es Bargil Pixner formuliert, in dem sich mit neuer Klarheit die Botschaft der vier neutestamentlichen Evangelien eröffnet.

5. *Die Bereitschaft, sich persönlich auf die geistliche Bedeutung der Orte einzulassen*
Das ist die fünfte Voraussetzung, bis zu den Spuren Jesu im Heiligen Land vorzudringen: die Bereitschaft, an jedem der Orte im Leben Jesu Texte im Alten und Neuen Testament zu lesen und sich im Gebet Jesus anzuvertrauen.
Neben vielen geschichtlichen, topografischen und archäologischen Erklärungen war es mein Anliegen, Bibeltexte unter der Sonne des Heiligen Landes neu zum Leuchten zu bringen.
Meine Frau übernahm die Verantwortung für die Auswahl und das Anstimmen der Choräle und Lieder, die das Geschehen an den einzelnen Orten aufgriffen und zum Gebet führten.

Auf manchen unserer Reisen begleiteten uns unsere Kinder und später auch unsere Schwiegerkinder. Begonnen hat dies mit der Konfirmation unserer Kinder. Am Morgen der Konfirmation erzählte ich jedem unserer Kinder von der Zeremonie der jüdischen Bar-Mizwa beziehungsweise Bat-Mizwa, d. h. der Feier der Religionsmündigkeit eines jüdischen Jungen beziehungsweise eines jüdischen Mädchens. Das zur Konfirmation der christlichen Feier der Religionsmündigkeit gewünschte Geld von Eltern, Paten und Verwandten war dann der Grundstock zur Finanzierung einer Reise an die Orte im Leben Jesu. Der Rest wurde von dem Ersparten unserer Kinder finanziert.

Es ist unser Wunsch, dass sich auch einmal unsere sieben Enkelkinder auf die Suche nach den Spuren Jesu machen.

Zusammen mit meiner Frau Rosemarie widme ich die Ausführungen zu den Orten im Leben Jesu von Bethlehem bis Kapernaum unserem siebenten Enkelkind

Mila Cosima Wittstock
* 8. Juni 2007

Celle, im Januar 2008
Hansjörg Bräumer

I. Nazareth – die Heimat Jesu

Abb. 2: Das in einer Talmulde gelegene Nazareth

Der Name Nazareth wird weder im Alten Testament noch in der rabbinischen Literatur erwähnt. Er fehlt auch in den Schriften des Flavius Josephus (37/38–100 n. Chr.). Dies führte im 19. Jahrhundert zu einer Debatte, ob Nazareth überhaupt existiert hat. Die ersten Spuren einer Besiedelung dieses Gebietes reichen jedoch, wie die Ausgrabungen alter Gräberfelder zeigen, bis in das 2. Jahrtausend vor Christus zurück.[1]

Aus dem Dunkel der Geschichte aufgetaucht ist der Name Nazareth aber erst durch die Evangelien. Das etwa 30 km westlich der Südspitze des Sees Genezareth gelegene Nazareth war der Wohnort von Josef, Maria und Jesus (vgl. Lk 2,39.51). Um das Evangelium zu verkündigen, verließ Jesus Nazareth (vgl. Mt 4,13; Mk 1,9). Während seiner öffentlichen Tätigkeit kehrte Jesus hierher zurück (vgl. Lk 4,16). In jedem Fall war Nazareth die Heimat Jesu (vgl. Mt 13,54 ff.; Lk 4,16.23). Deshalb bekam Jesus den Beinamen Nazoräer oder Nazarener.[2]

In den Evangelien wird Nazareth als »Stadt« eingeführt (vgl. Mt 2,23; Lk 1,26). Dies hat seinen Grund darin, dass die griechische Übersetzung des Alten Testamentes das hebräische Wort für ein selbstständiges Gemeinwesen (*ir*), gleichgültig, ob dieses groß oder klein war, mit »Stadt« übersetzt. Die Evangelisten übernahmen diesen Brauch. Das mit »Stadt« wiedergegebene Wort kann aber genauso gut ein kleines Dorf bezeichnen.[3]

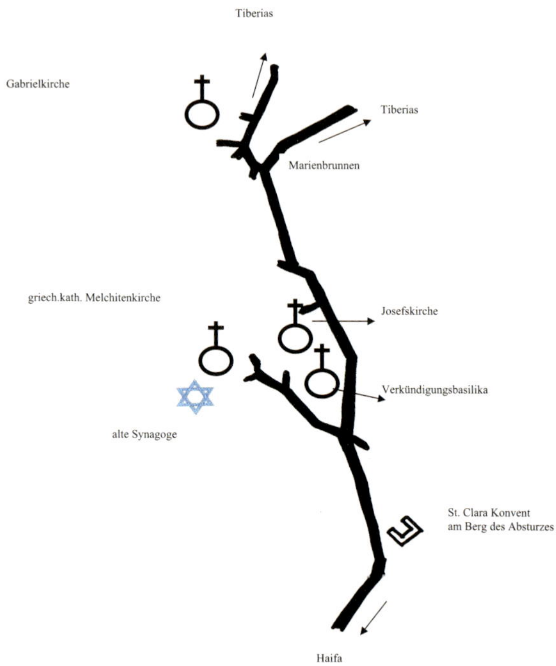

Abb. 3: Skizze Nazareth

Das neutestamentliche Nazareth lag in einer ringsum von Hügeln umgebenen Talsenke. Es war eine kleine Ortschaft. In seiner Länge konnte man den Ort in 20 Minuten durchschreiten und in seiner Breite in 10 Minuten.[4]

Der Name Nazareth kann abgeleitet werden von einem Zeitwort (hebr. *nsr*), das so viel bedeutet wie »bewachen«, »schützen«. Nazareth würde dann so viel heißen wie »Warte« oder »Wachturm«. Diese Erklärung ist jedoch schon wegen der geografischen Lage Nazareths unwahrscheinlich. So bleibt zur Erklärung des Ortsnamens nur die Beziehung, die der Evangelist Matthäus zwischen Nazareth und dem Wort des Propheten Jesaja herstellt: »Aus dem Baumstumpf Isais erwächst ein Reis hervor, ein Spross (hebr. *nezer*) bringt Frucht« (Jes 11, 1). Matthäus schreibt: »Es sollte sich erfüllen, was durch den Propheten gesagt ist: Er wird Nazoräer genannt werden« (Mt 2,23). Nazareth heißt dann so viel wie »Sprossdorf«.[5] Es ist davon auszugehen, dass dieser messianische Name der Siedlung in der Talsenke in späthellenistischer Zeit von Angehörigen der Davidsfamilie gegeben wurde.[6]

Dies ist dann auch die Erklärung dafür, dass der Talmud, die jüdische Auslegung des Alten Testaments, zwar 63 galiläische Ortsnamen überliefert, die Heimatstadt Jesu aber nicht erwähnt. Der Talmud verschweigt mit Absicht den Namen Nazareth, da die Judenchristen im Talmud »nosri« genannt werden. »Nosri« ist die jüdische hebräisierende Form von »Nazarener«.[7]

Die Tatsache, dass Nazareth im Alten Testament nicht erwähnt wird, ist »keine Zufälligkeit, sondern etwas Gottgewolltes«.[8] Der kleine Ort war von keinem Gottesfluch belastet. In Nazareth wurde kein unschuldiges Blut vergossen. Nazareth war ein normaler unauffälliger Ort ohne spektakuläre Ereignisse.

Wer heute in Nazareth die Spuren aus der Zeit Jesu sucht, muss wie an vielen Stätten im Heiligen Land Folgendes mitbringen:

- Geduld und Zeit;
- die Entschlossenheit, der großen Taten Gottes zu gedenken, unabhängig davon, ob sie sich genau an dieser Stelle oder einige hundert Meter davon entfernt ereignet haben;
- die Bereitschaft, an den Erinnerungsstätten die Texte aus den Evangelien zu lesen, zu beten und nach der Herausforderung zu fragen, welche die damaligen Ereignisse an das eigene Leben stellen.

Am besten beginnt man an der Quelle, die außerhalb der neutestamentlichen Ansiedlung liegt, besucht dann das Areal der Verkündigungskirche und geht von dort zur Synagoge. Abschließend bleibt dann die Frage nach der Stelle, von der die Bürger Nazareths Jesus hinabstürzen wollten, um ihn zu steinigen.

1. Der Marienbrunnen und die Gabrielkirche

Neben dem Neuen Testament gibt es Schriften, die nicht zur Bibel gerechnet werden: z.B. das sogenannte Protevangelium des Jakobus. Es gehört nicht zum biblischen Kanon, ist kulturgeschichtlich aber hochinteressant. Ein Protevangelium hat seinen Namen daher, dass es sich mit den ersten Dingen (griech. prota), d.h. der Geburt und der Kindheit Jesu, befasst. Die Entste-

Abb. 4: Der Marienbrunnen an der neuen Straße nach Nazareth

hung des Protevangeliums des Jakobus wird um 160 n. Chr. vermutet. Der Verfasser gibt vor, er sei Jakobus, der Halbbruder Jesu aus der ersten Ehe des Josefs.[9]

» *Eines Tages ging Maria mit einem Krug, um Wasser zu schöpfen. Da hörte sie eine Stimme, die zu ihr sagte: Sei gegrüßt, Gott ist dir gnädig. Auf dir liegt Gottes Segen, mehr als auf allen anderen Frauen. Sie blickte nach rechts und nach links, konnte aber nicht sehen, woher die Stimme kam. Zitternd ging sie ins Haus zurück ... Da stand plötzlich der Engel des Herrn vor ihr und sagte: Hab keine Angst, Maria. Gott hat dich gnädig auserwählt. Du wirst schwanger werden durch sein Wort ... Die Kraft Gottes wird dich umhüllen. Deshalb wird dein Kind ganz heilig sein und Gottes Sohn heißen. Und du sollst ihm den Namen Jesus geben, denn er wird sein Volk von seinen Sünden befreien! Maria sagte: Ich bin des Herrn Sklavin und stehe gehorsam vor ihm. So, wie er es sagt, so soll es mit mir geschehen.* «

Protevangelium des Jakobus 11,23-37[10]

Für die orthodoxen Griechen ist der Text aus dem Protevangelium des Jakobus der Anlass, die erste Erscheinung des Erzengels Gabriel an den Brunnen vor den Toren des alten Nazareths zu verlegen. Der heutige Ausfluss der Quelle an der Straße nach Tiberius wurde erst 1862 geschaffen. Als man 1911 durch den Kanal eine eiserne Röhre legte, um das Versickern des Wassers zu verhindern, stieß man zu der eigentlichen Quelle vor. Sie liegt ungefähr 150 m westlich vom heutigen Ausfluss und entspringt in einer 10 m unter dem Boden liegenden Höhle.

Ein in den Felsen geschlagener, 17 m langer Aquädukt leitet das Wasser an die Oberfläche. Hier lag vermutlich die Schöpfstelle des jüdischen Nazareths. Ein aus Stein erbauter Kanal führt dann das Wasser zu einer späteren Schöpfstelle, die 4–5 m von der Nordmauer des Hofes der Gabrielkirche entfernt ist. Die ergiebige Quel-

Abb. 5: Die Marienquelle

le liefert selbst in den Hochsommermonaten bis zu 600 l in der Stunde.[11] Sie wurde zum ersten Mal 1187 nach dem Engel Gabriel benannt. Seit etwa 1600 hat sich der Name Marienquelle durchgesetzt.[12] Bei der Marienquelle finden sich keine Siedlungsreste aus der vorbyzantinischen Zeit.[13] Das erste sichere Zeugnis für eine Kirche auf dem Gelände der Quelle stammt aus der Kreuzfahrerzeit (1106/07). Mit dem Neubau der heutigen Kirche an der Quelle begannen die Griechen im Jahr 1767. Waren nach dem Protevangelium des Jakobus sowohl die Quelle als auch das Haus der Maria auf dem Areal der Verkündigungskirche Orte der Verkündigung Jesu, so übertrugen die Griechen Ende des 18. Jahrhunderts das Gedächtnis an das Geheimnis der Verkündigung ganz auf ihre Gabrielkirche.[14]

Auch wenn der Marienbrunnen im Neuen Testament nicht erwähnt wird, ist er eine Gedächtnisstätte besonderer Art. Über dem Brunnen ist ein übergroßes Gemälde, das in eindrucksvoller Weise das Geheimnis der Verkündigung durch den Erzengel Gabriel darstellt. Die Worte Gabriels gelangten durch das Ohr in das Innere Marias und schafften das Geheimnis des Lebens in Maria. Der Bote übermittelte das Wort Gottes. Das von Gott ausgehende Wort schaffte das von Gott Zugesagte. Die jungfräuliche Zeugung war nichts anderes als eine Schöpfung durch das Wort. Einmal in der Geschichte seiner Menschen verzichtete Gott bei der Erschaffung von Leben auf das Mitwirken eines Mannes (vgl. Joh 1,13). Das Geheimnis der Menschwerdung Jesu ist die Zeugung durch Gottes Schöpferwort. Am Anfang des Alten Testamentes steht die Geschichte der Schöpfung von Himmel und Erde und von der Menschheit. Am Anfang des Neuen Testamentes steht die Schöpfungsgeschichte Jesu, des Mensch gewordenen Wortes Gottes.

2. Das Areal der Verkündigungsbasilika

> »*Gabriel, ein Bote Gottes, sprach zu Maria: Fürchte dich nicht, Maria, denn du hast Gnade bei Gott gefunden. Siehe, du wirst schwanger werden und einen Sohn gebären, des Namen sollst du Jesus heißen, dieser wird groß sein und Sohn des Höchsten genannt werden.*«
>
> *Lukas 1,30-32a*

Abb. 6: Ölgemälde über dem Brunnen

Abb. 7: Die Verkündigungsbasilika

Das geschichtliche Nazareth lag auf einem Hügelsporn, der sich vom Nebi Sa'in nach Süden in das Hochland zieht. Spuren einer kontinuierlichen Besiedelung im 2. Jahrtausend vor Christus wurden am Südende des Hügelsporns im Bereich der Verkündigungskirche in Form von Gräbern entdeckt. Ab dem 13. Jahrhundert vor Christus wurde eine Siedlung im Bereich des alten Gräberfeldes angelegt. Zeugen dafür sind die in die Felsen gehauenen Silos. Die veränderte Ortslage kann als Hinweis dafür gewertet werden, dass sich hier bei der Landnahme Israeliten ansiedelten. Nazareth gehörte zum Gebiet des Stammes Sebulon. Die Ansiedlung wurde vermutlich von dem in Josua 19,12 erwähnten Jafia aus gegründet. Nach dem Exil gab es offenbar während der ganzen persischen Zeit eine Siedlungslücke. Die Wiederbelebung Nazareths erfolgte erst in späthellenistischer Zeit.

Von dem neutestamentlichen Dorf Nazareth sind vor allem folgende, in den weichen Kalkfelsen gehauene Installationen erhalten: Wasserzisternen, Reservoire für Wein und Öl sowie birnenförmige Getreidesilos. Bei ihrer Anlage nutzte man oft schon bestehende Naturhöhlen. Daher ist es zu der Annahme gekommen, die Nazarener seien Höhlenbewohner gewesen. Die Grotten gehörten jedoch nach damaligem Brauch zu den Wohnhäusern, die vor die Grotten gebaut wurden. Einzelfunde aus neutestamentlicher Zeit umfassen u. a. herodianische Lampen, bemalte Scherben, Platten mit zwei Henkeln sowie Krüge verschiedenster Art.

Die Grenzen des Ortes ergaben sich durch die Gräber der hellenistisch-römischen Zeit. Gräber mussten immer außerhalb der bewohnten Siedlungen liegen. Aufgrund der geringen Siedlungsfläche ist anzunehmen, dass die Einwohnerzahl des neutestamentlichen Nazareths bei ca. 200 gelegen haben muss.[15]

Jesu Mutter Maria wohnte von Geburt an in Nazareth (vgl. Lk 1,26). Josef stammte aus Bethlehem (vgl. Mt 2,1-11; Lk 2,4f.). Der Heimatort Josefs, Bethlehem, war bekannt als Stadt der Bauhandwerker und Steinmetze, die von dort aus in das ganze Land gerufen wurden. Josefs Beruf war Bauhandwerker (griech. *tekton*). Josef baute Häuser aus Lehm und Stein. Er machte Höhlen bewohnbar und versah sie mit Vorbauten. Er schlug Treppen in die Felsen und Vertiefungen in die Steine. Die Kennzeichnung Josefs als »Zimmermann« entstand erst im Mittelalter, da zu jener Zeit die Häuser im Stil des Holzfachwerks errichtet wurden.

Als Fachmann aus Bethlehem arbeitete Josef in Nazareth. Dort wurde ihm Maria als Verlobte versprochen. Als Josef von der Schwangerschaft Marias hörte, suchte er zunächst einen Ausweg. Von zwei Möglichkeiten wollte Josef keinen Gebrauch machen:

- Eine Anzeige wegen Untreue hätte Maria das Leben gekostet. Die gesetzliche Strafe für die Untreue einer Verlobten war Steinigung (vgl. 5 Mo 22,23f.; Joh 8,1-11). Als Tochter aus priesterlichem Geschlecht (vgl. Lk 1,36) hätte Maria nach damaligem Recht mit einer verschärften Strafe rechnen müssen.[16]
- Josef verzichtete auch auf den Scheidebrief. Eine aus der Ehe Entlassene war damals lebenslang gezeichnet. Ihre Ehre war für immer angetastet.

Der Ausweg, für den sich Josef entschied, war das heimliche Verlassen Marias (vgl. Mt 1,19). Bei der heimlichen Trennung hätten die härtesten Urteile nicht Maria, sondern Josef getroffen. Gott aber zeigte Josef einen anderen Weg. Josef hörte im Traum die Stimme eines Gottesboten: Nimm Maria, deine Verlobte, als Ehefrau zu dir (vgl. Mt 1,20). Josef folgte und adoptierte Jesus, den Sohn Gottes. Durch die Adoption von Josef wurde Jesus hineingenommen in das Geschlecht Davids.[17]

Zur Welt kam Jesus in Bethlehem zu der Zeit, als sich Josef und Maria in Bethlehem, dem Heimatort des Josefs, in die Steuerlisten eintragen mussten (vgl. Lk 2). Nach der Rückkehr aus Ägypten (vgl. Mt 2,19-23) siedelten sich Maria und Josef endgültig in Nazareth an.

Es ist durchaus denkbar, dass eines der vor einer der Grotten gebauten Häuser das Haus der Maria war und später zum Eltern-

Abb. 8: Nazareththeller von Heinz Theo Dietz

haus Jesu wurde. Auf jeden Fall ist die Verkündigungsbasilika mit ihren Grotten ein geeigneter Ort des Gedenkens.

1) Die Verkündigungsbasilika und ihre Grotten

Es war Kaiser Konstantin (272/273 od. um 280–337 n. Chr.), der Josef von Tiberias den Auftrag erteilte, in Nazareth über dem Haus der Maria eine Kirche zu bauen. Josef von Tiberias war ein Jude priesterlicher Abstammung, der Christ geworden war. Dass es in Nazareth nicht zu dem Bau einer großen byzantinischen Basilika kam, hat seinen Grund in einer Notiz aus dem 4. Jahrhundert, nach der Nazareth zu den vier Städten gehörte, die als besonders fremdenfeindlich charakterisiert wurden. »Denn dort konnte niemand Kirchen bauen, da unter ihnen weder ein Grieche, noch ein Samariter, noch ein Christ wohnte. Dies gilt besonders von Tiberias, Sephoris, Nazareth und Kapernaum. Denn sie achten streng darauf, dass kein Fremder unter ihnen wohnt.«[18]

Dennoch muss es Josef von Tiberias gelungen sein, eine kleine Gedächtnisstätte zu errichten. Zu ihr gehören die ältesten gefundenen Reste unter der heutigen Verkündigungsbasilika: Mauerreste, Kapitelle, Säulenbasen und Säulentrommeln, von denen einige Graffiti trugen. Eine männliche Figur ist vermutlich die erste bekannte Darstellung Johannes des Täufers. Und auf dem Sockel einer Säule

Abb. 9: Die Rekonstruktion der Engelskapelle beim Neubau der Verkündigungsbasilika

fand man in griechischer Schrift eingeritzt: XE Maria. XE ist die Abkürzung von *chaire*. Es ist auf Griechisch der Engelsgruß »Gegrüßt seiest du, Maria« (Lk 1,28) und die erste schriftliche Bezeugung des Namens der Mutter Jesu.[19] Älter als die christliche Gedenkstätte ist ein darunter gelegenes jüdisches Ritualbad, das später den Christen als Taufbecken diente.

Ein sicheres Zeugnis für einen Kirchenbau über dem Haus der Maria findet sich in dem 570 n. Chr. verfassten Bericht des anonymen Pilgers aus Piacenza. Grabungen förderten beim Abriss der Behelfskirche 1954 Reste einer mächtigen Kreuzfahrerkirche zu Tage. Die heute gezeigte traditionelle Verkündigungsgrotte – auch Engelskapelle genannt – wird zum ersten Mal zu Beginn des 12. Jahrhunderts erwähnt.[20] Beim letzten Neubau der Verkündigungsbasilika ließ man die natürlichen baulichen Reste wieder klarer hervortreten. Vor der Engelskapelle sind vier Säulen positioniert. Die rechte der beiden links stehenden Säulen neben dem Eingang ist die Säule Gabriels. Hinter dem Mauerstück ist das obere Ende der Säule Marias sichtbar.[21]

Nach der Überlieferung stand an der einen Säule Gabriel während der Verkündigung, an der anderen hat Maria die Engelsbotschaft entgegengenommen und geantwortet: »Siehe, ich bin des Herrn Magd, mir geschehe, wie du gesagt hast« (Lk 1,38).[22]

Auf einer Marmorplatte vor dem Altar sind eingemeißelt die Worte zu lesen: »Verbum caro hic factum est – Hier ist das Wort

Fleisch geworden.«[23] In der hinteren, völlig im Dunkeln liegenden Kapelle beleuchtet ein ewiges Licht einen Altar mit der Inschrift: »Hic erat subditus illis – Hier war er ihnen untertan.«[24]

Für die Geschichte der ersten judenchristlichen Gemeinde von Nazareth sprechen zwei Mosaike: das Christusmonogramm und das Kononmosaik.

Das Christusmonogramm ist ein Bodenmosaik der byzantinischen Basilika. Das aus schwarzen, weißen und roten Würfeln bestehende Mosaik ist von mehreren Kreisen umgeben. Das Monogramm, das als konstantinisches Monogramm in die Geschichte einging, ist ursprünglich ein judenchristliches Symbolzeichen. Es findet sich auf Gebeinkästchen (Ossuarien), Lampen und Wänden. Wie ihre jüdischen Väter mieden die Judenchristen figürliche Darstellungen und wählten dafür die Symbolsprache. Zu den Ursymbolen gehört das Zeichen des Sternes ✳. Dieser hat seinen Ursprung in der Weissagung Bileams: »Ein Stern geht auf aus Jakob« (4Mo 24,17). In den Stern fügte man ein griechisches Rho ein, das Geheimzeichen für Jesus, den Sohn der Verheißung. Das griechische Rho hat den Zahlenwert 100 und weist auf Abraham hin, der den »Sohn der Verheißung« als Hundertjähriger erhielt. Später verselbstständigten sich das Rho und die Strahlen des Sterns und wurden als Chi interpretiert. Es entstand das bekannte Chi–Rho, die Anfangsbuchstaben des griechischen Worten Christos – der Gesalbte, der Messias.[25] Eine weitere Entwicklung – wie es das Christusmosaik in der Verkündigungsbasilika zeigt – ist das Kreuzeszeichen, wobei der Querbalken für das Chi und der senkrechte Balken für das Rho steht.

Das Kononmosaik liegt links vor dem Eingang zur Verkündigungsgrotte. Es ist ein geometrisches Mosaikmuster, das in seiner Nordostecke auf weißem Grund folgende Inschrift in eckigen griechischen Buchstaben aufweist: »Votivgeschenk des Diakons Konon aus Jerusalem.« Die Inschrift stammt aus der Mitte des 5. Jahrhunderts. Der Jerusalemer Diakon Konon wollte mit seinem Geschenk die Erinnerung an seinen Namenspatron wachhalten. In der Verfolgung unter Decius (249–251 n.Chr.) erlitt ein Christ namens Konon den Märtyrertod, und zwar in Magydas in Kleinasien. Beim Verhör vor dem römischen Richter sagte er: »Ich bin aus der Stadt Nazareth in Galiläa, ein Verwandter Christi, dem ich von meinen Vorfahren her diene.«[26] Diese und andere Zeugnisse zeigen, dass bis in das 3. Jahrhundert hinein in

Nazareth Judenchristen lebten[27] und dass die Verwandten Jesu den Kern der jüdisch-christlichen Gemeinde in Nazareth bildeten.

Da die Mosaikkarte aus weißen Würfeln älter ist als das sogenannte Kononmosaik, ist es denkbar, dass sie ursprünglich Teil des Fußbodens einer Synagogenkirche aus dem 2./3. Jahrhundert war. Hinter dem Mosaik befindet sich eine Grotte, die von Christen als Kapelle zum Gedächtnis an die Märtyrer benutzt wurde. An der linken Felswand der Höhle stand der Altar der Märtyrer, ihm gegenüber war an der Ostwand das Paradies gemalt.[28]

2) Die Josefkirche

Die Evangelien sprechen sowohl von einer Wohnung Marias, in der ihr der Engel Gabriel erschien (vgl. Lk 1,28), als auch von einer Wohnung Josefs, in der der Engel Josef im Traum aufforderte, Maria zu sich zu nehmen (vgl. Mt 1,18-25).

Die heutige Josefkirche wurde 1914 auf der Grundlage eines Bauwerkes aus dem 13. Jahrhundert wiederaufgebaut.[29] An dieser Stelle stand zwar eine Kreuzfahrerkirche, Spuren eines byzantinischen Baues wurden jedoch nicht gefunden. Unter der Kirche existiert ein jüdisches Ritualbad, zu dem wie bei jenem in der Verkündigungskirche sieben Stufen hinunterführen. Ein Mosaik macht die spätere Verwendung als Taufbecken wahrscheinlich.[30]

In der Bauphase entdeckte man auf dem Gelände der Josefkirche Dutzende in den Fels gehauene Getreidesilos. Die einzelnen Funde stammen aus der Zeit von 900 v. – 600 n. Chr. Darunter sind auch einige Stücke, die der herodianischen Zeit angehören.[31] Bei dem im Jahre 1927 begonnenen Neubau des Franziskanerklosters stieß man bei den Bauarbeiten auf mehr als sechzig alte Grotten, die zum Teil sogar mehr als drei Stockwerke hoch und durch Gänge miteinander verbunden sind.[32]

In jedem Fall sind das Areal der Verkündigungskirche und das der Josefkirche geeignete Gedächtnisstätten an den Ort, an dem Jesu Geburt angesagt wurde, an dem Jesus aufgewachsen ist und als Bauhandwerker gearbeitet hat.

Abb. 10: Die Synagoge in Nazareth

3. Die Synagoge von Nazareth

30 Jahre lebte Jesus von seinen Mitbürgern unerkannt in Nazareth. Auffallendes aus dieser Zeit wird nicht berichtet. Als Jesus während seines Wirkens noch einmal nach Nazareth zurückkehrte, ging er

> »*nach seiner Gewohnheit am Sabbat in die Synagoge. Er stand auf und wollte lesen. Es wurde ihm das Buch des Propheten Jesaja gereicht. Er las: Der Geist des Herrn ist bei mir, darum weil er mich gesalbt hat, zu verkündigen das Evangelium den Armen, zu predigen den Gefangenen, dass sie los sein sollen, den Blinden, dass sie sehend werden und den Zerschlagenen, dass sie frei und ledig sein sollten … Dann gab er es dem Synagogendiener zurück und setzte sich. Als alle Augen auf ihn gerichtet waren, begann Jesus seine Ansprache mit den Worten: Heute ist dieses Schriftwort, das ihr eben gehört habt, in Erfüllung gegangen. Seine Rede fand bei allen Beifall. Sie staunten darüber, wie begnadet er redete und sagten: Ist das nicht Josefs Sohn?*«
>
> *Lukas 4,16-22*

Nirgends im Heiligen Land fanden bisher Archäologen Reste einer Synagoge, die in die Zeitenwende zurückreichen. Die Synagogen in Galiläa wurden im Jahre 67 n. Chr. zerstört. Die bisher ältesten gefundenen Ruinen in Galiläa sind um das 2./3. Jahrhundert anzusetzen. Zu ihnen gehören auch die ältesten Spuren der Synagoge in Nazareth.[33] Es sind die nordöstlich des Franziskanerklosters gefundenen Säulenbasen mit hebräischen Buchstaben.[34]

Für den Wiederaufbau einer Synagoge jedoch galt die Vorschrift, dass diese immer an dem gleichen Ort zu errichten war, wo einst die alte gestanden hatte.[35] Mitten im Basar von Nazareth neben der Pfarrkirche der griechisch-katholischen Melchiten steigt man in eine Synagoge hinab. Es ist vermutlich die im 6. Jahrhundert von dem anonymen Pilger von Piacenza beschriebene Synagoge.[36] Auf jeden Fall ist davon auszugehen, dass sie an derselben Stelle errichtet wurde, an der zur Zeit Jesu eine bescheidene Haussynagoge stand.[37] In den alten Synagogen fungierten die Synagogendiener oft als Elementarlehrer.[38] Die Haussynagoge in Nazareth spielte im Leben Jesu folgende Rolle:

- Jesus hat hier über das Elternhaus hinaus seine religiöse Bildung erhalten.
- Diesen Ort suchte Jesus dreimal täglich zum Gebet auf.
- In dieser Synagoge bekannte sich Jesus öffentlich als der vom Propheten Jesaja verheißene Messias. Er sagte: »Heute ist das Wort dieser Schrift erfüllt vor euren Ohren« (Lk 4,21).
- Hier legte Jesus »wenigen Kranken die Hände auf und heilte sie« (Mk 6,5).

Die öffentliche Predigt Jesu in der Synagoge seiner Heimat stieß zunächst auf ungeteilte Begeisterung. Nach wenigen weiteren Ausführungen jedoch erlebte Jesus zum ersten Mal, wie nahe das »Hosianna« und das »Kreuzige ihn« zusammenliegen.

4. Der »Berg« des Absturzes

> »*Alle in der Synagoge gerieten in Wut, sie sprangen auf und trieben Jesus aus der Stadt hinaus und führten ihn bis zu einem Abhang des Berges, auf dem ihre Stadt erbaut war, um ihn hinabzustürzen. Er aber schritt mitten durch die Menge hindurch und ging weg.*«
>
> *Lukas 4,28-30*

Abb. 11: Bergkette in der Nähe Nazareths

36

Die Wendung »Sie führten ihn vor die Stadt hinaus« führte zu der Annahme, der Berg, von dem die Bürger Nazareths Jesus hinabstürzen wollten, sei einer der steilen Abhänge in der Umgebung von Nazareth gewesen. Die Überlieferung weiß von verschiedenen Orten zu berichten. Zwei Beobachtungen jedoch sprechen gegen eine derartige Annahme:

- Sie führten ihn auf den Abhang des Berges, auf dem ihre Stadt erbaut war. Das Dorf Nazareth lag auf einem Hügelsporn. Die Gräber aus neutestamentlicher Zeit lagen bereits außerhalb der Stadt, sodass die Grenzen der Stadt deutlich abgesteckt waren.
- Das Hinabstürzen sollte nicht den Tod herbeiführen, sondern den Tötungsprozess durch Steinigung abkürzen.

So bleibt folgende Erklärung: Unmittelbar außerhalb des kleinen Dorfes Nazareth gab es an der Westseite der heutigen Verkündigungsbasilika an den Rändern des Hügelspornes kleine Felsabhänge. Hier wollte man Jesus als vorbereitenden Akt zur Steinigung hinabstoßen. Dieser Akt der Steinigung ist in der späteren rabbinischen Gesetzgebung festgeschrieben.[39] Zu diesem Hinabstoßen ist es jedoch nicht gekommen. Ohne dass ihn einer aus der aufgebrachten Menge anrührte, verließ Jesus seine Heimatstadt Nazareth.

II. En Kerem – Die erste Begegnung Jesu mit Johannes dem Täufer

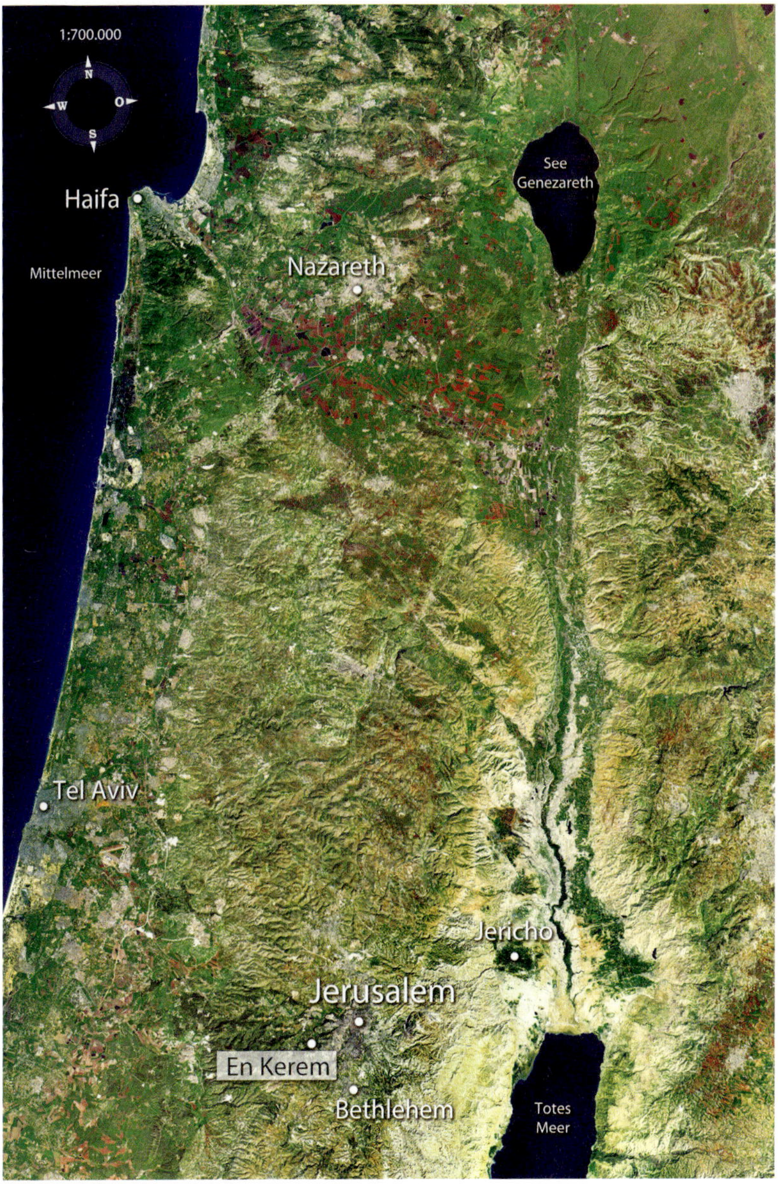

Abb. 12: En Kerem im Bergland von Judäa

Bei der Verkündigung in Nazareth sprach der Engel Gabriel zu Maria: 39

> »*Auch Elisabeth, deine Verwandte, hat noch in ihrem Alter einen Sohn empfangen, obwohl sie als unfruchtbar galt, ist sie jetzt schon im sechsten Monat.*«
>
> *Lukas 1,36*

Maria entschloss sich, ihre Verwandte Elisabeth aufzusuchen.

> »*Nach einigen Tagen machte sich Maria auf den Weg und eilte in eine Stadt im Bergland von Judäa.*«
>
> *Lukas 1,39*

Alle vier Evangelisten berichten, dass Johannes der Täufer als Vorläufer das Auftreten Jesu einleitete. Allein Lukas erzählt weitere Einzelheiten:

→ Johannes der Täufer und Jesus waren miteinander verwandt.

➡ Johannes wird bereits bei der Ankündigung der Geburt Jesu genannt und beide begegneten sich bereits im vorgeburtlichen Stadium. Den Ort der Begegnung nennt Lukas jedoch nicht.

1. En Kerem – der Ort des Weinberges

Der Ort der Begegnung zwischen Maria und Elisabeth wird weder vom Evangelisten Lukas genannt noch von so erfahrenen Männern in der Palästinawissenschaft wie Origenes, Eusebius und Hieronymus. Dies führte dazu, dass sich im Laufe der Geschichte nicht weniger als zehn[40] Städte darum stritten, der Geburtsort des Täufers zu sein. Genannt werden u.a. Machärus, Bethlehem, Sebaste, Jerusalem, Hebron, Jutta und En Kerem.[41] Die Spur, die auf das heutige En Kerem weist, ist der Begriff »Bergland« (griech. óreiné). Plinius der Ältere (23/24–79 n.Chr.) bezeichnet mit »Bergland« den Distrikt um Jerusalem[42] und in den Schriften des Flavius Josephus (37/38–um 100 n.Chr.) ist »das jüdische Bergland« ein stehender Begriff für die Umgebung von Jerusalem.[43]

Dies entspricht den Angaben im Pilgerbericht des Theodosius um 530 n.Chr. In der Liste seiner Wallfahrtsziele kommt zwar der Name En Kerem nicht vor, seine Entfernungsangabe jedoch ist ein eindeutiger Hinweis auf En Kerem. Theodosius schreibt: »Von Jerusalem bis dorthin, wo die heilige Elisabeth, die Mutter Johannes des Täufers, wohnte, sind es fünf Meilen (ca. 7,5 km).«[44]

Der Name En Kerem als der Geburtsort des Täufers erscheint zum ersten Mal in dem Georgischen Festkalender um 638.[45] Das Gebiet von En Kerem war, wie archäologische Funde bezeugen, in herodianischer Zeit besiedelt. Bald nach der Auferstehung Jesu musste es hier auch eine Stätte gegeben haben, in der Judenchristen ihren Glauben praktizierten. Der Hinweis dafür ist die Entdeckung einer Venusstatue.[46] Heidnische Heiligtümer mit einer Venusstatue wurden von Kaiser Hadrian (76–138 n.Chr.) nach dem Bar-Kochba-Aufstand (132–135 n.Chr.) vornehmlich über die frühchristlichen Heiligtümer gebaut, in denen Jesus angebetet wurde. So war es die Absicht Hadrians, die Erinnerung an Jesus in Bethlehem, auf Golgota und in En Kerem auszulöschen, indem er ein Heiligtum mit Statuen einer römischen Gottheit über den christlichen Plätzen mit ältester Tradition errichten ließ.[47]

Als Name kommt En Kerem bereits im Alten Testament vor, und zwar als Keram im Gebirge Juda (vgl. Jos 15,59) und in der Form Bet-Kerem »Haus des Weinberges« (Jer 6,1).[48]

Abb. 13: Quelle im Tal von En Kerem

Der Geburtsort des Täufers En Kerem heißt übersetzt »Quelle des Weinberges«. Diesen Namen trägt der Ort aufgrund der in der Talmulde entspringenden Quelle.[49] Diese ist für die Reinheit ihres Wassers berühmt und hat seit dem 14. Jahrhundert auch den Namen »Quelle unserer Mutter Maria«.[50]

Über der Quelle befindet sich eine stark beschädigte Moschee und eine israelische Schule. Bis zum jüdisch-arabischen Krieg 1948 war En Kerem ein rein arabisches Dorf. Während des Krieges ergriffen die arabischen Bewohner die Flucht.[51] Jüdische Kolonisten nahmen die Häuser und Felder in ihren Besitz. Geblieben sind die Franziskaner als Hüter der beiden Heiligtümer von En Kerem.[52]

2. Die Verwandtschaft Jesu mit dem Täufer

Das unter der Verkündigungsbasilika in Nazareth entdeckte Graffito ist aller Wahrscheinlichkeit nach die älteste Darstellung Johannes des Täufers.[53] Dies ist insofern kein Zufall, da der Täufer zum engeren Verwandtenkreis Jesu gehörte. Lukas nennt die Mutter des Täufers, Elisabeth, eine Verwandte Jesu. Nach dem damaligen Sprachgebrauch bedeutet das Wort Verwandte »die auf Abstammung beruhende gemeinsame Zugehörigkeit zu einer Familie«.[54]

Der spontane Entschluss Marias, nach der Engelsbotschaft Elisabeth aufzusuchen, lässt darauf schließen, dass zwischen beiden eine nähere Verwandtschaft bestand. Beide waren trotz der großen Entfernung gut miteinander bekannt und verbunden, sonst hätte sich Maria mit ihrem Geheimnis nicht auf den Weg zu Elisabeth gemacht. Eine Frau konnte außer durch Abstammung auch durch Heirat Angehörige eines Geschlechts werden. Elisabeth gehörte nicht durch Heirat zum priesterlichen Geschlecht. Sie stammte selbst – wie Lukas es ausdrücklich betont – aus dem Geschlecht Aarons (vgl. Lk 1,5b). Dies bedeutet für die Verwandtschaft Marias mit Elisabeth, dass auch Maria von priesterlicher Herkunft war. Vermutlich hat Maria deshalb den hebräischen Namen Marjam oder Mirjam bekommen. Diesen Namen hat im Alten Testament die Schwester Aarons (vgl. 4 Mo 26,59; Mi 6,4).

Ihrer Herkunft nach war Maria, die Mutter Jesu, aus priesterlichem Geschlecht. Dass dies nur nebenbei von Lukas erwähnt wird, hat folgenden Grund. Durch die Heirat mit Josef aus dem Geschlecht Davids wurde Maria Angehörige der Nachkommen Davids. So war Jesus, obgleich von einer Priestertochter geboren, einer derer, die sich rühmen konnten, aus dem Hause Davids zu sein.[55]

3. Die Elisabethkirche – der Ort der Begegnung

Die von Lukas überlieferte Begegnungsgeschichte von En Kerem kann mit der schon zum Sprichwort gewordenen Aussage Martin Bubers überschrieben werden: »Alles wirkliche Leben ist Begegnung.«[56] In der Begegnung, so formuliert es der Begegnungsphilosoph Steinbüchel, »wird mir das Du zu der Gnade, die meinem Ich sich schenkt, zu dem Segen, der sich mir beschert. Das Du schränkt meine Willkür ein, aber das Du weckt auch mein Innerstes: all das, was in mir schlummert und was ich nun dem Du bereitstelle.«[57]

Mit anderen Worten heißt dies:

- Begegnung ist ein Erlebnis, das man nicht machen kann, sondern das sich ereignet.
- Begegnung bleibt im Tiefsten ein Geheimnis.
- Begegnung verwandelt. Aus einer Begegnung komme ich anders heraus, als ich hineingehe.

Abb. 14: Die Elisabethkirche

Abb. 15: En Kerem Gesamtansicht

1) Die Begegnung der beiden Frauen Elisabeth und Maria

> »*Maria ging in das Haus des Zacharias und begrüßte Elisabeth.*«
>
> *Lukas 1,40*

Einer bis in die byzantinische Zeit zurückliegenden Überlieferung zufolge lag das Haus des Zacharias auf einem Felsplateau am Berghang über dem heutigen Dorf En Kerem. Zu Beginn der Bauarbeiten der heutigen Elisabethkirche – auch Kirche des Besuches oder der Heimsuchung genannt – machten Franziskaner eine interessante Entdeckung. Eine kleine Quelle sickerte von der Bergseite herab und ermöglichte so in früher Zeit auf dem Felsplateau die Anlage einer Wohnung. Diese war bis in die römische Zeit bewohnt. Erst in byzantinischer Zeit wurde an dem Ort des heutigen Ziehbrunnens ein Gotteshaus errichtet.

Die Kreuzfahrer bauten vor der Grotte eine kleine Kirche und über der Grotte ein großes Gotteshaus. Die heutige Oberkirche wurde von den Franziskanern 1862 errichtet, die sogenannte Unterkirche wurde erst 1955 vollendet.[58] Die Fresken in der Unterkirche illustrieren die Ereignisse, die mit dem Ort in Beziehung stehen: die Begegnung von Maria und Elisabeth; die Erscheinung des Engels

Gabriel im Tempel, als Zacharias dort das Rauchopfer darbrachte, und die Ermordung der Kinder im benachbarten Bethlehem.

Außerdem wird in einer Wandnische der Krypta ein ausgehöhlter verwitterter Felsen gezeigt. Nach dem außerbiblischen Protevangelium des Jakobus sollen die Soldaten des Herodes beabsichtigt haben, auch Johannes zu töten. Um Johannes zu bewahren, öffnete sich der Fels und diente Elisabeth und Johannes als Versteck (vgl. Protevangelium Jakobus, Kapitel 22).[59] Bleibt man beim neutestamentlichen Bericht, so ist die Unterkirche mit dem Ziehbrunnen der geeignete Ort des Gedenkens an die Begegnung von Maria und Elisabeth.

Am Anfang der Begegnung stand der von Maria ausgesprochene Gruß. Wenn Lukas schreibt, Maria begrüßte Elisabeth (vgl. Lk 1,40), so tat sie dies sicher mit der damals üblichen Grußformel: »Sei gegrüßt, Elisabeth.« Mit den Worten »Sei gegrüßt« war der Engel Maria entgegengetreten und diesen Gruß gab Maria weiter an Elisabeth. Im Gruß der Maria lebte das Erlebnis in Nazareth nach. Aus dem Gruß wurde Begegnung. Damals wie heute gibt es ganz verschiedene Arten, sich zu begrüßen:

- Es gibt Grüße, die leere, nichtssagende Phrasen sind, in der Hoffnung, dass eine verbindlichere Reaktion ausbleibt.
- Es gibt Grüße, die bloßstellen, ja sogar verraten – wie der Gruß des Judas.
- Es gibt aber auch Grüße, die zur Begegnung werden – wie der zwischen Maria und Elisabeth.

Wenn mein Gruß »Hab Gott zum Gruß«, »Grüß Gott« nicht leer und abgedroschen ist, ist er ein Zuspruch des Segens und der Liebe. Es gibt kaum etwas Schöneres, als wenn dann die Liebe auf dem Gesicht des Gegrüßten aufstrahlt.

2) Die vorgeburtliche Begegnung Jesu mit dem Täufer

> »*Als Elisabeth den Gruß Marias hörte, hüpfte das Kind in ihrem Leibe. Mit dem Heiligen Geist erfüllt, sprach Elisabeth mit lauter Stimme: Gesegnet bist du unter den Frauen und gesegnet ist die Frucht deines Leibes. Doch woher wird mir die Ehre zuteil, dass die Mutter meines Herrn zu mir kommt? In dem Augenblick, als der Klang deines Grußes mir ins Ohr drang, bewegte sich das Kind vor*

Abb. 16: Die Fassade der Oberkirche: Maria auf dem Weg nach En Kerem

Freude lebhaft. Selig ist die, die geglaubt hat, denn die Verheißung, die der Herr dir gegeben hat, wird in Erfüllung gehen. «

Lukas 1,41-45

Was sich bei der Begegnung Elisabeths mit Maria ereignete, bleibt im Letzten ein Geheimnis. Was Elisabeth zu spüren bekam, waren lebhafte Bewegungen ihres Kindes im Mutterleib. Was Elisabeth sagte, so betont Lukas, kam nicht aus ihr selbst. Es waren von Gott selbst, vom Heiligen Geist gewirkte Worte. Elisabeth segnete Maria und sagte von dem in ihr heranwachsenden Kind: Es ist der Herr, der versprochene Messias. Du bist zu mir gekommen, als »die Mutter meines Herrn«. Dies hat auch das Kind in mir mit in die Begegnung hineingenommen. Es hat sich lebhaft bewegt, als Zeichen der Ehrerbietung vor dem kommenden Messias.

Was sich damals ereignete, nennt man heute ein vorgeburtliches (pränatales) Geschehen. Die Begegnung hatte nicht nur die beiden Frauen, sondern auch ihre noch ungeborenen Kinder ergriffen. In der freudigen Bewegung des noch nicht geborenen Johannes des Täufers klingen bereits seine Worte auf, die er später auf Jesus zeigend sagte: »Siehe, das ist Gottes Lamm, welches der Welt Sünde trägt« (Joh 1,29). »Er muss wachsen, ich aber muss abnehmen« (Joh 3,30).

Abb. 17: Der Lobgesang der Maria

3) Die verwandelnde Kraft der Begegnung

Daraufhin stimmte Maria den Lobgesang an:

> »*Meine Seele erhebt den Herrn und mein Geist freut sich Gottes, meines Heilandes. Denn er hat die Niedrigkeit seiner Magd angesehen. Von nun an werden mich selig preisen alle Geschlechter. Denn der Mächtige hat Großes an mir getan und sein Name ist heilig.*«
>
> *Lukas 1,46-49*

Aus der Begegnung mit Elisabeth kam Maria anders heraus, als sie in diese hineingegangen war. Wie oft mag Maria auf dem langen Weg von Nazareth nach En Kerem die Frage bewegt haben: Wie sage ich mein Geheimnis weiter? Wird Elisabeth mich verstehen können? Mit Sicherheit hatte Maria Angst vor dieser Begegnung, doch dann kam alles anders, als sie befürchtet hatte, und nach der Begegnung mit Elisabeth war sie wie verwandelt. Frei und offen konnte sie über das Gotteswunder von Nazareth reden. Das, was sie im Innersten bewegte, brachte sie in dem an Gott gerichteten Lobgesang zum Ausdruck. Nach dem Dank für das, was Gott an ihr getan hatte, lenkte Maria den Blick auf alle, die sich auf Gott

Abb. 18: Die Johanneskirche im Tal

verlassen und sagte: Gott ergreift Partei für die, die sich selbst nicht mehr zu helfen wissen. Gottes Herz neigt sich zu denen, die seiner bedürfen. Er, der Allmächtige, beugt sich zu uns herunter und zieht uns an sich.

Der Lobgesang der Maria ist im Vorhof der Kirche der Begegnung in vielen Sprachen auf Majolikaplatten (Ton-, Keramikplatten) angebracht. Die vielsprachigen Texte sind wie ein Echo aus allen Nationen.

4. Die Johanneskirche mit den Grotten zum Gedenken an die Märtyrer

Als Zacharias zur festgelegten Zeit im Tempel von Jerusalem das Rauchopfer darbrachte, erschien ihm der Gottesbote Gabriel und sprach zu ihm:

> »*Dein Gebet ist erhört worden, deine Frau Elisabeth wird dir einen Sohn gebären, dem sollst du den Namen Johannes geben. … Schon im Mutterleibe wird er vom Heiligen Geist erfüllt sein. Viele Israeliten wird er zum Herrn, ihrem Gott, bekehren.*«

Zacharias konnte dies alles nicht glauben. Er zweifelte. Darauf sprach Gabriel:

Abb. 19: Die Geburtsgrotte Johannes des Täufers in der Johanneskirche

> *»Weil du meinen Worten nicht geglaubt hast, die in Erfüllung gehen, wenn die Zeit dafür da ist, sollst du stumm sein und nicht wieder reden können, bis zu dem Tag, an dem alles eintrifft.«*
>
> *Lukas 1,8-22*

Im Tal von En Kerem liegt auf einer leichten, felsigen Erhebung die Johanneskirche mit dem Kloster der Franziskaner.[60] Die Johanneskirche wurde zuerst nach Zacharias benannt[61] und galt vornehmlich dem Gedächtnis an den Priester Zacharias und seines Erlebnisses im Tempel. Zacharias war der Nachkomme eines Priesters, der nach dem babylonischen Exil dazu bestimmt war, die Priesterklasse Abias zu ersetzen und deren Namen fortzuführen.[62] Zacharias gehörte nicht zu den einflussreichen, in Jerusalem wohnenden Priestern. Er war ein einfacher Priester, der nur zu festgelegten Zeiten im Tempel seinen Dienst versah.

Ab dem Jahre 900 wird in der zunächst nach Zacharias benannten Johanneskirche die Geburt des Täufers verehrt.[63] Seit dieser Zeit gibt es zwei Stätten, die an die Geburt des Täufers erinnern sollen.

In der 1675 erbauten Johanneskirche führt im linken Seitenschiff eine Treppe zur Geburtsgrotte des Täufers. Die Wölbung der Geburtsgrotte zeigt noch den nackten Felsen. Die Wände und die Run-

Abb. 20: Gräber unterhalb der heutigen Johanneskirche

dung unter dem Altar sind mit Marmorreliefs geschmückt, die die Hauptbegebenheiten aus dem Leben Johannes des Täufers darstellen.[64]

Acht Tage nach der Geburt des Johannes versammelten sich die Verwandten und Freunde zur Beschneidungsfeier. Während der Feier öffnete sich der seit dem Erleben im Tempel verschlossene Mund des Zacharias und er stimmte den Lobgesang an, der mit den Worten beginnt: »Gepriesen sei der Herr, der Gott Israels, denn er hat sein Volk besucht und ihm Erlösung geschaffen« (Lk 1,68). Die erste Zeile seines Lobgesanges steht in lateinischer Sprache am Bogen des Eingangs der Grotte zum Gedächtnis an die Geburt des Täufers in der Johanneskirche.

Die Spuren des ersten Gotteshauses auf dem Areal der heutigen Johanneskirche sind Zeugnisse für eine der ersten Bedeutungen, die dieses Gotteshaus hatte.

Beim Bau der heutigen Johanneskirche 1885 fand man unter dem Portikus eine Kapelle mit zwei in den Felsen gehauenen Gräbern. Ein Mosaikfragment mit Pfauen, Rebhühnern und Blumen trägt die griechische Inschrift: »Seid gegrüßt, ihr Märtyrer Gottes«. Archäologischen Studien zufolge wurde die Kapelle im 5./6. Jahr-

Abb. 21: Der Mosaikfußboden

hundert erbaut. In der Beschreibung Palästinas des griechischen Mönches Epiphanius (700/800 n. Chr.) heißt es: »Im Westen der Heiligen Stadt finden sich zwei Gräber mit den Überresten der unschuldigen Heiligen.«[65]

Im Jahre 1941 entdeckte man eine zweite mit Mosaiken geschmückte Kapelle. Beide Kapellen wurden errichtet über einer bäuerlichen Siedlung, die aus der römischen Zeit stammt.[66] Von der zweiten Kapelle führen Stufen in eine Grotte, in der eine beachtliche Sammlung von Vasen aus der herodianischen Epoche gefunden wurde.[67]

Die Kapelle der Märtyrer ruft die Erinnerung wach an den gewaltsamen Tod Johannes des Täufers. Er wurde noch zu Lebzeiten Jesu um Jesu willen umgebracht, und zwar im Staatsgefängnis des Herodes Antipas. Hier saß auch die Nabatäerfürstin, eine Tochter Aretas IV. Herodes hatte sie verstoßen und eingekerkert, um Herodias zu heiraten. Bis zu ihrer Hinrichtung warteten in diesem Gefängnis Hunderte von Gefangenen.

Vielleicht hatte Johannes auf ein Wunder gehofft. Doch die Ketten sprangen nicht auf und der Messias befreite seinen Wegbereiter nicht! Statt des Messias kam eines Tages der Henker. Er löste die Ketten. Er legte den Kopf des Johannes auf den Richtblock und enthauptete ihn. Johannes war nicht nur dazu berufen, Jesus den Weg zu bereiten, sondern auch für ihn zu leiden und zu sterben.

Gott bewahrt auch heute die Treusten seiner Boten – und seien sie noch so unerschrockene Prediger – nicht vor dem Leid, sondern im Leid und über den Tod hinaus.

Ungeachtet des schweren Loses des Täufers steht über seinem Leben das Wort aus dem Lobgesang seines Vaters Zacharias: »Du, Kind, wirst Prophet des Höchsten heißen; denn du wirst dem Herrn vorausgehen und ihm den Weg bereiten« (Lk 1,76). Wenn Gott als der »Höchste« gepriesen wird, dann heißt dies: Du, Gott, bist der einzige, der wahre Gott. Die alttestamentliche Gottesbezeichnung »der Höchste« (hebr. *eljon*) heißt der Obere schlechthin, der Erhabene.[68]

Der Höchste ist keineswegs so zu verstehen, als ob es unter oder gar neben ihm andere Gottheiten gäbe. Das, was die Menschen Götter nennen, sind vor Gott selbst gemachte Nichtse (vgl. Jes 41,29).

»Der Höchste« beschreibt nicht eine Rangstellung, sondern Gottes Majestät und Allmacht. Damit zeugt die Bezeichnung Gottes als »des Höchsten« von Distanz und Nähe.

- Gott ist immer in heiliger Distanz zum Menschen.
- Die Nähe des Höchsten zum Menschen erweist sich darin, dass durch Gottes Allmacht Unmögliches möglich werden kann.

So steht am Ende auch eines unbegreiflichen Todes nicht das Nichts, sondern ein leeres Grab. Gott der Höchste ist der Herr über den Tod.

III. Der Weg von Nazareth nach Bethlehem

Abb. 22: Der Weg nach Bethlehem

> »*Da machte sich auch auf Josef aus Galiläa, aus der Stadt Nazareth, in das jüdische Land zur Stadt Davids, die da heißt Bethlehem, darum dass er von dem Hause und Geschlecht Davids war.*«
>
> *Lukas 2,4*

Es war im Jahr 7 v. Chr. Kaiser Augustus ordnete eine Volkszählung in allen Provinzen seines Reiches an, um Steuern zu erheben. Augustus traf seine Anweisung auf dem Hintergrund des römischen Rechtsgrundsatzes: Wo immer die Römer Land eroberten, erklärten sie allen Grundbesitz der besetzten Gebiete zum römischen Eigentum. Danach konnte das Land den Einheimischen wieder zur Nutzung überlassen werden – selbstverständlich gegen einen Zins. Jeder musste sich an dem Ort seiner Vorfahren in Listen eintragen, um die Steuerabgaben erfassen zu können.

Dass Josef, »der Mann Marias, von ihr wurde Jesus geboren« (Mt 1,16), mit Maria nach Bethlehem ging, hing damit zusammen, dass Josef der Familie Davids angehörte. Diese hatte in Bethlehem ihren gemeinsamen Erbbesitz, den es nach dem Gebot des Kaisers Augustus zu versteuern galt.[69] So wanderte auch Josef zusammen mit Maria aus Galiläa von Nazareth nach Bethlehem, der Stadt Davids in Juda, um sich dort in die Listen des Kaisers eintragen zu lassen.

Abb. 23: Der obere Palast des Herodes und der angrenzende Markt (Modell in Jerusalem)

Kaiser Augustus Octavianus hatte in der damaligen Zeit den Gipfel seiner Macht erreicht. In Jerusalem besaß er in Herodes einen ungemein fähigen und ergebenen Untertanen als Herrscher. Das Volk hasste Herodes, den im Ostjordanland gebürtigen Idumäer, der erst durch seinen Vater Antipater zum Juden geworden war.

Im Jahr 37 v. Chr. hatte Herodes mit Hilfe der Römer den letzten hasmonäischen König Antigonus, der zugleich auch Hohepriester war, besiegt. Herodes der Große war ein von allen gefürchteter Tyrann, persönlich tapfer, doch grausam ohnegleichen. Er wurde von Eifersucht und Misstrauen gejagt.

Im Jahr 23 v. Chr. baute er sich seinen Königspalast in der Nordwestecke des damaligen Jerusalem. Von hier aus konnte er die ganze Stadt überblicken. Es war ein prächtiges Schloss. Hier wohnte er mit seinen vielen Frauen und Kindern und dem nie endenden Strom von Gästen aus aller Welt.

Als Maria und Josef zum Königsschloss emporblickten, ahnten sie vielleicht schon, welche Gefahr ihrem Kind von dem mächtigen Mann hinter jenen kalten Mauern drohte[70]. Nachdem sie Jerusalem verlassen hatten, lag vor ihnen das judäische Bergland. Auf der letzten Etappe ihres Weges zwischen Jerusalem und Bethlehem passierten Maria und Josef Stätten der Erinnerung an die Zeit der Väter, der Könige und der Propheten.

Abb. 24: Landschaft auf dem Weg nach Bethlehem

Von Jerusalem führte bereits in alttestamentlicher Zeit eine Straße nach Bethlehem, von hier weiter nach Tekoa und dann über Hebron nach Ägypten oder von Tekoa über die sogenannte Blumensteige nach En-Gedi ans Tote Meer und von dort bis zum Golf von Akaba.[71]

Auf dem Weg von Jerusalem nach Bethlehem erreicht man nach 3 km einen 817 m hohen Hügel mit dem Namen Baal-Perazim.

1. Baal-Perazim – der Ort der Durchbrüche

> »*David zog nach Baal-Perazim. Als er dort die Philister geschlagen hatte, rief er aus: Jahwe hat meine Feinde vor mir her durchbrochen, wie das Wasser einen Damm durchbricht. Darum hat man jenem Ort den Namen Baal-Perazim, Ort der Durchbrüche, gegeben.*«
>
> *2. Samuel 5,20*

Der erste Teil des Namens »Baal« ist ein Hinweis dafür, dass hier ursprünglich ein altes Baal-Heiligtum stand. Für David war es jedoch nicht die kanaanäische Gottheit Baal, sondern Jahwe, der Herr, der ihm hier zu Hilfe kam. David hatte gerade Jerusalem eingenommen und zur Königsstadt gemacht (um 1000 v. Chr.). Die Erzfeinde Davids, die Philister, stießen nach Jerusalem vor. Sie kamen bis zu dem Hügel bei Bethlehem. Hier wurden sie von David zurückgeschlagen. Gott erwies sich für David als Herr des Durchbruchs.[72]

Für David war dies kein Zufall, kein Erfolg aufgrund seiner Tüchtigkeit, sondern eine Gottesstunde. Dies kommt zum Ausdruck in seinem Dankgebet:

> »*Jahwe hat meine Feinde vor mir durchbrochen,*
> *wie das Wasser einen Damm durchbricht.*«
>
> *2. Samuel 5,20*

Es ist ein Lobpreis Gottes nach der Hilfe in einer ausweglosen Situation. David sagt: Gott hat die Feinde, die mir wie eine Flut entgegenströmten, vor mir geteilt. Das Wort »Flut« ist ein Bild für eine gewaltige Übermacht. Es erinnert an die Teilung der Wasser am Schilfmeer beim Auszug der Israeliten aus Ägypten.[73] Der Prophet Jesaja nimmt dieses Wort noch einmal auf, wenn er sagt: »Der Herr wird sich aufmachen am Berg Perazim … und sein Werk tun« (Jes 28,21).

Der Hügel Perazim ist ein Ort der Zuversicht für alle, die in einer ausweglosen Situation sind. Für den allmächtigen Gott gibt es keine Not, ohne dass er einen Weg weiß. Gott kann mitten durch die auf uns einstürmende Flut eine Furt brechen, durch die wir gehen können. Darum dürfen wir ihn bitten.

Baal-Perazim ist nach einer alten Überlieferung ein Rastort des Propheten Elija auf seiner Flucht vor der aus Tyrus stammenden Isebel, der Frau des Königs Ahab. Isebel hatte den Baalskult im damaligen Nordreich Israel neu belebt und Hunderte von Baalspriestern eingesetzt. Das Volk schwankte zwischen Baal und Jahwe! Im Namen Jahwes hatte Elija auf dem Berg Karmel einen großartigen Erfolg errungen. In der Stunde des Karmels hatten sich die Israeliten für Jahwe entschieden mit dem Bekenntnis: »Jahwe ist Gott, Jahwe ist Gott« (1 Kön 18,39).

Das war ein unvergleichlicher Höhepunkt im Leben des Elijas. Dort auf dem Karmel konnte man meinen: Jetzt ist der Durchbruch erzielt. Jetzt kann es eigentlich nur noch zum Guten weitergehen.

Elija kam vom Karmel herunter. Der Erste, der ihm auf der Straße seines Landes begegnete, über-

Abb. 25: Elija-Ikone eines Malers aus Thessaloniki (Privatbesitz)

Abb. 26: Das Kloster Deir nar Elias: Blick in die Felder von Bethlehem

brachte ihm die Drohung der Isebel: »Die Götter sollen mir dies und das tun, wenn ich nicht morgen um diese Zeit dich umbringe, wie du den Untergang der Priester Baals herbeigeführt hast« (1 Kön 19,2).

In kopfloser Sorge um sein Leben lief Elija davon. Er floh aus Israel in das damalige Südreich Juda.[74] Die Überlieferung will wissen, dass es nicht erst bei Beerscheba, sondern bereits in Baal-Perazim zu einem Durchbruch kam, der das weitere Wirken Elijas bestimmte. So gedachten an dieser Stelle die Christen der ersten Jahrhunderte in Baal-Perazim an das Erleben Elijas unter dem Wacholderbusch.[75] Elija war lebens- und gottesmüde. Er betete: »Es ist genug, so nimm nun, Herr, meine Seele« (1 Kön 19,4).

Mit diesen Worten hatte Elija Gott gekündigt. Er wollte nicht mehr. Gott aber entließ Elija nicht. Gott ließ Elija nicht laufen, sondern ließ seinen erschöpften Boten erst einmal schlafen. Dann hatte er eine Stärkung für ihn bereitet. Gott knüpfte damit an frühere Erfahrungen im Leben Elijas an. Er ließ ihm in aussichtslosen Situationen Lebensmittel zukommen, wie er es auch durch die Witwe in Sarepta tat. Damit sagte Gott zu Elija: Ich gebe dir das, was du brauchst und mehr als das. Nachdem Elija diese neue Erfahrung mit Gott gemacht hatte, gab Gott ihm einen neuen Auftrag.

Auf der Ikone eines Malers aus Thessaloniki fehlt der Rabe (1 Kön 17,6). Vielleicht war es ein Versehen, als dieser eine alte Ikone nachzeichnete. So ist der Blick Elijas auf dieser Ikone nicht auf

Abb. 27: Altar hinter dem Grab in der Grabeskirche in Jerusalem

den Raben gerichtet, der ihn versorgte, sondern ganz auf die Worte Gottes. Die Worte Gottes lauteten: Du hast einen weiten Weg vor dir (vgl. 1 Kön 19,7). Dann heißt es weiter: Elija stand auf und aß und trank und ging 40 Tage und 40 Nächte bis zum Gottesberg, dem Ort seiner großen Gottesoffenbarung (vgl. 1 Kön 19,8). Dies ist ein Weg von ca. 500 km Luftlinie.

Baal-Perazim ist der geeignete Ort, sich an den Durchbruch im Leben Elijas zu erinnern, auch wenn er sich in der Nähe von Beerscheba zugetragen hat.

Der Patriarch Elias von Jerusalem (✝ 518 n. Chr.) baute an dieser Stelle das Kloster Deir nar Elias. Das Kloster wurde durch ein Erdbeben zerstört und war jahrhundertelang verlassen. Bei seiner Restaurierung im 12. Jahrhundert wurde es erneut dem Propheten Elija geweiht.[76]

Der Ort der Durchbrüche (Baal-Perazim) ist in der frühen christlichen Überlieferung zu einer Erinnerungsstätte eines weiteren Ereignisses geworden. Grundstock dieser Überlieferung ist das außerbiblische, sogenannte Protevangelium des Jakobus (um 160 n. Chr.). Nach ihm soll Maria an einem Brunnen, der 500 m vor dem Kloster Deir nar Elias liegt, gerastet haben.[77] Der Stein, auf dem Maria saß, wurde Anfang des 6. Jahrhunderts in Jerusalem verehrt. Er diente in der Grabeskirche hinter dem Grab als Altar. Dorthin soll ihn der Statthalter Urbicius gebracht haben.[78]

Abb. 28: Das Rahelgrab

In den Reiseführern zu den Gedächtnisstätten der Juden findet sich noch eine weitere Geschichte des Durchbruchs. 1948 wurde der Hügel Baal-Perazim von ägyptischen Truppen besetzt. Es war der Grenzposten zwischen Israel und dem jordanischen Palästina. 1967, im Sechstagekrieg, war der Hügel des Klosters Deir nar Elias eine lang umkämpfte Stellung der arabischen Verbündeten.[79] Heute wird das Kloster wieder von griechisch-orthodoxen Mönchen bewohnt.[80]

Die nächste Stätte auf dem Weg nach Bethlehem, an der Maria und Josef vorbeizogen, gilt der Erinnerung Rahels, der Lieblingsfrau des Erzvaters Jakob.

2. Das Rahelgrab[81]

Jakob erinnert sich am Ende seines Lebens an Rahel mit den Worten:

> »*Als ich aus Mesopotamien heimkehrte,*
> *starb mir Rahel unterwegs im Lande Kanaan,*
> *als nur noch eine Strecke Wegs bis Efrata zu*
> *gehen war, und ich begrub sie dort am Weg*
> *nach Efrata, das ist Bethlehem.*«
>
> *1. Mose 48,7*

Abb. 29: Der Kenotaph im Rahelgrab

Rahel starb bei der Geburt ihres zweiten Sohnes Benjamin (vgl. 1 Mo 35,16-20). Begraben wurde Rahel auf dem Weg nach Efrata (vgl. 1 Mo 35,19). Ihr Grab liegt vermutlich nördlich von Jerusalem zwischen Rama und Gibea im Gebiet des heutigen Wadi Fara.[82]

Schon in alttestamentlicher Zeit gab es jedoch in der Nähe von Bethlehem eine Gedenkstätte an den Tod Rahels.[83] Die Gedenkstätte bei Bethlehem war aus zwölf (oder elf) Steinen gebaut. Auf vier Pfeilern wurde darüber eine Kuppel errichtet. Heute ist diese Gedenkstätte mit zwei Vorbauten versehen. Im viereckigen Hauptraum befindet sich ein Kenotaph (ein leeres Grabmal zu Erinnerung an die Toten) der Erzväterfrau.[84] Die Stätte wird von Beduinen, Moslems und Juden verehrt. An bestimmten Tagen kommen jüdische Frauen zu dieser Grabstätte, um die Fürbitte Rahels zu erwirken.[85]

Bei einem meiner Besuche traf ich eine Frau, die lange in stillem Gebet vor dem Kenotaph, der Erinnerungsstätte der Erzmutter Rahel, verharrte. Sie war hochschwanger. Nach ihren Gebeten stand sie auf, umkreiste den Kenotaph und umwickelte ihn mit einer roten Schnur. Im Judentum wird einer scharlachroten Schnur – so beschreibt es der Rabbiner Gradwohl – eine Kraft zugeschrieben, die Dämonen und Unheil abwenden kann.[86] Die Frau hatte offensichtlich für eine gute Geburt und ein lebendiges und gesundes Kind gebetet. Nach ihrem Gebet und ihrer symbolischen Handlung ver-

Abb. 30: Am Rahelgrab

ließ sie die Gedächtnisstätte, das Grab Rahels, und zog mit ihrem draußen wartenden Mann weiter.

Vielleicht ging auch Maria an diesem Grab vorbei. Was mag sie beim Vorbeigehen am Rahelgrab bewegt haben? Sie stand vor der Niederkunft mit all den damit verbundenen Ängsten. Von einer von Rahel erbetenen Fürbitte oder gar von einer abergläubischen Handlung wird nichts berichtet.

Maria genügten die Worte des Engels, des Boten Gottes: Du wirst einen Sohn zur Welt bringen,

> »*des Namen sollst du Jesus heißen. Er wird groß sein und ein Sohn des Höchsten genannt werden und Gott, der Herr, wird ihm den Thron seines Vaters David geben.*«
>
> *Lk 1,31f.*

Noch immer klang in Marias Ohren und in ihrem Herzen das Wort Elisabeths:

> »*Du bist die Mutter meines Herrn.*«
>
> *Lk 1,43*

Abb. 31: Das Herodion – Blick in den Palast

Maria wusste sich an der Hand des lebendigen Gottes. Sie brauchte keinen Zauber und keine Magie in ihren Ängsten vor der Niederkunft.

Den Weg von Jerusalem konnte damals und kann bis heute keiner zurücklegen, ohne dass seine Blicke auf die Fluchtburg des Herodes gerichtet werden, auf das sogenannte Herodion.

3. Das Herodion

» *Herodes ließ in Bethlehem alle Knaben bis zum Alter von zwei Jahren töten.* «

Matthäus 2,16

Damit erfüllte sich das Wort des Propheten Jeremia:

» *Zu Rama hört man ein Geschrei, viel Weinen und Heulen. Rahel beweint ihre Kinder und will sich nicht trösten lassen.* «

Jeremia 31,15

Abb. 32: Das Herodion (von Baal-Perazim aus gesehen)

Herodes hatte in Jerusalem neben seinem prächtigen Schloss in der Nähe des heutigen Jaffatores noch zwei weitere Paläste: Die Festung der Antonia, nördlich des Tempelgeländes, war ursprünglich die Burg Baris des Hasmonäers Hyrkan I. (134–104 v. Chr.) und wurde von Herodes zu einer imposanten Festung umgestaltet, um den Tempelplatz zu kontrollieren. Der Hasmonäerpalast – der für über 100 Jahre vor Herodes königliche Residenz war – wurde bereits im Jahr 37 v. Chr. zur königlichen Residenz des Herodes des Großen ausgebaut. Von hier aus übte er sein Richteramt aus.[87]

Aufgrund seines Misstrauens, das in einen Verfolgungswahn ausartete, baute sich Herodes in verschiedenen Gegenden seines Herrschaftsgebietes sogenannte Fluchtburgen, u. a. das Herodion in der Nähe von Bethlehem. Den Berg und die Burg benannte Herodes nach sich selbst: herodis (griech. heros = Halbgott). Im Arabischen hat dieser Berg den Namen »Berg des Paradieschens«.[88] Nach Flavius Josephus ist dieser Berg ganz von Menschenhand aufgeworfen.[89]

Den über einem Hügel aufgeschichteten Berg ließ Herodes der Große vom Gipfel her aushöhlen. Im Inneren des Kraters entstand ein kreisrunder Flucht- und Luxuspalast. Am Fuß des Berges wurde eine den Luxuspalast versorgende königliche Stadt gebaut.

Acht Jahre nachdem Herodes seinen Luxuspalast Markus Agrippa vorgeführt hatte, kamen Josef und die hochschwangere Maria an diesem Platz vorbei. Es war im Jahre 7 v. Chr. Sie suchten in Bethlehem eine Unterkunft, aber »sie fanden keinen Platz in der Herberge« (Lk 2,7). Hier stießen zwei Welten aufeinander. Dem Freund des Kaisers öffneten sich die Tore des Herodions. Dem verborgenen König blieb nur ein Stall in einem Anwesen in Bethlehem. Von der Luxusfeste für den einen wurde der in Jerusalem erlassene Mordbefehl für den anderen ausgeführt.[90]

Das Geburtsjahr Jesu war bestimmt von zahlreichen Morden, die Herodes der Große anordnen und vollstrecken ließ. Ein Höhepunkt der Brutalität und Skrupellosigkeit war die Hinrichtung von 600 Pharisäern. Einer von ihnen hatte öffentlich verkündigt, dass das Ende der Herodesherrschaft von Gott beschlossen sei. Ein neuer Herrscher würde durch einen »göttlichen Wink«[91] auf den Thron kommen. Im jüdischen Volk hatte sich eine große Messiashoffnung breitgemacht.[92] Diese Hoffnung wollte Herodes durch das Blut von 600 Pharisäern ersticken.

Im gleichen Jahr hatte Herodes aufgrund von falschen Gerüchten und Verleumdungen seine eigenen Söhne Alexander und Aristobul hinrichten gelassen. Als Kaiser Augustus von dieser Hinrichtung hörte, hat er voll Verachtung auf seinen ehemaligen Günstling ausgerufen: »Lieber ein Schwein (griech. *hys*) des Herodes als sein Sohn (griech. *hyios*).«[93]

Nach dem lateinischen Schriftsteller Macrobius – er lebte um 400 n. Chr. – dachte Augustus bei diesem Ausruf auch an die ermordeten Kinder von Bethlehem. Macrobius zitiert das Augustuswort folgendermaßen: »Ich möchte lieber ein Ferkel des Herodes sein als dessen Sohn«, d. h., ein Ferkel im Reich des Herodes lebte besser und sicherer als ein in seinem Reich neugeborenes Kind.[94]

Von dem Kindermord in Bethlehem berichtet außer dem Evangelisten Matthäus eine Niederschrift, die in essenischen Kreisen zur Zeit der Geburt Jesu abgefasst wurde. In ihr heißt es: »Es folgte ein fremder König, der aus nicht priesterlichem Geschlecht war, ein verwegener und gottloser Mensch. Er tötete die Alten und die Jungen und eine schreckliche Angst kam über das Land. Er wütete unter ihnen mit Blutbefehlen, wie es in Ägypten geschah.«[95] Der Hinweis »wie es in Ägypten geschah« bezieht sich auf das Wüten Ramses II., der die Hebräerjungen umbringen ließ (vgl. 2 Mo 1,16).

Von dem, was von dieser Fluchtburg Herodes des Großen aus vollstreckt werden sollte, wussten Maria und Josef noch nichts. Und doch lag diese Fluchtburg wie eine einzige Bedrohung über dem Weg Marias und Josefs nach Bethlehem.

IV. Bethlehem – die Stadt Davids und der Geburtsort Jesu

Abb. 33: Esel in Bethlehem

> »*Du aber, Bethlehem in der Landschaft Efrata, du bist zwar zu klein, als dass du zu den Hauptorten Judas gehörtest, aber aus dir wird hervorgehen, der in Israel Herrscher sein soll und dessen Ursprung der Vergangenheit, den Tagen der Urzeit, angehört.*«
>
> *Micha 5,1*

Zum ersten Mal wird der Ort Bethlehem in den ägyptischen Amarnatexten aus dem 14. Jahrhundert v. Chr. erwähnt. Auf einer der Brieftafeln (20,12-18) klagt der Jerusalemer Stadtfürst Abdi-Chepa, dass »eine Stadt seines Gebietes« abgefallen sei. Die Entzifferung des Namens ergibt Bet-Lachamu. Lachmu und Lachamu sind nach dem akkadischen Weltschöpfungsepos Enuma Elisch (I 10) das älteste, von den Urgöttern Apsu und Tiamat gezeugte Götterpaar.[96]

Lachamu wurde im kanaanäischen Raum als Fruchtbarkeitsgöttin verehrt. Aus dem Namen »Haus der Lachamu« wurde in einem langen phonetischen Abschleifungsprozess »Bet Lehem« (hebr. *bet-lehem*), »Haus des Brotes«. Ursache dafür sind die Weiden und fruchtbaren Felder in der Umgebung von Bethlehem (vgl. Rut 2).

In alttestamentlicher Zeit war Bethlehem besiedelt von dem Geschlecht Efrata (vgl. 1Chron 2,50f. 4,4; Rut 1,2). Aus Bethlehem

Abb. 34: Bethlehem

stammten die Familien Davids und seiner Freunde. In Bethlehem wurde David zum König gesalbt (vgl. 1Sam 16,4-13). Seitdem heißt Bethlehem »die Stadt Davids« (1Sam 20,6).

Die Verheißung des Propheten Micha weist weit über David hinaus. Aus Bethlehem soll der »Herr der Herren« hervorgehen. Seine Herkunft reicht zurück in die Urzeit und mündet ein in das Ende der Zeit. Der von Micha vorausgesagte Herrscher Israels ist Jesus, der Messias! Aus Bethlehem soll er kommen.

1. Bethlehem – die Stadt Davids

» Der Herr hat David geschworen einen Eid, den er niemals brechen wird: Einen Spross aus deinem Geschlecht will ich setzen auf deinen Thron. «

Psalm 132,11

Bethlehem liegt auf einem Hügel mit einer Höhe von 777 m.[97] Der biblische Ort lag auf dem Hügel östlich der Geburtskirche.[98]

Abb. 35: David-Ikone des armenischen Künstlers Horsep Aschkarian (Privatbesitz)

In Bethlehem begann die Geschichte der Königsherrschaft Davids. Bereits Cyrill, Bischof von Jerusalem (315–386 n. Chr.), berichtete, dass der südöstliche Teil der Berghöhe, auf der Bethlehem liegt, sich damals außerhalb des Stadttores befand. Es war ein Eichenhain. Hier kamen die Einwohner zur Zeit des Alten Testamentes zu ihren Festopfern zusammen. Hier stand kein Tempel, kein Altar, sondern ein nackter Fels. Über diesen ließ man das Blut der Opfertiere rinnen. Es war die Stätte, an der Samuel jenes Opfermahl veranstaltete, bei dem er David zum König salbte (vgl. 1Sam 16).[99]

Samuel hatte sich im Auftrag Gottes nach Bethlehem aufgemacht. Isai sah Samuel von weitem kommen. Er lief ihm entgegen und fragte ängstlich: Bedeutet dein Kommen Gutes? Samuel sagte: Ja, ich will Jahwe opfern. Zu seinem Opfermahl lud er Isai und seine Söhne ein. Sieben Söhne rief Isai herbei. Keinen konnte Samuel salben. Er hatte das Gotteswort im Ohr: »Ein Mann sieht, was vor Augen ist, Gott aber sieht das Herz an« (1Sam 16,7).

Schließlich sagte Samuel: Sind dies wirklich alle deine Söhne? Nein, antwortete Isai, es fehlt noch der Jüngste. Der ist draußen bei den Schafen. Dann hol ihn her, bat Samuel, ich muss ihn sehen. Sie holten David von der Weide. Als Samuel David sah, wusste er: Der ist es! Den hat Gott erwählt. Und Samuel salbte David zum König. Er goss Öl auf Davids Haupt und sprach: Du sollst König werden über ganz Israel. David sagte kein einziges Wort (vgl. 1Sam 16,1-13).

Durch die Salbung wurde aus dem Hirtenjunge ein König. Dies war mehr als ein Statuswechsel. Mit der Salbung begann für David ein exklusives Verhältnis zu Jahwe, dem Gott der Väter Abraham, Isaak und Jakob.

Vierzig Jahre war David König über ganz Israel. Das hebräische Wort für König bedeutet so viel wie »geordnete Machtverhältnisse schaffen«.[100] Mit David und den rudimentären Anfängen bei Saul endete im Volk Israel eine Epoche der Anarchie. Das wilde Durcheinander in den Kämpfen, die einander ablösten, hatte ein Ende. Über der gesamten Zeit der sogenannten Richter vor David steht das Urteil: »Damals gab es noch keinen König in Israel« (Ri 17,6; 18,1; 19,1; 21,25). Als König garantierte David eine geordnete Führung.

Auf seiner Ikone stellt der aus dem Libanon stammende armenische Künstler Horsep Aschkarian David mit den folgenden Zeichen dar: Um seinen Hals gehängt trägt David eine Brusttafel. Eine Hand ist auf diese Brusttafel gelegt, und zwar unmittelbar über einem hebräischen Schriftzeichen. Es ist der erste Buchstabe des Wortes für König (hebr. *melech*). Die andere Hand weist nach unten. Die Krone ist abgelegt, sie liegt auf einem kleinen Sockel rechts vom König. Dies ist ein Zeichen der Erniedrigung und der Ehrfurcht vor einem Größeren. Wenn Könige nach Rom gerufen wurden, legten sie ihre Krone zu Füßen des Kaisers nieder. Die abgelegte Krone ist ein Zeichen dafür, dass nach ihm einer kommen wird, der größer ist als er.

Das Königtum Davids dauerte nur vierzig Jahre. Zugesagt war ihm aber eine Herrschaft in Ewigkeit (vgl. 2Sam 7,13). Davids Herrschaft begann um 1000 v. Chr. Die Linie seiner Nachkommen auf dem Thron erstreckte sich auf 400 Jahre. Das Haus Davids endete mit der Zerstörung Jerusalems und dem Exil. Was aber ist mit der Zusage Gottes geworden: »Meinen Eid werde ich nicht brechen, dein Haus bleibt in Ewigkeit«? Die Antwort steht im Neuen Testament. Jesus ist der Nachkomme Davids. Jesus »ist ein Sohn Davids« (Mt 1,1). Jesus ist der gesalbte König in Ewigkeit.

2. Bethlehem – der Geburtsort Jesu

Spuren dessen, was sich in Bethlehem ereignete, findet der geduldige Besucher in der Geburtsbasilika vor allem in der Vielzahl von Grotten, über denen diese erbaut wurde.

1) Die Kirche zur Erinnerung an die Geburt Jesu

> » *Denn geboren wurde uns ein Kind, ein Sohn*
> *wurde uns geschenkt. Sein Name heißt:*
> *Wunder, Ratgeber, Gott ist stark,*
> *Vater auf ewig, Fürst des Friedens.* «
>
> *Jesaja 9,5*

Die Geburt des Messias ist ein von Gott gewirktes Wunder. Er ist es, der allen Rat geben kann. Jesus ist nicht stark und mächtig wie einer der Helden unter Menschen. In Jesus ist Gott, der Starke, gegenwärtig. Er ist der Vater, der Fürsorger auf ewig. Er ist »unser Friede« (Eph 2,14).

Wer heute die Erinnerungsstätte an die Geburt Jesu aufsucht, betritt zunächst den Vorhof (den sogenannten Krippenplatz), eine monumen-

Abb. 36: Der Eingang zur Geburtsbasilika, der sogenannte Krippenplatz tale Anlage. Die erste Station der Besinnung ist die kleine Pforte, die in die Basilika führt.

Abb. 37: Die Pforte in das Innere der Basilika

Die kleine Pforte

Um in das Innere der Basilika zu gelangen, muss man sich tief bücken. Die Pforte ist 1,20 hoch und 78 cm breit. Das ursprünglich große Portal – man kann es noch an den Torbogensteinen erkennen – ist zugemauert. Grund dafür war die Unsitte, in das Gotteshaus zu Pferd einzureiten. Heute kann nur einer nach dem anderen in gebückter Haltung die Kirche betreten. Es ist wie ein stilles Verneigen vor dem, was hier geschah. Die Pforte ist wie eine Mahnung: »Mach dich klein, stolzer Mensch, willst du zu Gott treten, der ein kleines Kind geworden ist.«[101]

Es gibt einen indirekten Hinweis dafür, dass bereits die Christen der Urgemeinde an diesem Ort Gott, dem Allmächtigen, für das Wunder der Menschwerdung Jesu gedankt haben: Kaiser Hadrian errichtete an diesem Platz ein Adonis-Heiligtum. Es war die erklärte Absicht Hadrians, alle Orte, an denen Jesus verehrt und angebetet wurde, zu überbauen und diese so auf der Landkarte verschwinden zu lassen. Für Kaiser Konstantin war dies ein Hinweis dafür, dass die ersten Christen noch wussten: Hier wurde Jesus von der Jungfrau Maria geboren. Ab 326 n. Chr. errichtete hier Kaiser Konstantin eine der ersten Kirchen im Heiligen Land, und zwar als Basilika mit einer achteckigen Apsis. Sie wurde 339 n. Chr. von der Kaisermutter Helena geweiht. Zerstört wurde dieses Heiligtum durch die Samaritaner. Im 6. Jahrhundert wurde sie durch Kaiser Justinian wieder aufgebaut.

Hat man die kleine Pforte passiert, betritt man den fünfschiffigen Kirchenraum mit vier Reihen von je elf Monolithsäulen aus rotem Kalkstein mit korinthischen Kapitellen. Sie stammen noch aus der Kirche Konstantins. Durch eine mit Falltüren bedeckte Luke im Boden lässt sich ein Teil der Fußbodenmosaike aus der Konstantinischen Kirche bewundern.[102]

Das Mosaik mit den drei Weisen

Der Stern, dem die drei Weisen gefolgt waren, war eine sichtbare Realität am Himmel – aber er war noch mehr: Er war ein Zeichen Gottes. Die Weisen aus dem Morgenland trieben nicht nur Wissenschaft. Sie erkannten auch dieses Zeichen. Sie fielen vor dem neugeborenen König der Juden nieder und legten ihre Gaben an seiner Krippe ab. Auf einem Mosaik aus der Zeit Konstantins sind die Weisen in persischer Tracht dargestellt. Dies ist der Grund dafür, dass die persischen Brandschatzer und Plünderer die Geburtskirche in Bethlehem verschonten. So überstand dieses Gotteshaus als Einziges im Heiligen Land das Jahr 614.[103]

Das bunte Mosaik war an der Fassade der Kirche angebracht. In einem Schreiben einer Jerusalemer Synode aus dem Jahre 836 heißt es: »Als die Perser alle Städte Syriens zerstört hatten und nach Bethlehem kamen, sahen sie voll Erstaunen die Bilder der Magier aus Persien. Aus Hochachtung und Ehrfurcht vor ihren Vorfahren zollten sie den Magiern Ehre, indem sie die Kirche verschonten. So besteht sie noch in unseren Tagen.«[104]

2) Die Grotten unterhalb der Geburtskirche

> *Maria »gebar ihren ersten Sohn, wickelte ihn in Windeln und legte ihn in eine Krippe; denn sie hatten sonst keinen Raum in der Herberge«.*
>
> *Lukas 2,7*

Vom Innern der Geburtskirche führen links und rechts von dem Geburtsaltar Treppen hinunter in die Grotten, die eigentlichen Gedächtnisstätten für die Geburt Jesu. Die Portale stammen von den Kreuzfahrern. Die Treppen könnten bis in die byzantinische Zeit zurückreichen.[105]

Die Geburtsgrotte

Die Wendung »sie hatten keinen Raum in der Herberge« wird von vielen Auslegern folgendermaßen gedeutet: Maria und Josef versuchten, einen Platz in einer der Karawansereien in Bethlehem zu bekommen. Da jeder Raum

Abb. 38: Die Grotten unterhalb der Geburtskirche

Abb. 39: Der Stern

bereits vergeben war, blieb ihnen keine andere Wahl, als in dem Stall einer Herberge zu übernachten.

Übersehen wird dabei, dass es in der damaligen Zeit für eine Karawanserei ein eigenes Wort gab (griech. *pandocheion*, vgl. Lk 10,34). Das jedoch hier gebrauchte Wort für Herberge (griech. *katalyma*) heißt in der Umwelt des Neuen Testamentes »großes Zimmer«. Im Neuen Testament findet sich das Wort mit derselben Bedeutung in dem Bericht zur Vorbereitung des Passahfestes (vgl. Mk 14,14; Lk 22,11). Es war ein großer Raum, den der Hausherr den Gästen zur Verfügung stellte.

Auf diesem Hintergrund ist folgende Deutung wahrscheinlicher: Josef kam nicht als Fremder nach Bethlehem. In Bethlehem war Josef kein Heimatloser. Er musste sich in seiner Vaterstadt nicht nur melden, »weil er aus dem Hause und Geschlecht Davids stammte« (Lk 2,4), sondern weil er in Bethlehem noch Besitz oder zumindest einen Anteil am Familienbesitz hatte. In Bethlehem angekommen, musste Josef feststellen, dass der große Wohnraum seiner Sippe durch bereits angereiste Verwandte überbelegt war. So blieb ihm nur die Notlösung, mit Maria in der Grotte, vor die das Haus gebaut war, zu übernachten. Die Grotten waren u. a. die Schlafquartiere für die Hirten und in einem tiefer gelegenen Raum war Platz für die Tiere. Die Sitte, das Wohnhaus vor eine Grotte bzw. eine

Abb. 40: Der Futtertrog

Naturhöhle zu bauen, hat sich im Mittleren Osten noch lange erhalten. In einem solchen Höhlenstall, in einer Grotte, kam Jesus zur Welt.[106] Die Gestalt des Stalles am Weihnachtsabend ist nicht mehr erkennbar. Die Höhle wurde in späterer Zeit ausgebaut. Auf dem Marmorboden liegt ein silberner Stern mit der Inschrift: »Hic de virgine Maria – Jesus Christus natus est.« Über ihm ist eine Altargrotte, überwölbt von einer kleinen Rundung mit den Resten eines Mosaiks, das Geburt und Waschung Christi sowie die Verehrung der Hirten und Weisen darstellt. Von den lateinischen Worten »Ehre sei Gott in der Höhe« sind nur die zwei Worte »Friede den Menschen« erhalten.[107] Hier oder in der Nähe könnte es auch tatsächlich gewesen sein, dass Jesus geboren wurde. Dies zeigt die Verbindung der Geburtsgrotte mit der Krippengrotte.

Die Krippengrotte

Bei Ausgrabungen wurden Stallgrotten gefunden, die folgendermaßen angelegt waren: Für die Tiere wurde ein gesonderter Raum etwas tiefer in den Stein gehauen. Der höher gelegene Raum war der Schlafort der Hirten. Genauso ist die Geburtsgrotte angelegt. Drei Stufen führen hinab in einen Raum für die Tiere. Er ist 3 m lang und 1,8 m breit. Hier stand ein Futtertrog. Geboren wurde Jesus in dem etwas höher gelegenen Raum der Hirten. Danach legte Maria ihn in den Futtertrog.[108] Dieser war eine trogartige Vertiefung im Felsen. Es war eine »Felsrinne« mit einer schlichten Lehmmauer verkleidet.[109]

Sie wurde erst im Jahre 385 n. Chr., d. h. 60 Jahre nach der Einweihung der Basilika durch Helena, der Mutter Kaiser Konstantins, umgestaltet und durch eine Krippe aus Silber und Gold ersetzt. An diesem Tag hielt Hieronymus eine Predigt und beklagte den Austausch der Krippen. »Unter dem Vorwand, Christus zu ehren, wurde heute die aus Lehm gefertigte Krippe entfernt und durch eine silberne ersetzt. Aber für mich war jene, die man fortgeschafft hat, weit kostbarer…, dem christlichen Glauben kommt die aus Lehm zu.«

Beachtenswert ist eine Erkenntnis, die sich auf Ausgrabungen stützt: Auf dem heutigen Stadtplan liegt die Geburtskirche am östlichen Rand der Stadt. Die im Jahre 1969 n. Chr. von israelischen Forschern (S. Gutmann und A. Beermann) durchgeführten topografischen und archäologischen Untersuchungen führten zu dem Ergebnis, dass das alttestamentliche Bethlehem, die Stadt Davids, östlich von der Geburtskirche lag. Die in neutestamentlicher Zeit in die Stadt integrierten Wohnhöhlen waren ursprünglich Grabanlagen.[110]

Eine ähnliche Entdeckung machte Gustaf Dalman bei Ausgrabungen im Dorf Silvan am östlichen Abhang des Kidrontales. Dort fand er zwischen den Häusern ein altes Felsengrab, das später als Stallung benutzt wurde. Die Nische, die ursprünglich als Grabplatz diente, hatte man nach unten vertieft, sodass sie als Futtertrog benutzt werden konnte.[111]

Da dies auch auf die Krippengrotte in Bethlehem zutrifft, ist es von großer zeichenhafter Bedeutung. Der neugeborene König der Juden, Jesus der Messias, wurde in die Vertiefung eines alten Grabplatzes gelegt. Der Krippentrog in Bethlehem ist ein Hinweis auf das Leiden und Sterben Jesu und gleichzeitig eine Vorwegnahme der Botschaft am Ostermorgen: Das Grab ist leer. Jesus lebt.

In einer alten orientalischen Weihnachtsliturgie heißt es: »Im Aufleuchten der Liebe Gottes berührte das Jenseits hier das Diesseits. Neugeboren war die Hoffnung und der Friede umarmte die Erde.«[112]

Eine Inschrift am Ausgang der Geburtsgrotte

Wer länger in der Geburtsgrotte zu einem stillen Gebet verweilt, dessen Augen gewöhnen sich an die Dunkelheit. So erkennt man

Abb. 41: Die Grotte des Hieronymus

am Ausgang aus der Geburtsgrotte eine Inschrift, die ein alter Pilger eingeritzt hat. Sie lautet übersetzt: »Wer ist für dich Jesus von Nazareth? Dein Heiland oder dein Richter?« Wer diese Frage liest, verlässt die Stätte mit anderen Gedanken. Die kleine Stadt ist für ihn nicht mehr der Ort der geschlossenen Geschäfte, bewacht von vielen Soldaten mit Maschinenpistolen und bestimmt von streitenden Mönchen. Es ist der unscheinbare Ort, von dem der Prophet Micha weissagte, dass aus ihm der »Herr der Herren« hervorgehen wird.

Die Frage, die ein Pilger an den Ausgang der Geburtsgrotte Jesu in Bethlehem ritzte, lautet nicht: »Wer ist Jesus von Nazareth? Retter oder Richter?«, sondern: »Wer ist für dich Jesus von Nazareth? Dein Heiland oder dein Richter?«

Die Grotte des Hieronymus

Es war vor mehr als 30 Jahren, dass ich zum ersten Mal die Geburtskirche besuchte. Mein Studienfreund, Naim Nassar, damals Pfarrer an der lutherischen Weihnachtskirche in Bethlehem und später Bischof von Jerusalem, führte mich in diesen Ort ein. An einem der Portale aus der Kreuzfahrerzeit, die zu den Grotten

Abb. 42: Der Ausgang aus einer Grotte

unterhalb der Geburtsbasilika hinabführen, stand ein alter orthodoxer Mönch mit einer Schale für Opfergaben. Mein Freund legte von dem Wenigen, was er hatte, einen nicht unbeachtlichen Betrag hinein. Als ich ihn nach dem Grund für dieses Opfer fragte, antwortete er, dass von den Gaben, die hier eingelegt werden, das gesamte an die Geburtsbasilika angegliederte Kloster lebt.
Zwei Tage später besuchte ich allein die Geburtsbasilika. Da ich mich noch nicht genügend auskannte, suchte ich den alten Mönch auf, legte meine Gabe ein und bat ihn, mir den Weg zur Grotte des Hieronymus zu zeigen. Mit Stolz schlug er auf seine Brust und sagte: Ich bin Hieronymus. Und ohne ein weiteres Wort wies er mir mit einer Handbewegung den Weg zur Grotte des Hieronymus.
Der Kirchenvater Hieronymus (347–419 n. Chr.) wollte, um Jesus anzubeten, immer in der Nähe der Geburtsgrotte Jesu leben. Hieronymus war, nachdem er die Katakomben in Rom besucht hatte, in denen viele Märtyrer beigesetzt sind, Christ geworden. Er wurde ein Mitarbeiter des römischen Bischofs Damasus. Sein Wunsch war es jedoch, sich ganz dem Studium der Heiligen Schrift zu widmen. Um die Ruhe dazu finden zu können, entschloss er sich, im Land der Bibel zu leben.

Er lernte von einem der übrig gebliebenen Judenchristen Hebräisch und begann, die Bibel aus dem Urtext ins Lateinische, der damaligen Umgangssprache, zu übersetzen. So entstand die berühmte Vulgata (die Allgemeine), die über 1500 Jahre der offizielle Bibeltext der römisch-katholischen Kirche war. Außerdem schrieb Hieronymus eine Reihe von Kommentaren.[113]

34 Jahre verbrachte Hieronymus in Bethlehem, um dem dort geborenen Heiland nahe sein zu können. In seinen letzten Lebensjahren ließ er sich in eine Höhle, dicht bei der Geburtsgrotte, einmauern. Er wollte dem Kind in der Krippe ganz nahe sein und ihm alles geben. Die Überlieferung berichtet, dass er bei einem stillen Zwiegespräch mit dem Kind hörte, wie dieses in seinem Innern zu ihm sagte: Lieber Hieronymus! Gib mir deine Sünde, dein böses Gewissen, deine Verdammnis. Hieronymus erwiderte: Was willst du damit machen? Das Kind in der Krippe antwortete: Ich will es auf meine Schultern nehmen, ich will deine Sünde tragen und büßen, dein böses Gewissen erleichtern und deine Verdammnis von dir wenden.

Seine Grotte – so legte es Hieronymus fest – sollte auch seine Grabstätte werden. Sein Sarkophag trägt die Inschrift:

»Hier ist meine Ruhestätte für immer. Hier will ich wohnen, weil ich sie erwählt habe.«

Nachdem ich diese Worte gelesen hatte, verstand ich den alten orthodoxen Mönch, als er sagte: »Ich bin Hieronymus.«

Es sind nur noch wenige Menschen, die bis heute in der Nähe der Krippe Jesu leben können. Jeder aber kann Jesu Wort hören: »Gib mir deine Sünden, dein böses Gewissen, deine Verdammnis.« Wer diesem Wort folgt, für den wird Jesus zum persönlichen Retter.

Seit der Zeit, als Maria und Josef den Weg nach Bethlehem zurücklegten, sind Ungezählte nach Bethlehem gezogen, davon nicht wenige zu Fuß. Von einem alten Pilger berichtet der Archäologe Karl-Erich Wilken in seiner Erzählung »Unterwegs zur Krippe nach Bethlehem«. Am Damaskustor hatte sich eine Gruppe von Pilgern gesammelt, um von dort zum Heiligen Abend nach Bethlehem aufzubrechen.

> Es war der seltsamste Pilgerzug, den ich je gesehen hatte. Aus den verschiedensten Ländern der Welt waren sie gekommen, aus den verschiedensten Konfessionen; alle wanderten sie dem einen großen Ziel entgegen: der Krippe von Bethlehem! Ich sah manchen einsamen Pilger dahinziehen, darunter auch einen betagten, weißbärtigen Mann. Rüstig schritt er dahin. Seine strahlenden Augen waren nach Bethlehem gerichtet... Alle diese Pilger wanderten auf der neuen Fahrstraße, um möglichst schnell nach Bethlehem zu kommen.

Wilken wählte, wie er es gewohnt war, den uralten Karawanenweg. In Bethlehem angekommen, war das Gedränge vor der Geburtskirche so groß, dass Wilken für mehrere Stunden die Hirten auf ihren Feldern aufsuchte.

> Es war schon nach Mitternacht, als ich zur Geburtskirche zurückkehrte und die schmalen Stufen zur Geburtsgrotte hinunterstieg. »Das Hic de virgine Maria Jesus Christus natus est« (Hier wurde Jesus Christus von der Jungfrau Maria geboren) auf dem kupfergetriebenen Stern des Marmorbodens erstrahlte im Glanz der 15 Öllampen. Auch die Krippenstätte war hell erleuchtet. Hier stand einst die Lehmkrippe, in die Maria

das neugeborene Kind legte. Über drei Jahrhunderte stand diese Lehmkrippe hier. Hieronymus, der erste Bischof von Bethlehem, hat sie noch gesehen. Im Stallraum selbst war nur ein einziger Pilger. Es war jener einsam dahinwandernde alte Pilger, den ich vom Damaskustor aufbrechen sah. Er saß auf dem Fußboden, hatte seine Hände auf seinen langen weißen Bart gelegt und die Augen geschlossen. Ich setzte mich neben ihn, nahm meine kleine Taschenbibel und las das Weihnachtsevangelium.

Es kamen noch drei Pilger. Sie ließen sich auch auf dem Fußboden des Stallraumes nieder. Keiner wagte, die heilige Stille zu unterbrechen. Jeder fühlte: Vor dem Kind in der Krippe verstummt jedes menschliche Wort; hier beginnt eine andere Sprache zu uns zu reden, eine Sprache, die Gott allen Menschen gegeben hat, um mit Ihm Zwiesprache zu halten. Jeder wollte allein sein mit seinen Gedanken, allein angesichts des großen Gotteswunders, das der Herr durch den Mund Seiner Propheten geweissagt und hier, an dieser Stätte, der Menschheit geoffenbart hatte.

» *Plötzlich war es mir, als hörte ich ein leises Summen. Immer lauter klang es. Es war die Melodie von »Stille Nacht, heilige Nacht!« Ich summte die Melodie mit und schon stimmte der alte Pilger den ersten Vers dieses Liedes an. Glockenrein klang seine Stimme. Wir alle fühlten es: Dies Lied kommt aus einem gläubig-frommen Herzen zum Lobe des Christkindes. Hier sang jemand, der dem Christkind das schönste Weihnachtsgeschenk darbringen wollte, das er zu geben hatte. Inniger hatte ich kein Weihnachtslied je singen hören. Als der letzte Vers verklungen war, las ich das Weihnachtsevangelium vor. Bei uns war es Weihnacht geworden, dankbare, frohe Weihnacht!* «

Ich erzählte nun dem Alten, dass ich ihn heute Nachmittag beim Damaskustor nach Bethlehem hatte aufbrechen sehen. Er berichtete mir daraufhin über seine Bethlehemfahrt. Schon als Kind hätte er den sehnsüchtigen Wunsch gehabt, einst an der Geburtsstätte Jesu Weihnachten zu feiern. Jeder Groschen, den er sich in der Schusterwerkstatt seines Vaters verdient hatte, wurde gespart. So hielt er es auch später. Wenn seine Kameraden ausgingen, blieb er zu Hause, um sein Geld für die Bethlehemreise zu sparen. Kurz vor dem Ausbruch des ersten Weltkrieges hatte er den gesamten Betrag zusammen. In wenigen Monaten konnte er die Schiffskarte buchen. Es kam der Krieg, die Inflation, und alle Hoffnungen, in Bethlehem Weihnachten zu feiern, waren zunichte. Er begann von neuem zu sparen. Es war ein hartes Leben, das er sich aufzwang. Sein Wunsch sollte und musste in Erfüllung gehen! Jeden Abend bat er den Herrn, einst Seine Geburts- und Krippenstätte in Bethlehem sehen zu dürfen. Schließlich war es soweit. Es reichte für eine Reise mittschiffs – und nun sei sein größter Wunsch in Erfüllung gegangen. Für diesen Heiligen Abend hätte er alle Weihnachtslieder geübt und immer wieder geübt, bis sie so klangen, dass er sie dem Christkind mit gutem Gewissen vortragen konnte.

» *Gegen Morgen verabschiedeten wir uns. Ich musste dem alten Pilger fest versprechen, ihn auf meiner Heimreise in München zu besuchen. Als ich nach einigen Monaten an seine Tür klopfte, öffnete mir seine Tochter. Sie geleitete mich ins Wohnzimmer. An der Wand hing das Bild des alten Pilgers, darunter ein kleines Kreuz aus Olivenholz.* «

Vor zwei Monaten ist mein Vater heimgegangen, begann sie. Seine letzten Gedanken waren im Stallraum von Bethlehem, bei der Geburts- und Krippenstätte des Heilands. Er hat mir so viel über den schönsten Heiligen Abend seines Lebens erzählt und wartete täglich auf Sie… Sein Sterben war ein dankerfülltes Heimgehen in die ewige Heimat, in die ewige Liebe Gottes.[114]

V. Die beiden ersten Besuche Jesu im Tempel

Abb. 43: Mufti Sa'd el-Din al-Alami

Der Tempelplatz in Jerusalem ist von Beginn seiner Geschichte an ein Ort der heiligen Versprechen. Heute ist dieses Areal ein heiliger Ort für Juden, Christen und Moslems.

Im Streit der Religionen wird die Geschichte des Tempelplatzes ganz unterschiedlich dargestellt. In dem erbitterten Kampf zwischen Palästinensern und Israelis erheben sowohl Moslems als auch Juden Anspruch auf den Tempelberg. Die Letzteren berufen sich auf das Alte Testament und die Moslems haben ihre eigene Geschichtsdarstellung.

Es war Mufti Sa'd el-Din al-Alami, der Vorgänger des zur Zeit amtierenden Muftis, der eine Gruppe aus Lobetal empfangen hat. Sein Büro und Sitzungsraum befindet sich am Aufgang zum Felsendom. Die Audienz hatte ein in Deutschland lebender Neffe des Muftis vermittelt. Nachdem ich unsere Gastgeschenke überreicht hatte, bat ich den Mufti um einen kleinen Vortrag zur Geschichte des Tempelberges.

»Als Abraham«, so begann der Mufti seine Rede, »nach Jerusalem kam, war Jerusalem im Besitz eines arabischen Stammes. Abraham kaufte den Arabern die Grabhöhle ab. Daraus ist zu ersehen, dass das Land Palästina längst den Ara-

Abb. 44: Der Felsendom

Abb. 45: Auf dem Tempelplatz

bern gehörte, bevor die Geschichte Israels begann. Deshalb gibt es geschichtlich keinerlei israelitischen Rechtsanspruch auf das Land Palästina. Jerusalem war immer eine arabische Stadt. Sie wurde die Heilige Stadt des Islams durch die wunderbare Himmelfahrt Mohammeds.«

In seiner Geschichtsdarstellung identifizierte der Mufti die erste bekannte Bevölkerungsgruppe Jerusalems, die Jebusiter, mit den Arabern und sah in ihnen die Vorfahren der Palästinenser.

Die Jebusiter waren ein vorisraelitischer Volksstamm, der in der traditionellen Aufzählung von sieben Völkerschaften erscheint. Dabei steht er in der Regel am Schluss (vgl. 2 Mo 3,8.17; 5 Mo 7,1; Jos 3,10). Das hängt damit zusammen, dass die Jebusiter konkret mit Jerusalem verbunden wurden (vgl. Jos 15,8; 18,16; Ri 19,11). Jebus ist vermutlich überhaupt nichts anderes als ein zweiter Name für Jerusalem. Jerusalem-Jebus ist die letzte nichtisraelitische Stadt, deren Eroberung durch die israelitische Überlieferung erzählt wird (vgl. 2Sam 5,6-9).

Für die völkische Zugehörigkeit der Jebusiter stehen die beiden im Alten Testament überlieferten Namen:

- Melchisedek (vgl. 1 Mo 14,18) ist ein amoritischer Name.
- Arauna, dem David die »Tenne«, einen Getreidedreschplatz, abkaufte, ist ein hetitischer Name (vgl. 2Sam 24,18).[115]

Abb. 46: Die Fesselung Isaaks – Darstellung in der Synagoge von Dura Europos

Der Prophet Hesekiel wusste um diese Herkunft der Urbevölkerung Jerusalems. In seinen Gerichtsworten über Jerusalem nennt Hesekiel Jerusalem ein missratenes Pflegekind und sagt: »So spricht Gott, der Herr über Jerusalem: Deiner Herkunft und Geburt nach stammst du aus dem Land der Kanaanäer, dein Vater war ein Amoriter und deine Mutter eine Hetiterin« (Ez 16,3).

Die Höhle, von der der Mufti sprach, ist vermutlich die Höhle Machpela in Hebron und kein Landstück auf dem Tempelplatz in Jerusalem. Der Mufti verschwieg die Landverheißung Gottes an Abraham. Er überging die Geschichte der davidischen Königsstadt Jerusalem, den Bau des salomonischen Tempels sowie die Geschichte des Tempels bis zur zweiten völligen Zerstörung im Jahre 70 n. Chr. Die Geschichte, wie sie der Mufti sah, beginnt bei Mohammed.

Die älteste Ortsbezeichnung, die sich im Alten Testament für den Tempelberg findet, ist Morija. In dem an Abraham gerichteten Gotteswort heißt es: »Geh für dich allein (d. h. sprich mit keinem Menschen darüber) in das Land Morija« (1 Mo 22,2). Dort sollte Abraham seinen Sohn Isaak opfern. Nach der Fesselung und Rettung Isaaks gab Abraham dem Berg den Namen »Jahwe sieht«, dann heißt es weiter: »… daher sagt man noch heute: auf dem Berge, da Jahwe gesehen wird« (1 Mo 22,14).

Morija findet sich als Name auf einer Inschrift bei Lachisch in der Nähe eines alten ägypto-kanaanäischen Zentrums 18 km westlich

Abb. 47: Die Westmauer des Tempels

von Hebron. In dieser Inschrift ist Morija ein Hinweis auf Jerusalem. Das Land Morija bedeutet so viel wie die Gegend um den Berg Morija.[116] Für die jüdische Überlieferung gibt es keinen Zweifel daran, dass das Land Morija die Gegend um den späteren Tempelberg ist.

Zur Zeit Davids war der Berg Morija im Besitz des Jebusiters Arauna (hebr. *arawna*). Es war seine Tenne. An dieser Stelle sah David den Engel des Verderbens, den Engel, der die Pest herbeigeführt hatte, die nach Davids Volkszählung ausgebrochen war. Hier erging an den Engel Gottes Wort: »Genug.« Außerdem ließ Gott David durch den Propheten Gad auffordern, an dieser Stelle einen Altar für Jahwe zu errichten. David kaufte das Land Arauna ab und bereitete Brand- und Heilsopfer vor. Er rief Jahwe an und dann heißt es: Jahwe »antwortete ihm durch Feuer vom Himmel auf den Brandopferaltar und es verzehrte das Brandopfer« (1Chr 21,26). Erst nachdem Jahwe dem Engel befohlen hatte, sein Schwert wegzustecken, erkannte David, dass Jahwe ihm geantwortet hatte. Er opferte Brandopfer und sprach: »Dies soll das Haus Jahwes sein« (1Chr 22,1). Auf dem Hintergrund dieser Gottesbegegnung heißt die Wendung »Jahwe war David erschienen«: Gottes Gegenwart wurde sichtbar in seinem Handeln und die persönliche Gottesbegegnung bewirkte die Wende der Not. Sie wurde für David und das Volk zur Rettung!

Durch die Gottesbegegnungen Abrahams und Davids auf dem Berg Morija ist für Israel Jerusalem keine traditionslose Stadt. Der Tempelplatz war bereits durch die Fesselung Isaaks und durch das

Abb. 48: Der Tempel (Modell in Jerusalem)

Opfer Davids auf der von Arauna erworbenen Tenne für den Tempel vorherbestimmt.

Den ersten Tempel baute König Salomo.[117]

Der salomonische Tempel wurde bei der Zerstörung Jerusalems durch Nebukadnezzar im Jahr 587 v. Chr. vollständig niedergerissen und eingeäschert[118] und nach dem Exil unter Nehemia wieder notdürftig aufgebaut.

Der zweite Tempel – der Tempel zur Zeit Jesu – ist verbunden mit der Geschichte Herodes des Großen. Herodes der Große hatte den Tempel von Jerusalem neu aufgebaut, erweitert und prächtig ausgestattet. Von diesem Tempel sind heute nur noch wenige Teile übrig. Erhalten ist die sogenannte Westmauer, der heutige Gebetsort der Juden.

Herodes der Große (um 73–4 v. Chr.) hatte nach den Wirren um Caesars Ermordung (100–44 v. Chr.) auf Augustus als Thronfolger gesetzt. Augustus trug damals noch den Namen Octavian. Nach langer Belagerung konnte Herodes 37 v. Chr. Jerusalem einnehmen. Herodes war von Haus aus kein Jude. Er gehörte zum Volk der Idumäer. Da Herodes als Nichtjude das Heiligtum nicht betreten durfte, vergrößerte er den äußeren Tempelbezirk und stattete ihn mit nie gesehener Pracht aus. Das Gelände wurde im Norden eingeebnet, im Süden dagegen aufgeschüttet und mit mächtigen Mauern abgestützt. So entstand eine trapezförmige ebene Plattform, deren Ge-

Abb. 49: Die Schöne Pforte (Modell in Jerusalem)

samtfläche 144 000 qm betrug und beinahe doppelt so groß war wie der frühere Tempelbezirk.[119]

1. Jesu erster Besuch im Tempel

Jesus war gerade 40 Tage alt, als Maria ihn auf den Armen in den Tempel trug.

> »*Als die 40 Tage der Reinigung Marias, wie sie das Gesetz des Mose vorgeschrieben hatte (vgl. 3Mo 12,2-8), vorüber waren, wollte sie das Opfer nach der Vorschrift im Gesetz des Herrn darbringen, nämlich ein Paar Turteltauben oder zwei junge Tauben.*«
>
> *Lukas 2,22a.24*

Die Beschneidung Jesu war am achten Tag in Bethlehem. Die Auslösung des erstgeborenen Sohnes hätte Josef von jedem Priester in Bethlehem vornehmen lassen können. Auch zur sogenannten Reinigung der Frau hätte es keines Besuchs im Tempel, dem Zentralheiligtum, bedurft. Da Maria jedoch das für die Reinigung vorgesehene Opfer mitbrachte, wurde das Reinigungsopfer im Tempel dargebracht.

Abb. 50: Das Nikanortor (Modell in Jerusalem)

In den den Juden vorbehaltenen inneren Tempelbezirk führten neun Tore. Das sogenannte schöne Tor war der Haupteingang zum »Vorhof der Frauen«, in dem sich damals noch Männer und Frauen gemeinsam aufhalten konnten. Die Gold- und Silberbeschläge hatte erst der Bruder des alexandrinischen Philosophen Philon (um 20 v. Chr. bis um 50 n. Chr.) gestiftet. An den Wänden des Vorhofes waren dreizehn große Opferstöcke für pflichtgemäße und freiwillige Gaben angebracht. Die Opferstöcke waren oben so eng wie die Öffnung von Trompeten, sodass keine diebische Hand das Geld herausholen konnte. An einem dieser Opferstöcke hatte Jesus später während eines Festbesuches in Jerusalem die Witwe beobachtet, die mit dem wenigen ihr ganzes Eigentum hergab.

Frauen durften noch auf den fünfzehn halbkreisförmigen Stufen emporsteigen, die aus der Mitte der Westseite des Frauenvorhofes hinauf zum Nikanortor führten.[120] Hier an diesem Nikanortor hatte Maria für ihr neugeborenes Kind das für arme Leute vorgeschriebene Reinigungsopfer von zwei Tauben (vgl. 3 Mo 12,8) dargebracht und hier waren Maria und Josef dem alten Simeon begegnet.[121]

Der Tempelgang hatte noch einen anderen Zweck. Lukas schreibt: »Sie brachten das Kind nach Jerusalem hinauf, um es dem Herrn zu weihen« (Lukas 2,22). Im Weiteren bezieht sich Lukas auf die alttestamentliche Vorschrift, dass jede männliche Erstgeburt dem Herrn zu weihen war. Die männliche Erstgeburt gehörte Gott, gegen ein Lösegeld erhielten die Eltern den Sohn zurück (vgl. 2Mo 13,2; 13,13; 34,20). Das Geld für die Auslösung hätten Maria und Josef bei jedem Priester im Land bezahlen können, auch bei jedem beliebigen Diener im Tempel. Sie verbanden beide an sich getrennten Pflichten, um ihr Kind bei dieser Gelegenheit Gott im Tempel – wie es Martin Luther übersetzt – »darzustellen«. Der Begriff darstellen heißt so viel wie »aufopfern«, »weihen«. Vor dem Nikanortor stehend konnten sie in den Hof mit dem Opferaltar blicken. Von hier aus brachten sie Jesus »dar«, d.h. sie kauften ihn nicht von Gott los, sondern weihten ihn ganz dem Dienst Gottes.[122] Für das, was Maria und Josef hier taten, gibt es im Alten Testament ein entsprechendes Beispiel.

Hanna, die Frau des Elkana, war lange Zeit kinderlos. Sie versprach Gott, wenn er ihr einen Sohn schenke, dass sie ihm diesen ganz zur Verfügung stellen würde, in weihen würde. Hanna brachte Samuel zur Welt und hielt ihr heiliges Versprechen. Als Samuel entwöhnt, d.h. zwölf Jahre alt war, brachte Hanna ihn in den Tempel. Laut H.L. Strack und P. Billerbeck bezeichnet die »Entwöhnung« die Zeit der Eingewöhnung in das Gesetz und den Beginn der vollen Verantwortlichkeit. Ab jetzt sollte er Gott allein zur Verfügung stehen. Samuel wurde der Diener des damaligen Hohepriesters Eli (1Sam 1).

Bei der Darbringung Jesu handelte es sich um einen solchen Akt der Weihe und der Heiligung. Indem Maria und Josef Jesus in den Tempel brachten, erklärten sie damit: Dir, seinem himmlischen Vater, soll Jesus ganz zur Verfügung stehen. Wir haben keinen Anspruch, kein Anrecht auf ihn. Er gehört dir allein! Diese Darbringung Jesu im Tempel erregte viel Aufsehen.

Zeuge dieses heiligen Versprechens wurde Simeon. Von ihm heißt es: »Er war gottesfürchtig und wartete auf die Tröstung Israels« (Lk 2,25). Simeon, der sein Leben lang auf den Messias gewartet hatte, kam die Treppen herunter auf Maria und Josef zu, nahm das Kind von den Armen Marias und sang ein Dankgebet, in dem es heißt: »Meine Augen haben deinen Heiland gesehen« (Lk 2,27-32).

Eine Frau namens Hanna, von der es heißt, dass sie sich nach ihrer Witwenschaft ständig im Tempel aufhielt, muss ganz in der Nähe gewesen sein. Sie sah, was Simeon tat, sie hörte

Abb. 51: Simeon (Skulptur von Lars Wolf)

Abb. 52: Die Hallen Salomos (Modell in Jerusalem)

seine Worte und dann heißt es: »Sie pries Gott« und sagte jedem, den sie im großen Vorhof der Frauen traf: Euer Warten ist erfüllt. Jesus ist der Messias (vgl. Lk 2, 36-38).

In Bethlehem waren es Hirten, im Tempel war es eine Frau, die die Botschaft vom Kommen Jesu verkündigten.

2. Der zweite Besuch Jesu im Tempel

Die ersten Worte, die von Jesus überliefert sind, richtete er an Maria und Josef. Zu ihnen sprach er:

> »*Wisst ihr nicht, dass ich sein muss in dem, was meines Vaters ist?*«
>
> *Lukas 2,49*

Der Ort, an dem Jesus diese Worte sprach, war die sogenannte »Halle Salomos«. Die östlich zum Kidrontal hin gerichtete Halle hatte den Namen »Halle Salomos«, weil sie mit ihren Unterbauten angeblich von Salomo stammte. Sie wurde als Lehrhalle genutzt.[123] Zur Zeit Jesu hatte jeder renommierte Rabbiner eine bestimmte Säule, an der er lehrte, d.h., mit den Umstehenden diskutierte.

Ausdrücklich erwähnt wird die Halle Salomos im Neuen Testament dreimal. Hier sprach Jesus am Fest der Tempelweihe zu den

Abb. 53: In der Schrift forschende Juden bei einer Bar Mizwa

Juden (vgl. Joh 10,22.23); in ihr predigte Petrus nach der Heilung des Lahmgeborenen (vgl. Apg 3,11); hier pflegten sich die ersten Judenchristen von Jerusalem zu versammeln (vgl. Apg 5,12).

Das, was der zwölfjährige Jesus in diesen Hallen erlebte, war das Fest seiner Religionsmündigkeit. In biblischer Zeit ging im zwölften Lebensjahr die Kindheit zu Ende. Nach jüdischer Tradition begann Samuel in diesem Alter seine Prophetentätigkeit. Mit zwölf Jahren war Daniel Prophet und Salomo König.

Jesus begab sich als Zwölfjähriger zu den Lehrern Israels, die in der Halle Salomos das Gesetz diskutierten, durchforschten und lehrten.

Heute noch wird im Judentum am 13. Geburtstag, den Tag der Geburt selbst eingerechnet, das Fest der Bar-Mizwa bzw. bei Mädchen der Bat-Mizwa gefeiert, das Fest der Religionsmündigkeit. Mit 12 Jahren ist der Junge ein Sohn des Gebotes (bar mizwa) und das Mädchen eine Tochter des Gebotes (bat mizwa), d. h. sie sind religionsmündig. Mit diesem Tag ist der Heranwachsende verpflichtet, die Gebote Gottes zu befolgen und ist allein für seine Handlungen verantwortlich.

Heute wird das Fest der Religionsmündigkeit an dem auf den Geburtstag folgenden Sabbat gefeiert.[124] Jesus feierte seine Religionsmündigkeit an dem auf seinen Geburtstag folgenden ersten großen Wallfahrtsfest. Es war das Passahfest. Nach alttestamentlicher Vorschrift sollten alle männlichen Israeliten an den drei Hauptfesten vor Gott, dem Herrn, erscheinen (2 Mo 23,14-17).

Josef und Maria nahmen Jesus aus dem Anlass seiner Religionsmündigkeit mit zum Passahfest nach Jerusalem. Zunächst ging alles seinen gewohnten Gang. Dann traten Maria und Josef zusammen mit der aus Nazareth angereisten Gruppe den Rückweg an. Erst am Abend stellten sie fest, dass Jesus nicht dabei war. Sie suchten ihn drei Tage und fanden ihn schließlich im Tempel inmitten von Rabbinern, denen er zuhörte und die er befragte. Jesus trat damals nicht als Lehrer (Rabbi) im Tempel auf, sondern als Hörender und Fragender. Er saß am Boden vor einer der Tempelsäulen. Der Lehrbetrieb vollzog sich damals in Frage und Antwort. Der Lernende wurde so zu einem Gesprächspartner.

Die Rabbiner – es kamen weitere von den anderen Säulen dazu – waren über seine Antworten erstaunt und konnten diese in keiner Weise einordnen. Josef und Maria, die Zeugen dieses Lehrgespräches wurden, waren fassungslos. Da war einmal die Freude, den verloren Geglaubten wieder gefunden zu haben, zum anderen waren sie erschrocken. So hatten sie Jesus noch nicht erlebt.

Auf die Frage der Maria »Warum hast du so an uns gehandelt? Dein Vater und ich suchen dich mit Schmerzen!« (Lk 2,48), gibt Jesus seinerseits sein Befremden zu erkennen. Jesus antwortete: »Wisst ihr nicht, dass ich sein muss in dem, was meines Vaters ist?« (Lk 2,49). Damit sagte Jesus: Hier, in diesem Tempel habt ihr mich, als ich gerade 40 Tage alt war, dem Herrn geweiht. Ihr habt mich nicht ausgelöst. Damals habt ihr versprochen: Jesus soll ganz dem Herrn gehören! Jetzt, am Tag meiner Religionsmündigkeit, ist es an mir, euer vor zwölf Jahren gegebenes heiliges Versprechen einzulösen.

Im ersten Wort, das von Jesus überliefert ist, nennt Jesus Gott seinen Vater, und zwar im Gegensatz zu »dein Vater«, also Josef. Jesus sagte nicht »im Hause unseres Vaters«, sondern »im Hause meines Vaters«. Jesus bringt damit sein einzigartiges Verhältnis zu Gott zum Ausdruck. »Jesus weiß sich als Gottes Sohn im ureigensten Sinn.«[125]

Als Zwölfjähriger sprach Jesus zum ersten Mal von Gott als seinem Vater. Eines seiner letzten Worte am Kreuz lautet: »Vater, in deine Hände befehle ich meinen Geist« (Lk 23,46). Zwischen den beiden Worten Vater liegt das Leben Jesu, das allein dadurch bestimmt war, den Willen seines Vaters im Himmel zu tun (vgl. Mt 6,10; 7,21; 12,50). Begonnen hat das in dem Augenblick, als er das von seinen Eltern Gott gegebene Versprechen zu seinem eigenen Versprechen machte.

Ein heiliges Versprechen kann ein Mensch in ganz unterschiedlichen Situationen ablegen. Der häufigste Anlass ist eine ausweglose Not: Wenn du mir hilfst, dann ... Wenn ich noch einmal gesund werde, dann ... Mancher Arbeitslose hat Gott versprochen: Wenn du mir Arbeit gibst, dann soll ein Teil meines Lohnes dir gehören. Ein heiliges Versprechen wird abgelegt bei der Bekehrung, der persönlichen Entscheidung für Jesus. Es ist das Versprechen: Jesus, dir allein soll mein Leben gehören. Die Versprechen beim Eintritt in einen Orden, eine Kommunität oder in ein Diakonissenmutterhaus sind die der Armut, der Ehelosigkeit und des Gehorsams. Gott wartet darauf, dass wir unsere Versprechen einhalten.

Mit dem Wort »Wisst ihr nicht, dass ich sein muss in dem, was meines Vaters ist« wischt Jesus den ersten Teil des Eltern-Kind-Gebotes nicht vom Tisch. Er akzeptierte sein Menschsein, indem er seinen irdischen Eltern die ihnen zustehende Ehre erwies. Er folgte seinen Eltern nach Nazareth. Dort fügte er sich wieder ganz in die natürliche Ordnung. Er akzeptierte die Autorität seiner Eltern und damit »das Menschsein bis zur letzten Konsequenz«.[126]

Was aber muss in Maria vorgegangen sein, als sie in Nazareth wieder zu ihm sagte: »Tu das, und er tat es!«[127] Dieser Gehorsam Jesu seinen irdischen Eltern gegenüber hörte nur da auf, wo es um das Zeugnis vom Wirken seines Vaters im Himmel ging.

Zwischen dem ersten und dem zweiten Tempelbesuch Jesu liegt die Zeit in Ägypten und der erste Teil der stillen Jahre in Nazareth.

VI. Die Flucht nach Ägypten

> »*Ein Engel erschien Josef im Traum und sprach: Steh auf, nimm das Kindlein und seine Mutter mit dir und flieh nach Ägypten, bleib dort, bis ich es dir sage, denn Herodes beabsichtigt, das Kind zu suchen, um es umzubringen.*«
>
> *Matthäus 2,13*

Es war das zweite Mal, dass ein Bote Gottes Josef im Traum erschien. Das erste Mal galt das Botenwort der Rettung Marias (vgl. Mt 1,20). In einem zweiten Traum wird Josef beauftragt, Jesus in Ägypten in Sicherheit zu bringen (vgl. Mt 2,13). Herodes, der Wahnsinnige, hatte angeordnet, in Bethlehem und in der ganzen Umgebung alle Knaben bis zum Alter von zwei Jahren zu töten (vgl. Mt 2,16).

1. Herodes – ein Mann ohne Geschichte

Herodes litt unter der ständigen Angst vor Rivalen, die ihm seinen Königsthron streitig machen oder ihn gar töten könnten. Deshalb verbrachte er die meiste Zeit seines Lebens auf einer seiner luxuriös ausgestatteten Fluchtburgen. So ist es denkbar, dass der Befehl zum Kindermord vom Herodion bei Bethlehem ausging.

Wen Herodes fürchtete, war ein »König der Juden«; immerhin hatten die Weisen aus dem babylonischen Raum einen solchen gesucht und ganz offenbar in Bethlehem gefunden. Auf jeden Fall waren sie nicht zu ihm zurückgekehrt (vgl. Mt 2,1-12).

Herodes war kein gebürtiger Jude. Seine Vorfahren stammten aus Idumäa östlich des Jordans. Die Mutter des Herodes war eine Nabatäerin.[128] Trotz seiner Einheirat in das Geschlecht der Hasmonäer und dem Bau des Tempels in Jerusalem blieb Herodes für die Juden der Fremde und der Römerfreund.[129] Nach seinem Stammbaum befragt, konnte Herodes allenfalls auf seinen Vater Antipater verweisen. Antipater war als Idumäer zum Judentum übergetreten.[130] Um alten jüdischen Familien die Möglichkeit zu nehmen, ihren Stammbaum mit dem ihres Königs zu vergleichen, ordnete Herodes die folgende Untat an. Er ließ alle Urkunden, in denen die Stamm-

Abb. 54: Das Herodion – eine Fluchtburg Herodes des Großen

bäume der einzelnen Geschlechter aufgezeichnet waren, völlig vernichten. Die Stammbäume waren in den Archiven des Tempels aufbewahrt worden.[131] Für Herodes traf in besonderer Weise zu: Für einen Menschen ohne Herkunft gibt es keine Zukunft.[132] Fünf Tage vor seinem Tod unternahm Herodes, da er die Schmerzen nicht mehr ertragen konnte, einen Selbstmordversuch. Er hatte sich einen Apfel und ein Messer bringen lassen und sich das Messer in die Herzgegend gestoßen. Als sich das Gerücht verbreitete, Herodes sei tot, und sein Sohn Antipater sich des Königsthrons bemächtigen wollte, ließ ihn Herodes umbringen. Gestorben ist Herodes 4 v. Chr., kurz vor dem Passahfest, das in diesem Jahr auf den 11. April fiel.[133] Den prunkvollen Leichenzug, der Jericho verließ, beschreibt Flavius Josephus.

Das Vernichten jeden Stammbaumes und damit der Versuch, die Vergangenheit auszulöschen, führte nach dem Tod des Herodes zu einer Gegenbewegung. Jeder Jude rekonstruierte seinen Stammbaum, um ihn wieder in den Archiven des Tempels zu hinterlegen. Sie wussten, dass es ohne Herkunft keine Zukunft gibt.

Diesem Grundsatz folgten auch die beiden Evangelisten Matthäus und Lukas. Ihre Evangelien schrieben sie beide um das Jahr 70 n. Chr. nieder, und jedes enthält einen Stammbaum Jesu, aus dem hervorgeht: Jesus ist ein Nachkomme Davids (vgl. Mt 1,1, Lk 3,31).

Von welcher Bedeutung dieser Stammbaum Jesu ist, zeigt die Reaktion jüdischer Gelehrter bis auf den heutigen Tag. Sie versuchen alles, um die Abstammung Jesu aus dem Hause Davids zu bestreiten. Ich denke an einen jüdischen Freund, der mit verbissener Miene Jesus als Findelkind bezeichnete, und an einen anderen, der Jesus ein uneheliches Kind nannte, gezeugt von einem römischen Soldaten. Beide jüdische Gelehrte setzten alles daran, Jesus seine Vergangenheit zu nehmen. Wer einmal mit Menschen gesprochen hat, die weder Vater noch Mutter kennen, weiß um das ständige Suchen und Fragen nach Herkunft, Identität und Zukunft. Für Jesus, das zeigt der Stammbaum im Evangelium des Matthäus, stellt sich diese Frage nicht:

- Jesus ist König aus dem Hause Davids.
- Jesus ist der König im Stall und am Kreuz.
- Jesus ist der König in Ewigkeit.

Daran ändert auch nichts, dass Jesus, der Sohn Davids, zunächst mit seinem Nährvater Josef und seiner Mutter Maria auf die Flucht muss-

Abb. 55: Ausgrabungen am Fuße der Cheopspyramide bei Giseh

te, um den Mordanschlägen des wahnsinnigen Herodes zu entgehen. Vielmehr erfüllte sich gerade über dem Weg von Bethlehem nach Ägypten und von dort zurück nach Nazareth die Verheißung des Propheten Hosea: »Ich rief meinen Sohn aus Ägypten« (Hos 11,1).

Das Prophetenwort bezieht sich zweifelsfrei zunächst auf den Auszug der Israeliten aus Ägypten. Doch bereits der Evangelist Matthäus sieht in diesem Prophetenwort seine zweite Erfüllung, als Jesus nach dem Tod des Herodes mit Maria und Josef ins Heilige Land zurückkehren konnte (vgl. Mt 2,15).

2. Ägypten – das Land des Asyls

> *Den Ägypter sollst du nicht verabscheuen, denn du hast als Fremder (wörtlich: als Schutzbürger) in seinem Land gelebt.*
>
> *5. Mose 23,8*

In Bethlehem, dem Geburtsort Jesu, wohnten Maria, Josef und Jesus im Schatten des Herodion, von dem der Mordbefehl für alle Kinder unter zwei Jahren in Bethlehem und Umgebung ausging. Der Anblick der Pyramiden erweckte in Josef und Maria sicherlich die Erinnerung an die Geschichte der Freiheit und des Überlebens der Juden. Nur

Abb. 56: Im Lande Gosen

Abb. 57: Jüdisch-aramäisches Viertel auf der Elefantine

unter Ramses II. ereignete sich die gleiche Gräueltat, wie Herodes sie auch angeordnet hatte. Er ließ alle neugeborenen Hebräerjungen umbringen (vgl. 2 Mo 1,16). In der gesamten anderen Geschichte jedoch war Ägypten für die Juden eine Zufluchtsstätte gewesen.

Abraham zog nach Ägypten, um während einer Hungersnot dort zu überleben (1 Mo 12,10). Eine Hungersnot war der Anlass der Brüder Josefs, nach Ägypten zu ziehen, um dort Getreide zu kaufen. Josef, nach Ägypten verkauft und dort zum zweiten Mann im Reich der Hyksos emporgestiegen, veranlasste seinen alten Vater und seine Brüder, nach Ägypten zu ziehen. Josef siedelte sie an in der fruchtbarsten Gegend, im Lande Goschen (vgl. 1 Mo 46,34).

Aufnahme und Schutz in Ägypten fanden auch Jerobeam (vgl. 1 Kön 11,40) und all die, die unmittelbar vor der Deportation nach Babylon fliehen konnten (vgl. 2 Kön 25,26).

Anfang des 5. Jh. v. Chr. ist in Syene – Syene ist der alttestamentliche Name für Assuan – eine jüdische Kolonie bezeugt. Die Juden hatten dort einen eigenen Jahwetempel. Reste des Tempels wurden auf der Elefantine ausgegraben.

Um das Jahr 160 v. Chr. flüchtete der Hohepriester Onias IV. vor den Syrern nach Ägypten. Er errichtete nach dem Muster des Jerusalemer Tempels in Leontopolis, 18 km nördlich von Heliopolis, einen Jahwetempel. Auch wenn die Jerusalemer Behörden diesen Tempel nicht als gleichberechtigt anerkannten, so wurde doch der Kultus und Opferdienst bis zu seiner Zerstörung durch Vespasian im Jahre 73 n. Chr. ausgeübt.

Zur Zeit Jesu lebten 1 Million Juden in Ägypten.[134] Eine Flucht jüdischer Familien und ganzer Sippen nach Ägypten war damals nichts Ungewöhnliches.

3. Jesus in Ägypten

> »*Da stand Josef auf, nahm in der Nacht das Kind und seine Mutter und zog nach Ägypten. Er blieb dort bis nach dem Tod des Herodes.*«
>
> *Matthäus 2,14.15a*

Der Fluchtweg von Josef, Maria und Jesus führte von Bethlehem über Hebron nach Beerscheba und von dort durch den Negev bis zum Mittelmeer an die ägyptische Grenze.

Das Reittier war wie in alttestamentlicher Zeit ein Esel. Es ist denkbar, dass Josef bereits auf einem Esel reitend zusammen mit Maria bis Bethlehem gezogen war.

Nach orientalischer Sitte ritt der Mann auf dem Esel, dem außerdem die Habseligkeiten aufgeladen wurden. Die Frauen und Kinder gingen, in Staubwolken gehüllt, hinterher.

Interessant ist eine Darstellung von Herbert Holzing, die an Erzählungen ägyptischer Christen (Kopten) anknüpft. Hier sitzt auf dem Esel nicht nur die heilige Familie, sondern auch Salome, die Hebamme Marias.

Die Darstellungen in der christlichen Kunst von Maria und Jesus sitzend auf dem Esel und Josef den Esel führend, sind nicht aus der Luft gegriffen. Sie haben ein alttestamentliches Vorbild. Als Mose aus dem Land Midian zurückkehrte, heißt es: »So nahm Mose seine Frau und seine Söhne, setzte sie auf einen Esel und zog wieder nach Ägypten« (2 Mo 4,20).

In Sicherheit waren Maria und Josef mit Jesus erst, nachdem sie die ägyptische Grenze überschritten hatten. Das erste Wahrzeichen Ägyptens, das sie zu sehen bekamen, war der Obelisk von Heliopolis. Der Obelisk stand am Eingangstor des Sonnentempels. Er ist 20 m hoch und in einem Stück aus Rosengranit gemeißelt. Wie aus den Inschriften hervorgeht, wurde

Abb. 58: Obelisk – einziger Überrest des Sonnentempels von Heliopolis

er von Pharao Sesostris I. um 1950 v. Chr. errichtet. In den ägyptischen Tempeln dienten die Obelisken als Kultsymbole, auf deren Spitzen sich die ersten Sonnenstrahlen niederließen. Die Spitze war vergoldet.[135] Heliopolis war seit uralter Zeit das religiöse Zentrum Ägyptens.

In den Tempeln wurden die Krönungszeremonien der Herrscher vollzogen.[136] Das altägyptische Heliopolis war unter dem Namen On bekannt. Für die Juden hatte On (Heliopolis) eine besondere Bedeutung dadurch, dass Josef, nachdem er zum zweiten Mann im Ägypten seiner Zeit aufgestiegen war, eine Tochter des Oberpriesters von On heiratete (vgl. 1 Mo 41,45). Dass der Josef beigefügte Herrschername Zafenat-Pameach keinen der ägyptischen Götternamen enthielt, war für die Juden der Beweis dafür, dass mit dem Namenswechsel kein Religionswechsel verbunden war.[137]

In alter Zeit gab es in Heliopolis eine große jüdische Kolonie. Um die Zeitenwende jedoch war Heliopolis verlassen und entvölkert. Der griechische Geograf Strabo suchte die Stadt, 16 Jahre bevor Josef, Maria und Jesus in Ägypten eintrafen, auf und schreibt, dass alles, was er hier antraf, einige Tempelwächter waren, die ihm Tempel und Gebäude von historischem Wert zeigten. Dass sich Maria und Josef hier nicht niedergelassen haben, ist mehr als verständlich. Als neue Heimat bot sich ihnen vielmehr das 18 km nördlich von Heliopolis gelegene Leontopolis an, da hier der vom Hohenpriester Onias IV. im Jahre 160 v. Chr. gegründete Jahwetempel stand.[138]

In der koptischen Kirche wird des Aufenthalts Jesu in Ägypten in besonderer Weise an zwei Stellen gedacht: in Matarieh und in der Kirche des Sergius und Bacchus im heutigen Alt-Kairo.

1) Matarieh

Das Dorf Matarieh liegt in der Nähe von Leontopolis. Die Überlieferung macht diesen Platz zu einem der Rastplätze Marias, Josefs und Jesu. Das Heiligtum des Dorfes ist ein Gehege mit einem Maulbeerfeigenbaum (Sykomore) und einer Quelle. Der Baum wird »Baum der Jungfrau« oder auch »Marienbaum« genannt. Er wurde erst 1670 gepflanzt, und zwar als Ersatz für den einige Zeit davor eingegangenen Marienbaum. Der den Baum umgebende Garten wird von einer Süßwasserquelle befeuchtet. Nach koptischer Überlieferung hat Jesus diese Quelle aus dem Erdboden entspringen lassen.[139]

Matarieh heißt übersetzt »klares Wasser«. Bereits im 4. Jahrhundert nach Christus stand hier eine Marienkapelle.[140] Mit dem soge-

Abb. 59: Straßenbild in Alt-Kairo, Fustat

nannten Marienbaum hat es folgende Bewandtnis. Nach dem apokryphen Pseudo-Matthäus-Evangelium war der Marienbaum eine Palme. Als Maria Josef bat, Datteln von der Palme zu pflücken, verneigte sich diese, sodass Maria die Datteln selbst pflücken konnte. Heute ist dieser Baum behängt mit Votiv- und Fetzenopfern. Christinnen und Muslime hängen Teile von Kleidungsstücken in die Zweige, in der Hoffnung, Kinder zu bekommen. Sie huldigen damit einem alten Fruchtbarkeitskult.[141]

2) Die St. Sergiuskirche in Alt-Kairo (Fustat)

Der älteste Stadtteil von Kairo ist heute ein geschlossenes Viertel der koptischen Christen.[142] Nach dem babylonischen Exil (597–538 v. Chr.) hatten sich hier Juden angesiedelt. Vermutlich bekam dieses Gebiet deshalb den Namen »Babylon am Nil«.[143] Ein jüdischer Tempel wurde erst in der Römerzeit zerstört,[144] als die Römer hier ihr Kastell »Babylon« bauten.[145]

An der Stelle des Jahwetempels steht heute die Ben Eszra Synagoge. Hinter der Synagoge konnte man vor ihrer Renovierung zu einer Wasserstelle eines Nilarmes hinabsteigen.

Nach der Tradition soll an dieser Stelle die Pharaonentochter das Schilfrohrkästchen mit Mose aus dem Nil gezogen haben. Heute kann man im Hof der Synagoge auf diese Stelle hinabsehen.

Abb. 60: Die Krypta Abu Serge

Die heutige Synagoge hat ihren Namen nach dem Rabbiner Abraham ben Eszra, der im Jahr 1115 von Jerusalem nach Ägypten gekommen war. Diese Synagoge ist heute das bedeutendste israelische Gotteshaus in Ägypten.[146] Unweit des alten Jahwetempels sollen Maria, Josef und Jesus Aufnahme in einem in den Felsen gehauenen Wohnbereich gefunden haben.

Nach koptischer Überlieferung ist der Ort die Krypta der Sergiuskirche (Abu Serge). Die erste Gedächtnisstätte wurde über der Krypta im 4./5. Jahrhundert errichtet. Die heutige Kirche ist den unter Kaiser Maximilian im Jahre 296 n. Chr. zu Märtyrern gewordenen Sergius und Bacchus gewidmet. Im 10. Jahrhundert war die Sergiuskirche nur noch eine Ruine, im 12. Jahrhundert wurde sie wiederaufgebaut.[147]

Bei meinen Besuchen der Sergiuskirche in den Jahren 1980 und 1985 traf ich beide Male den damaligen Vorsitzenden der Kirche, Reverend G. G. Bistavros. Bei meiner ersten Begegnung mit ihm wurde ich Zeuge, wie dieser nach dem Gottesdienst vor der dreiflügeligen Bilderwand zwischen Gemeinde und Altarraum eine Frau tröstete oder ihr die Beichte abnahm. Die Liebe, mit der er sich der alten, vor ihm knienden Frau zuwandte, bleibt mir unvergessen.

Abb. 61: Die Stelle, an der Mose aus dem Wasser gezogen worden sein soll

Bei meinem zweiten Besuch hatte ich folgendes Erlebnis: Der Gottesdienst mit der Abendmahlsfeier war zu Ende. Reverend Bistavros – sein Priestergewand hatte er bereits abgelegt – trat mit dem weißen Untergewand vor die Ikonostase. In den Händen hatte er einige große Brotfladen. Dann lud er alle in der Kirche Verbliebenen ein, mit ihm das Brot zu teilen. Bei dieser Gelegenheit bat ich ihn, mir und dem Freund, der mich begleitete, seine Kirche zu erklären. Seine ersten Worte waren: »Dies ist die älteste christliche Kirche nicht nur in Ägypten, sondern überhaupt. Hier, in der Krypta, wohnten Jesus, Maria und Josef.« Anhand einer von ihm verfassten und auch ins Deutsche übersetzten kleinen Schrift erklärte Reverend Bistavros die Besonderheiten der heutigen Kirche.[148] Von großer symbolischer Bedeutung sind die zwölf Säulen und die Ikonostase.

Die zwölf Säulen

Die Sergiuskirche hat ein breites Mittelschiff und zwei Seitenschiffe. Elf Säulen sind jeweils mit einem Kreuz gekennzeichnet und im oberen Teil mit dem Bild eines der Apostel bemalt. Eine der Säulen ist nicht bemalt und hat auch kein Kreuz. Es ist die Säule des Judas. Für ihn war das Sterben Jesu am Kreuz vergeblich. Die von jedem Symbol freie Säule soll aber gleichzeitig eine Einladung sein, den von Judas geräumten Platz als treuer Nachfolger Jesu einzunehmen.

Die Ikonostase

Die Ikonostase – eine dreiflügelige Bilderwand zwischen Gemeinde und Altarraum – ist ein Kunstwerk aus Ebenholz mit Elfenbeineinlagen mit Kreuz- und Sternmotiven. Sie ist das älteste Einrichtungsstück der Sergiuskirche (9.–13. Jh.).

Von besonderer Aussagekraft sind die beiden Holzreliefe der Ikonostase: das Abendmahl mit Fisch und Brot und das Weihnachtsgeschehen. Das Abendmahlsrelief ist eine Darstellung des Frühmahls, das der Auferstandene mit seinen Jüngern am See Genezareth gehalten hat. Auf dem Weihnachtsrelief liegt das Kind in der Krippe wie auf einem hohen Opferaltar unter einem Bündel vom Himmel ausgehender Strahlen.

Für die fünf oder sechs Millionen Christen in Ägypten ist das Ereignis des Kommens Jesu in

Abb. 62: Reverend Bistavros

ihr Land von unabsehbarer Bedeutung. Die ersten dreieinhalb Jahre seines Lebens – so ist es die Überzeugung der koptischen Christen – verbrachte Jesus in Ägypten. Jedes Jahr am 1. Juni feiern die Kopten den Jahrestag des Kommens Jesu nach Ägypten. In der Festliturgie dieses Tages heißt es:

> »Sei glücklich und freue dich, o Ägypten, und deine Söhne und deine Grenzen, denn zu dir ist gekommen, der alle Menschen liebt, der da ist von Ewigkeit.«[149]

4. Christen in Ägypten

Die ersten Bezugspunkte zu Jesus sehen die Christen in Ägypten in der Flucht von Josef, Maria und Jesus nach Ägypten (vgl. Mt 2,13-15).

Unter den Hörern der Predigt des Petrus am Pfingstfest waren Ägypter (vgl. Apg 2,10).

Es ist nicht ausgeschlossen, dass bereits in apostolischer Zeit eine kleine jüdische Gemeinde in Ägypten existierte, die mit der Urgemeinde in Jerusalem in Verbindung stand. Die Geschichte der koptischen Patriarchen geht davon aus, dass Markus bereits im Jahr 48 n. Chr. nach Ägypten kam und hier bis zu seinem Märtyrertod im Jahr 68 wirkte.[150]

Ein eindeutiges Zeugnis für das Alter der christlichen Kirche in Ägypten sind Papyrusfunde mit neutestamentlichen Texten. Südlich des Nildeltas, jenseits des Überschwemmungsgebietes, ist das Klima so trocken, dass Handschriften, die im Boden liegen, zwar brüchig werden, aber im Übrigen unbeschränkt lange erhalten bleiben.[151] Der älteste Text stammt vermutlich aus den Jahren 60–65 n. Chr. Er ist das nach seinem Fundort Fajjum benannte Fajjum-Fragment. Dort steht das Jesuswort: »Alle werdet ihr an mir straucheln«, die Antwort des Petrus »Ich nicht« und die Erwiderung Jesu »Ehe der Hahn dreimal kräht, wirst du mich dreimal verleugnen.«[152]

Der sogenannte Papyrus Ryland ist auf das Jahr 125 n. Chr. zu datieren und enthält Texte aus dem 18. Kapitel des Johannesevangeliums. Ein weiterer Papyrus, der auf das Jahr 200 n. Chr. datiert wird, enthält von einigen Lücken abgesehen die ersten 14 Kapitel des Johannesevangeli-

Abb. 63: Gespräch mit Bischof Hydras in Assuan

Abb. 64 und 65: Audienz bei Papst Schenute III.

ums. Diese Papyrusfunde in Ägypten bestätigen die zuverlässige handschriftliche Überlieferung des Neuen Testaments und die frühe Existenz christlicher Gemeinden in Ägypten.[153]

Das erste verhängnisvolle Datum in der Geschichte der Alten Kirche ist das Jahr 451, das vierte ökumenische Konzil von Chalcedon. Die westliche Kirche und die Griechen vertraten die Auffassung, dass Jesus Christus zwei Naturen besitzt, während die Ägypter (Kopten), die Äthiopier, die Armenier und die Syrer an dem Glauben festhielten, dass aus den zwei Naturen eine einzige Natur entspringt. Beide Gruppen verurteilten sich gegenseitig als Ketzer und so kam es zur ersten Kirchenspaltung. Der Reverend Bistavros, der Vorsitzende der Sergiuskirche in Alt-Kairo, nimmt dazu wie folgt Stellung: »Viele Stellen in der Liturgie der koptischen Kirche lassen erkennen, dass die Göttlichkeit die Menschlichkeit nicht absorbierte, welche eins mit der Göttlichkeit ist ohne Mischung, Verwirrung oder Änderung, und dass Jesus Christus eins in zwei ist: die heilige Göttlichkeit und die unentweihte Menschlichkeit.«[154]

Unter diesem Gesichtspunkt gesehen, wäre die erste Spaltung der Kirche zu vermeiden gewesen. In Abwandlung gilt dies für alle großen Spaltungen der Kirche in ihrer Geschichte. Mit ihrem heutigen Papst Schenute III. erlebte die koptische Kirche einen evangelistischen Aufbruch. Der jetzige Papst, sein Titel ist Papst von Alexandria in ganz Afrika, lebte als Mönch in der Höhle am Bahr el-Faregh im *Wâdî 'n Natrûn*. Sein Mönchsname war *Abûnâ Antuniûs es-Suriânî*. Seine Vision, die zu einer breiten Bewegung in Ägypten wurde, war die der Kinderevangelisation, und zwar nur auf der Grundlage des einfachen Erzählens biblischer Geschichten. An einem Abend in Kairo konnte ich an einer Schulung der Kinderevangelistinnen und -evangelisten teilnehmen. Einziges Thema war: Wie erzähle ich biblische Geschichten.

Eine Audienz bei Papst Schenute III. hatte ich im Jahr 1985. Der Abend war weder geplant, noch war ich eingeladen. Wie es dazu kam, hatte ich folgendem Umstand zu verdanken: Das Flugzeug, das mich von Assuan nach Kairo bringen sollte, konnte wegen eines Sandsturmes nur mit erheblicher Verspätung starten. So erreichten mein Freund und ich die Maschine nach Deutschland nicht mehr. Mit einem Taxi ließen wir uns in das uns vertraute Gästehaus des Bischofs von Kairo bringen. Das Quartier war ein Mehrbettzimmer. Mein Bettnachbar war ein anglikanischer Pastor, der seine Doktorarbeit über die Evangelisationsarbeit von Papst Schenute III. schrieb. Er hatte den koptischen Papst zuvor noch nie getroffen, berichtete aber, dass Schenute III. an diesem Abend vor der Markuskathedrale eine Audienz gebe. Gemeinsam fuhren wir zur Markuskathedrale. Der Papst stand vor der Tür der Kathedrale, umgeben von zwei koptischen Mönchen. Geladene Gäste gab es nicht. Der Mönch zu seiner Linken fragte jeden Einzelnen, der kam, nach dem Namen und gab diesen Schenute III. weiter. Papst Schenute III. begrüßte jeden mit seinem Namen und segnete ihn. Der Mönch zur Rechten verteilte an jeden der Gesegneten ein Bonbon. Segen und Bonbon, das war meine Erfahrung bei der Audienz bei Papst Schenute III.

Seit diesem Abend verfolge ich mit ganz anderer Aufmerksamkeit die Verlautbarungen des koptischen Papstes Schenute III. Einer seiner wegweisenden Aussagen lautet:

> »Jesus Christus hat Ägypten nicht nur einmal besucht. Er besucht uns immer, wenn wir uns nähern und uns ihm öffnen.«

Dazu erzählt Papst Schenute III. folgende Geschichte:

> »Als der heilige Bischoi, einer der Gründer der Klöster, nicht weit von dieser Höhle eine Vision des Herrn Jesus Christus hatte, erzählte er seinen Jüngern über sein Christus-Erlebnis. Aufgeregt lauschten sie seinen Worten und am kommenden Tag waren sie alle entschlossen, den Ort in der Wüste aufzusuchen, wo ihr Abt den Herrn gesehen und erlebt hatte.

In großer Eile hasteten sie aus dem Kloster, vorbei an einem alten Mann, der sie mit bittenden Händen anflehte, mitgenommen zu werden. Als Letzter kam Bischoi vorbei, der sich des Alten annahm und ihn auf seinem Rücken in die Wüste trug. Als die eifrigen Jünger ihren Abt sahen, fragten sie ihn nach dem Herrn Jesus Christus. Inzwischen hatte Bischoi sich aufgerichtet und der Alte war verschwunden. Da sprach Bischoi zu seinen Jüngern: In eurer Hast nach dem Christus seid ihr an ihm vorbeigelaufen. Er ist da, wo immer Menschen mit ausgestreckten Händen uns um Hilfe bitten.[155]

Jesus war – so die koptische Überlieferung – dreieinhalb Jahre in Ägypten. Nach dem Tod Herodes des Großen kehrten Josef, Maria und Jesus zurück ins Heilige Land, und zwar nach Nazareth. Es folgten die stillen Jahre im Leben Jesu, von denen nur der Besuch des Zwölfjährigen im Tempel im Neuen Testament berichtet wird. Am Anfang seines öffentlichen Auftretens steht die Begegnung mit Johannes dem Täufer am Jordan unweit von Betanien östlich des Jordans.

VII. Betanien östlich des Jordans – Zukunft hat Vergangenheit

Abb. 66: Das Tote Meer und die Berge Jordaniens

In Betanien jenseits (das heißt östlich) des Jordans (vgl. Joh 1,28) wirkte Johannes der Täufer. Hier wurde er von einer Jerusalemer Gesandtschaft nach seinem Selbstanspruch gefragt. Seine Antwort war eindeutig:

> »*Ich bin die Stimme dessen, der in der Wüste ruft: Ebnet dem Herrn den Weg!, wie der Prophet Jesaja gesagt hat (Jes 40,3).*«
>
> *Johannes 1,23*

> »*Am folgenden Tage sah Johannes Jesus auf sich zukommen und sagte: Seht, das ist Gottes Lamm, das die Sünde der Welt trägt (Jes 53,4.7).*«
>
> *Johannes 1,29*

Zwischen 1967 und 1996 gab es über die genaue Lage von Betanien östlich des Jordans nur indirekte Zeugnisse aus Pilgerberichten und Vermutungen. Dies hat seinen Grund darin, dass Israel nach dem Sechstagekrieg die Jordan-Flanken sowohl in Israel als auch in Jordanien in militärisches Sperrgebiet verwandelt hatte. Erst 30 Jahre später erlangte der jordanische Archäologe Mohammed Waheeb

Abb. 67: Der Jordan

eine Konzession für Ausgrabungen. Ende 1996 begannen unter seiner Leitung die Grabungen.[156]

Im Jahre 2000 wurde anlässlich des großen Jubiläums des haschemitischen Königreiches von Jordanien das Ausgrabungsgebiet für den Tourismus geöffnet.[157] Seit dieser Zeit sind die umfangreichen Ausgrabungen zu besichtigen. Was hier ans Tageslicht kam, kann zusammengefasst werden mit den Worten: Zukunft hat Vergangenheit. Johannes der Täufer und Jesus suchten diesen Ort auf, an dem Gott Geschichte schrieb, die die neue Zeit beginnen ließ und die Zukunft bestimmen sollte.

1. Johannes tauft Jesus im Jordan

> »*In jenen Tagen kam Jesus aus Nazareth in Galiläa*
> *und ließ sich von Johannes im Jordan taufen.*
> *Als er aus dem Wasser stieg, sah er, dass der*
> *Himmel sich öffnete und der Geist wie eine Taube*
> *auf ihn herabkam und eine Stimme aus dem*
> *Himmel sprach: Du bist mein geliebter Sohn,*
> *an dir habe ich Wohlgefallen.*«
>
> *Markus 1, 9-11*

Abb. 68: Teil des Mosaiks der Landkarte von Madaba

Der Jordan ist im Vergleich zu den großen Flüssen der Welt ein relativ kurzer Fluss. Er misst Luftlinie nur ca. 200 km. Sein Gefälle jedoch ist beachtlich. Von seinen Quellen am Fuß des Hermons bis zu seiner Mündung ins Tote Meer fällt der Jordan 915 m hinab. Aus diesem Grund nimmt man an, dass das Verbum, mit dem der Name Jordan gebildet wird, »hinabsteigen« (hebr. *jarad*) heißt.

Die Entstehungsgeschichte des Jordans ist ein geologisches Phänomen. Der Boden vom Roten Meer vom Sinai bis zum Taurusgebirge in Kleinasien senkte sich. Dabei entstand eine ungeheure Erdspalte. Regengüsse füllten diese Senke und bildeten ein großes Binnenmeer. Nach der Regenperiode schrumpfte das Meer zu einem gewaltigen Fluss zusammen. Von dem alten Binnenmeer blieben im Norden nur noch der See Genezareth und im Süden das Tote Meer. Der Hulesee wurde von den Israelis in den Jahren 1951–1958 trockengelegt und urbar gemacht. Er verschwand in jüngster Zeit von der Landkarte.

Die Furten, die den Jordan passierbar machten, entstanden durch den Einsturz einiger Felsen, die den Jordan säumten. Die südlichste Furt vor der Einmündung des Jordans in das Tote Meer liegt bei Betabara.[158] Betabara heißt »Haus der Furt«. Der Name Betabara findet sich auf der ältesten Landkarte, auf dem Mosaik von Madaba.

Östlich des Jordans verzeichnet die Mosaikkarte ein Quellensymbol mit der Inschrift Aion (Quellort) und Saphsaphas (Oasenwiese).

Abb. 69: Die Kirche zur Erinnerung an die Taufe Jesu

Die in der Madabakarte auf der Westseite des Jordans mit Betanien gekennzeichnete Stelle entstand erst zu Beginn des 6. Jahrhunderts. In dieser Zeit wurde westlich des Jordans ein Kloster und eine Herberge für Pilger errichtet, da es vor allem nach den winterlichen Regenfällen für Pilger zu mühsam gewesen war, den Jordan zu überschreiten. Die Madabakarte entstand in der 2. Hälfte des 6. Jahrhunderts.[159]

Betanien, der Aufenthaltsort Johannes des Täufers, lag, wie die neuesten Ausgrabungen übereinstimmend mit dem Johannesevangelium beweisen, östlich des Jordans. Dies gilt auch für die Taufstelle Betabara.

Unmittelbar am Jordan gelegen, entdeckten die Archäologen Reste eines byzantinischen Klosters mit einer Kirche. Kloster und Kirche wurden hier zur Zeit des Kaisers Anastasius (491–518 n. Chr.) erbaut. Die Ausgrabungen förderten die Fundamente von Gewölben und Mauern zutage. Ein Mosaik und auch ein Marmorfußboden sind teilweise erhalten. Tongefäße, Münzen und Marmorfliesen stammen aus der späteren byzantinischen Periode des 5./6. Jahrhunderts.[160]

Warum Johannes der Täufer als Ort seines Wirkens Betabara und das angrenzende Betanien östlich des Jordans wählte, hat seinen Grund in der Vergangenheit. Nach einer alten jüdischen Überlieferung war es in Betanien, dass Gott Elija, ohne dass er den Tod durchleiden musste, in sein Reich aufnahm.[161]

Elija war, gefolgt von seinen Prophetenschülern, nach Jericho gekommen. Hier wollte er, dass alle zurückbleiben. Elischa ließ sich nicht abweisen. Er überquerte mit Elija den Jordan und dann heißt es im 2. Buch der Könige:

> »*Während sie miteinander gingen und redeten, erschien ein feuriger Wagen mit feurigen Pferden und trennte beide voneinander. Elija fuhr im Wirbelsturm zum Himmel empor.*«
>
> *2. Könige 2,11*

Seit dieser Zeit waren 880 Jahre, fast neun Jahrhunderte, vergangen. Noch immer unerfüllt war auch der Prophetenspruch des Maleachi aus dem Jahre 450 v. Chr.

> »*Wisset wohl, ich sende euch den Propheten Elija, ehe der große, furchtbare Tag des Herrn kommt. Der wird das Herz der Väter den Kindern und das Herz der Kinder ihren Vätern wieder zuwenden, damit ich nicht kommen muss, um das Land mit dem Bannfluch zu schlagen.*«
>
> *Maleachi 3,23.24*

Der wiederkommende Elija – dessen war sich Johannes der Täufer bewusst – ist der Vorläufer des Messias und genau dies war seine Berufung, die er zu erfüllen hatte.

Bereits seinem Vater Zacharias ließ Gott durch seinen Boten Gabriel über das noch nicht geborene Kind Johannes die Worte sagen: »Er wird mit dem Geist und mit der Kraft des Elija dem Herrn vorausgehen, um das Herz der Väter wieder den Kindern zuzuwenden und die Ungehorsamen zur Gerechtigkeit zu führen, um so das Volk für den Herrn bereit zu machen« (Lk 1,17).

Als Johannes bereits im Gefängnis auf seinen Tod wartete und seine Jünger zu Jesus schickte, bestätigte Jesus die Berufung des Täufers mit den Worten: »Ja, er ist Elija, der wiederkommen soll« (Mt 11,14).

Es ist kein Zufall, dass Johannes in Betanien östlich des Jordans wirkte. Sicher hat sein Vater Zacharias Johannes von den Worten Gabriels erzählt, aus denen zu schließen war: Johannes ist der wieder zurückerwartete Elija. Deshalb konnte seine Wirkungsstätte keine andere sein als der Ort, an dem Gott Elija, ohne dass dieser sterben musste, in sein Reich aufnahm. Die große Bestätigung, Wegbereiter des Messias, des Sohnes Gottes, zu sein, erfuhr Johannes während der Taufe Jesu im Jordan. Hier hörte er die an Jesus gerichtete Gottesstimme: »Dies ist mein lieber Sohn, an dem ich Wohlgefallen habe« (Mt 3,17).

Die Christen der ersten Jahrhunderte fassten dies in das Bekenntnis »Jesus ist wahrer Gott von wahrem Gott« (Nicäa, 325 n. Chr.).

Das Bekenntnis »Jesus ist wahrer Gott« ist das, was den christlichen Glauben von allen anderen Religionen unterscheidet. Das allgemeine Reden von Gott ist allen Religionen gemein.

- Für den Juden gibt es keinen Sohn Gottes, von dem gesagt werden kann: Er ist wahrer Gott von wahrem Gott.
- Das Bekenntnis des islamischen Glaubens heißt: Ich bezeuge, dass es keine Gottheit gibt außer dem einen Gott.
- Das allgemeine Reden von Gott, wie es sich in den verschiedenen Religionen der Welt findet, ist ein menschliches Grundbedürfnis. Es ist Ausdruck eines im Menschen angelegten Verlangens nach Religiosität: Über allem muss ein guter Vater wohnen.

Christliche Existenz und christlicher Glaube ist grundlegend und unwiderruflich verbunden mit dem Bekenntnis: Jesus, der Gesalbte, der Messias, der Christus, ist wahrer Gott von wahrem Gott!

In der Todesstunde Jesu unter dem Kreuz von Golgatha war es nur einer, der dieses Bekenntnis offen aussprach. Es war ein römischer Hauptmann. Er sagte: »Dieser ist wahrhaft Gottes Sohn gewesen« (Mt 27,54).

2. Betanien östlich des Jordans – der Ort der Berufung der ersten Jünger

» Am Tag nach der Taufe Jesu stand Johannes wieder am Jordan und zwei seiner Jünger standen bei ihm. Johannes richtete seinen Blick auf ihn und sagte: Seht, das ist Gottes Lamm. Die beiden

Abb. 70: Der sogenannte Elijahügel, Jebel Mar Elija

Jünger hörten, was er sagte und folgten Jesus. Jesus wandte sich um und als er sah, dass sie ihm folgten, fragte er sie: Was wollt ihr? Sie sagten zu ihm: Rabbi, wo wohnst du? Er antwortete: Kommt und seht! Da gingen sie mit ihm und sahen, wo er wohnte und sie blieben jenen Tag bei ihm. Andreas, der Bruder des Petrus, war einer der beiden, die das Wort des Johannes gehört hatten und ihm folgten. Dieser traf zuerst seinen Bruder Simon und sagte zu ihm: Wir haben den Messias gefunden … Er führte ihn zu Jesus. Jesus blickte ihn an und sagte: Du bist Simon, der Sohn des Johannes, du sollst Kephas heißen!«

Johannes 1,35-42

In Betanien berief Jesus aus dem Umkreis Johannes des Täufers seine ersten Jünger. Das alte Betanien liegt ca. 2 km östlich vom Jordan, auf dem sogenannten Elijahügel, dem Jebel Mar Elija. Da dieser Hügel am südöstlichen Ende des Wadi al-Kharrar liegt, ist sein archäologischer Name Tell al-Kharrar. Auf der Mosaikkarte von Madaba hat er den Namen Aion (Quellort) und Saphsaphas (Oasenwiese). In byzantinischen Texten heißt er »Haus der Quelle«.

Während ihrer Ausgrabungen stießen die Archäologen an zwei Stellen auf Spuren, die in neutestamentliche Zeit zurückreichen. Es sind Teile des Wassersystems und die Höhle, die als Behausung Johannes des Täufers gilt.

1) Überreste des Wassersystems von Betanien

Die Überreste des Wassersystems von Betanien östlich des Jordans zur Zeit des Neuen Testaments finden sich unter einem der in spätrömischer Zeit angelegten Teiche.

Unter dem beschädigten Fußboden eines der Teiche stieß man auf eine Quelle oder auf eine tiefe Zisterne aus der frühen römischen Zeit.[162] Es ist denkbar, dass die Zisterne in Betanien östlich des Jordans über ein Aquädukt von den Quellen im Nordosten des Wadi al-Kharrar gespeist wurde.[163]

Das darüber liegende, heute freigelegte Wassersystem wurde in byzantinischer Zeit angelegt. Es ist das größte Reservoir in dieser Gegend. Der südliche Teich wurde durch eine Quelle gespeist. Über ein mit Keramikröhren angelegtes System wurde das Wasser in den unteren Teich geleitet.

Die Teichanlage ist mit gut behauenen Sandsteinen ausgekleidet. Darüber befindet sich eine Kalk- und Mörtelschicht, um jedes Durchsickern des Wassers zu vermeiden. Abgedeckt war der Teich durch einen Gewölbeüberbau.

Die beiden in gleicherweise angelegten oberen Teiche wurden über ein Aquädukt gespeist. In allen Teichanlagen finden sich an der Ostseite Stufen, über die die Täuflinge in die Teiche hinabsteigen konnten.

2) Die Höhle Johannes des Täufers

Die Höhle des Täufers fand man in der Westlichen Kirche, und zwar in der halbkreisförmigen Apsis, die in den natürlichen Felsen eingehauen ist. In der südlichen und westlichen Mauer befinden sich Nischen für Lampen. Vor der Apsis sind die Grundsteine der Altarschranke. Das Ausmaß der Kirche ist gekennzeichnet durch vier Säulenbasen, die das Hauptschiff und die beiden Seitenschiffe erkennen lassen.

Der Überlieferung nach ist diese Kirche der Ort, an dem Johannes der Täufer seine Behausung hatte. In diese Höhle hatte sich Jesus nach seiner Taufe am Jordan zurückgezogen und hier berief er seine ersten Jünger. Die ersten Jünger stammten aus dem Um-

Abb. 71: Frühchristliche Basilika am Ort der Höhle Johannes des Täufers

kreis des Täufers. Namentlich genannt wird Andreas, der Bruder des Simon Petrus.

Nach dem Evangelium des Johannes (vgl. Joh 1,35-51) ist entgegen des anders lautenden Berichtes bei Matthäus (vgl. Mt 4,18; Mt 10,2) nicht Petrus, sondern Andreas der Erstberufene. Dieser gewinnt seinen Bruder Simon für die Nachfolge Jesu.

Es ist denkbar, dass nach dem Entschluss, Jünger Jesu zu werden, später am See Genezareth die inhaltliche Berufung zu Menschenfischern erfolgte (vgl. Mt 4,18-20; Mk 1,16-18; Lk 5,1-11).

Fest steht, dass der erste Entschluss, Schüler Jesu zu werden, in Betanien östlich des Jordans fiel. Dies geht auch daraus hervor, dass nach dem Selbstmord des Judas für die Nachwahl in den Jüngerkreis folgendes Kriterium galt. Es musste ein Mann sein, der die ganze Zeit mit Jesus zusammen war, »angefangen von der Taufe durch Johannes, bis zu dem Tag, an dem er von uns ging und (in den Himmel) aufgenommen wurde« (Apg 1,22).

Dass Jesus seine Jünger in Betanien östlich des Jordans gewonnen hat, ist kein Zufall. Hier wird an das Leben eines Mannes angeknüpft, der sich 800 Jahre zuvor als wahrer Jünger erwies und an dessen Berufung abzulesen ist, was Jüngerschaft und Berufung bedeutet. Elischa folgte seinem Meister Elija bis auf den Jebel Mar und wurde Zeuge von dessen Himmelfahrt.

Elischa wurde von Elija durch eine Handlung berufen, die ein Grundmuster ist für das, was Nachfolge bedeutet. Elija fand Elischa, als er gerade ein Feld pflügte. Elija ging auf ihn zu und warf seinen Mantel auf ihn.

Das Bedecken mit einem Mantel war ein Zeichen, das bedeutet: Ein neues Leben soll für dich beginnen, eine neue Zugehörigkeit, eine Bindung, ein neues, persönliches Verhältnis.

Das alttestamentliche Bild des Mantels ist bekannt aus dem kleinen Buch Rut. Rut machte Boas einen Heiratsantrag. Sie bat ihn: Bedecke mich mit deinem Mantel (vgl. Rut 3,9), das heißt: Gib mir die Chance eines neuen Lebens.

Elischa wusste dieses Zeichen zu deuten. Er ließ seinen Pflug stehen, nahm Abschied von seinen Eltern und zog mit Elija. Er wurde Prophet an Elijas Stelle. Sein Leben hatte sich total verändert. Sein Alltag war nun ganz darauf ausgerichtet, Gottes Wort zu hören und weiterzusagen. In dem, was er zu sagen hatte, war er an Gottes Weisung gebunden. Seine Beziehung zu Gott war so persönlich und direkt, dass er Gottes Wort hören und verstehen konnte.

Die Wende im Leben des Elischa ist und bleibt das Grundmuster für das neue Leben eines jeden, der sich in Jesu Nachfolge rufen lässt.

- Nachfolge ist der Beginn eines neuen Lebens. Elischa ließ alles zurück.
- Nachfolge ist eine neue Zugehörigkeit. Elischa stellte sein Leben Gott ganz zur Verfügung.
- Nachfolge ist eine Bindung. Elischa wusste sich an Gottes Wort gebunden.
- Nachfolge ist ein neues, persönliches Verhältnis. Elischa lebte in einem Vertrauensverhältnis zu Gott.

3. Betanien östlich des Jordans – ein Fluchtort Jesu und ein Zufluchtsort der frühen Christen

> »*Jesus ging wieder weg auf die andere Seite des Jordans, an den Ort, wo Johannes zuerst getauft hatte; und dort blieb er. Viele kamen zu ihm. Sie sagten: Johannes hat kein Zeichen getan, aber alles, was Johannes über diesen Mann gesagt hat, ist wahr. Und viele kamen dort zum Glauben an ihn.*«
>
> *Johannes 10,40-42*

Abb. 72: Die Pilgerkirche aus dem 5./6. Jahrhundert

Vor seiner Passion hielt sich Jesus, um Nachstellungen zu entgehen, noch einmal in Betanien östlich des Jordans auf. Hier gewann er aus den Täuferkreisen noch einmal eine größere Zahl von Menschen, die sich entschlossen, Jesus nachzufolgen (Joh 10,40-42).

Allein diese Tatsache war für die frühen Christen Grund und Anlass, Betanien östlich des Jordans zum Gebet und Gottesdienst aufzusuchen und für die Neubekehrten, sich hier taufen zu lassen.

Eine interessante Geschichte eines Pilgers überliefert John Moschus, ein Schriftsteller des 7. Jahrhunderts. Ein Mönch aus dem Eustorgius Kloster von Jerusalem war zu einer Pilgerreise durch das Ostjordanland aufgebrochen. Sein ersehntes Ziel war der Berg Sinai. Kaum hatte er den Jordan überschritten, wurde er von einem starken Fieber ergriffen und musste in einer der Höhlen von Betanien östlich des Jordans Zuflucht suchen. Nach drei Tagen erschien ihm im Traum Johannes der Täufer und versuchte, ihn davon abzuhalten, seine Pilgerreise fortzusetzen, und zwar mit folgenden Worten: »Diese kleine Höhle ist größer als der Berg Sinai. Unser Herr Jesus Christus selbst war hierhergekommen, um mich zu besuchen.« Von den Worten des Täufers überzeugt und von seiner Krankheit genesen, widmete der Mönch die Höhle, in der er Zuflucht und Heilung gefunden hatte, in eine Kirche für Eremiten um, die in dieser Gegend lebten.

Abb. 73: Mosaik in der Gebetshalle

Um dem Besucherstrom des 5./6. Jahrhunderts gerecht zu werden, errichteten die Mönche auf dem Jebel Mar Elija eine Pilgerkirche und eine Gebetshalle.

- **Die rechteckige Kirche** befindet sich südlich der Klosteranlage. Erbaut wurde die Gottesdienst- und Gebetsstätte für die Pilger, die aus der umliegenden Ebene zum Hügel Jebel Mar Elija hinaufstiegen.
- **Der Mosaikfußboden** zeigt eine Kreuzdekoration. Einer der Bögen, die das Dach trugen, wurde rekonstruiert. Aufgrund des Besuches von Papst Johannes Paul II. am 21.03.2000 bekam diese Kirche den Namen von Johannes Paul II.
- **Die Gebetshalle** an der südöstlichen Ecke des Jebel Mar Elija wird noch in das 3. Jahrhundert datiert und ist damit das älteste Bauwerk auf dem Hügel. Errichtet wurde das rechteckige Bauwerk aus unbehauenen Felssteinen. Die Gebetshalle hatte einen Mosaikfußboden und eine Decke aus Holz. Hier war in der frühen byzantinischen Zeit der Gebetsort der Pilger, die Betanien östlich des Jordans aufsuchten.
  Die große Klosteranlage im Norden des Hügels wurde im 5./6. Jahrhundert errichtet. Im Mosaikfußboden fand man eine vollständige griechische Inschrift, die folgendermaßen lautet:

Abb. 74: Heutiges Taufbecken am Jordan

Mit der Hilfe und der Gnade Christi, unseres Gottes, wurde die gesamte Klosteranlage erbaut in der Zeit des Rhotorius, des von Gott hochgeliebten Priesters und Abtes. Gott, der Retter, möge ihm gnädig sein.

Die beiden großen Teiche, in die mit Hilfe eines Aquäduktes Wasser vom Wadi al-Kharrar geleitet wurde, dienten, wie die hinabführenden Stufen zeigen, als Taufbecken.

Da die Anzahl der Christen, die nach ihrer Bekehrung die Taufe wünschten, immer größer wurde, baute man unweit vom Jordan eine Karawanserei und ein großes Taufbecken. Vom 4. Jahrhundert an war die Karawanserei auch Pilgerstation für die, deren Ziel der Berg Nebo war.

Das Taufbecken für Pilger hat die Maße von 20 m × 10 m. Hier konnten leicht 300 Personen auf einmal getauft werden. Ein Kanalsystem leitete das Wasser aus der nahe liegenden Quelle mit dem Namen Quelle Johannes des Täufers in die Taufanlage.

Die Johannesquelle nennen antike Schriftsteller Aenon entsprechend der Bezeichnung auf der Madabakarte. Das frische kühle Wasser der Quelle diente nicht nur als Tauf-, sondern auch als Trinkwasser.

Abb. 75: Die (ausgetrocknete) Johannesquelle

Oberhalb der Quelle, im Gebiet des Wadi al Kharrar, befinden sich Mönchszellen und Kapellen. Sie sind in die Felsen eingehauen und liegen hoch über dem Erdboden. Sie waren nur durch Seile oder Leitern zu erreichen.[164]

Einer der Gründe, die Höhlen in den hohen Felsen einzuhauen, war, dass das Gebiet nahe des Jordans zu jeder Zeit mit Schlangen verseucht war. In seinen Lebenserinnerungen berichtet der Archäologe Karl-Erich Wilken, dass er seine Arbeiten auf dem Betabaragelände wegen der vielen Vipern einstellen musste. Die gefürchteten Vipern haben hier ihre Brutstätten. In der großen Hitze pflegen sie sich in das Jordandickicht zurückzuziehen und bilden für jeden, der dieses Dickicht erforschen will, eine Lebensgefahr.

Bei starken Regengüssen machte Wilken Bekanntschaft mit einer anderen, ungiftigen Schlangenart. Kaum hatte er sich nach einem Regenguss in seine Schilfhütte zurückgezogen, sah er, wie sich zwei lange schwarze Schlangen durch den Eingang schlängelten. Die Regengüsse hatten ihren unterirdischen Unterschlupf mit Wasser angefüllt und sie aus ihrem Versteck verjagt. Nacheinander drängten vier weitere Schlangen von 80–90 cm Länge in die Hütte. Mit einem Bambusstock konnte Wilken diese abwehren, sodass sie sich im Schilfgeflecht verkrochen. Bei diesem Erlebnis standen Wilken die Worte Jesu vor Augen: »Ihr Schlangen, ihr Otterngezüchte«

Abb. 76: Mönchszellen

(Mt 23,33), die er den Pharisäern und Schriftgelehrten entgegenschleuderte.

Trotz der Schlangenplage hatte sich Wilken, wann immer er zu Ausgrabungen in Jericho war, zur Stille und zum Gebet nach Betabara und in das Betanien östlich des Jordans zurückgezogen, an den Ort, wo Jesus getauft wurde und Elija, wie es Elischa miterlebte, in den Himmel fuhr. Er schreibt: »Gibt es doch kaum eine Stelle im Heiligen Land, an der sich Altes und Neues Testament so die Hände reichen, wie gerade hier.«[165]

Die Zukunft hat Vergangenheit.

Abb. 77: Weg am Jordan

VIII. Kana – Jesus auf der Hochzeit in Kana

Abb. 78: Krüge in Kfar Kanna

Nach Jesu Taufe im Jordan und der Berufung seiner ersten Jünger war Kana der erste Ort seines Wirkens. Der Evangelist Johannes berichtet: Durch die Verwandlung von Wasser in Wein offenbarte Jesus seine Herrlichkeit und seine Jünger glaubten an ihn (Joh 2,11).

Jesus – so berichtet es Johannes – begann sein Wirken nicht mit einer Predigt, sondern mit einem Zeichen. Es war die Absicht Jesu, zunächst den Jüngern die Augen für das Geheimnis seiner Person zu öffnen.

An drei Orten im Heiligen Land erinnern Steine, Krüge und Kirchen an dieses erste Zeichen Jesu.

1. Das Städtchen Kana – Kfar Kanna[166]

Kfar Kanna liegt auf der kurvenreichen Straße nach Tiberias, zirka 9 km von Nazareth entfernt. Jeder, der zum See Genezareth fährt, kommt auf seinem Weg durch diesen Ort. Zwei Kirchen beanspruchen, der Ort zu sein, an dem damals die Hochzeit stattfand.

1) Die Franziskanerkirche

Die heutige Kirche stammt aus dem Jahre 1881 und entstand auf den Resten der dreimal so großen Kirche der Kreuzfahrer. Bei der Errichtung ihrer Kirche beriefen sich die Kreuzfahrer auf eine Inschrift, die sie an dieser Stelle fanden. Der Stein und die Inschrift

Abb. 79: Die Franziskanerkirche in Kfar Kanna

überlebten die Zerstörung einer byzantinischen Kirche aus dem 3./4. Jahrhundert. Übersetzt heißt die hebräische Inschrift: »Hier befanden sich die Wasserkrüge.« Sie ist heute noch auf der rechten Seite der Treppe sichtbar.

Diese Inschrift ist jedoch kein Beweis dafür, dass es sich um die Wasserkrüge des Wunders von Kana handelte, auch nicht dafür, dass die in der Krypta eingemauerte Amphore authentisch ist. Die in der Inschrift beschriebenen Wasserkrüge gehörten aller Wahrscheinlichkeit nach zum Eigentum einer zerstörten Synagoge.

Bei einem meiner Besuche stand ich mit meiner Gruppe vor den verschlossenen Türen der Franziskanerkirche. Es war Mittagsstunde. Wir sangen im Hof vor der Kirche einen Choral, in der Hoffnung, dass jemand die Tür öffnen würde – doch alles blieb still. Da entdeckte ich eine kleine Glocke an einem Nebengebäude. Mehrfach zog ich an dem Glockenstrang, bis sich ein Fenster öffnete. Die Gruppe sang einen weiteren Choral. Ein Mönch – aus dem Mittagsschlaf aufgeweckt – bedeutete uns, dass er bereit war, aufzuschließen.

Er kam in seiner braunen Kutte auf mich zu mit den Worten: »Bruder, bete für mich!« Wir beteten zusammen in der Gedächtniskirche in der Grotte, in der die Amphore steht zur Erinnerung an das Wunder in Kana. Mit einem Augenzwinkern lud uns der Mönch in die Sakristei ein. Fast der ganze Raum war ausgefüllt durch einen sehr großen Tisch. Auf dem Tisch standen Tabletts mit kleinen Gläschen. »Ihr sollt etwas von dem Wunder in Kana spürbar erleben.« Der Mönch öffnete einige Flaschen Wein und füllte jedes der Gläschen. Es war ein sehr guter Wein, und der Mönch erklärte: »Wir Mönche haben ihn selbst angebaut, gekeltert und abgefüllt.« Es war keiner in der Gruppe, der von dieser Begegnung nicht beeindruckt und begeistert war.

Dann öffnete der Mönch die Schiebetüren an der Sakristeiwand. Vor unseren Augen stand eine Galerie von Weinflaschen. Die Flasche war nicht billig – aber es war Wein aus Kana. Kaum einer verließ den Raum, ohne einen Wein aus Kana zu erwerben.

Zum Abschied kam der kleine Mönch noch einmal auf mich zu und sagte: »Bruder, bitte, bete für mich!« Diese wiederholte Bitte wusste ich nicht einzuordnen. Zum Abschied schenkte er mir, damit ich ihn in meiner Fürbitte nicht vergessen sollte, ein kleines, aus Olivenholz geschnitztes Kamel. Am Abend, am See Genezareth, verstand ich sein Anliegen, für ihn zu beten.

Wir saßen am Strand, um Rückblick auf den Tag zu halten. Jeder hatte seine Weinflasche aus Kana mitgebracht. Wir wollten feiern und uns an das Wunder in Kana erinnern. Nach dem ersten Schluck war deutlich: der Wein war nicht der Wein der Mönche. Es war ein billiger Fusel. – Wir schütteten die Flaschen in den See Genezareth. Nun wusste ich, warum der kleine Mönch mich mehrmals bat: »Bruder, bete für mich!« Das Kamel aus Olivenholz erinnert mich bis heute an jenen Mönch in Kana.

Von ganz anderer Art war der Wein, den mir der orthodoxe Priester in seiner Gedächtniskirche an das Wunder von Kana schenkte.

2) Die griechisch-orthodoxe Kirche

Die griechisch-orthodoxe Kirche ist an ihrer weißen Kuppel erkennbar. Alte Krüge sind in der Krypta eingemauert. Errichtet wurde diese Kirche 1556 auf den Ruinen einer Moschee.

Bei unserem Singen und Beten in diesem Gotteshaus feierte ein orthodoxer Priester still mit. Er stand etwas abseits. Als wir die Kirche verließen, kam er auf mich zu und schenkte mir ein kleines Fläschchen Wein, und zwar mit den Worten: »Es ist Wein aus Kana, du darfst ihn nur zur heiligen Kommunion verwenden.«

Abb. 80: Die griechisch-orthodoxe Kirche in Kfar Kanna

Abb. 81: Ruinen von Chirbet Kana

Abb. 82: Die Umgebung von Chirbet Kana

Das Fläschchen steht noch unberührt in meiner Bibliothek und erinnert mich an jene Begegnung. Für mich war es ein Geschenk der Zuneigung.

2. Chirbet Kana[167]

Noch bis in die Zeit der Kreuzfahrer lokalisierten die Christen den Ort des Weinwunders nicht in Kfar Kanna, sondern auf dem Hügel Chirbet Kana. Der Name Chirbet Kana heißt so viel wie »Ruine Kana«. Die Kleinstadt Kana lag in römischer Zeit auf dem Gipfel des Hügels. Die Stadt ist noch nicht ausgegraben. Das Gedächtnis an das Wunder in Kana feierten die Christen über 1000 Jahre in einer Höhle am Fuße des Berges. Auch sie ist heute nicht mehr begehbar. Sichtbar geblieben ist eine Zisterne oberhalb der Terrasse. Aus ihr – so war es der Glaube der Christen – wurde das Wasser auf der Hochzeit in Kana geschöpft. Außerdem findet man in der Nähe der Zisterne noch einige Wohnhöhlen.

Alten Pilgerberichten zufolge führten Franziskaner ihre Gäste noch 1636 nach Chirbet Kana, um des Weinwunders zu gedenken.

Der Grund, warum es zum völligen Verfall von Chirbet Kana kam – das von einigen Forschern noch heute als das echte Kana genannt wird – könnte der Folgende sein:

Dem Pilgerbericht des französischen Franziskaners Roger (1631) nach war Chirbet Kana zur »Mördergrube« geworden. Die Pilger mussten – wollten sie diesen Ort besuchen – eine Zechine, das heißt ungefähr zehn Goldmark, bezahlen, ein Preis, den nur wenige entrichten konnten.

Auf unserem Fußmarsch zum menschenleeren Hügel Chirbet Kana begegneten wir keinen Wegeräubern. Chirbet Kana ist von der Ortschaft Kana (Kfar Kanna) nur 9 km Luftlinie entfernt.

Aber es war ein mühsamer und kein angenehmer Weg. Am Wegrand lagen Kadaver von verendeten Ziegen und Schafen. In der Hit-

Abb. 83: Zisterne

ze war dies ein nahezu unerträglicher Geruch. Zurückgekehrt ins Dorf Kana, konnten wir verstehen, warum man im Mittelalter den Ort des Weinwunders an eine leichter zugängliche Wallfahrtsroute verlegt hat. Eine solche »Verschiebung« einer heiligen Stätte kommt im Heiligen Land öfter vor. Dies ist auch der Grund, warum das Qana in der Bergregion des Jebel Amel im heutigen Libanon fast völlig in Vergessenheit geraten ist.

3. Qana im Süden des heutigen Libanons[168]

Das dritte Kana, das Qana im Süden des heutigen Libanons, das sogenannte galiläische Qana, liegt 15 km sudöstlich von Tyros unweit der heutigen israelisch-libanesischen Grenze. Wenn der Evangelist Johannes von Kana in Galiläa spricht, so ist dies noch kein Beweis dafür, dass Qana an der Straße zwischen Nazareth und Tiberias lag. Libanesische Archäologen weisen darauf hin, dass einmal die Bergregion des Jabel Amal und Obergaliläa zusammengehörten. Außerdem wurde in dem kleinen Dorf Qana im Libanon ein Prophet mit Namen Galiläa (arab. Jalil) verehrt.[169] Was jedoch vor allem für Qana im Libanon als Ort der Hochzeit von Kana spricht, sind eine Reihe beachtlicher Funde.

Meine Frau und ich besuchten das Qana im Libanon 1997 zusammen mit Freunden und

Abb. 84: Wohnhöhlen

klopften zuerst an die Tür des Priesters in dem kleinen Dorf Birget Qana. Pater Michael Sakhr Abboud zeigte uns stolz seine Kirche, erklärte uns die Bilder über der Wand zum Hochaltar und lud uns zum Tee in sein Haus ein.

Hier erzählte er uns von seiner Gemeinde. Zu ihr gehören in Qana selbst 1000 Gemeindeglieder und weitere 1000 in den drei umliegenden Dörfern. Der Pater und seine Gemeindeglieder in Qana sind bis heute der festen Überzeugung, dass ihr Qana der historische Ort ist, an dem Jesus Wasser in Wein verwandelte. Pater Michael wusste dies auch zu begründen. Ruhig, aber mit großer Sicherheit, zeigte er die Geschichte auf.

Qana war eine der Städte im Stamme Ascher (vgl. Jos 19,28). Mit dem Qana im Stamm Ascher identifizierten sowohl der Geschichtsschreiber Eusebius (260/265–339/40 n. Chr.) als auch der Kirchenvater Hieronymus (um 347–419/420 n. Chr.) den Ort Qana, in dem Jesus mit seiner Familie und seinen Jüngern die Hochzeit zu Kana feierte. Pater Michael zitierte Euseb: »Qana, bis zu den Gestaden von Groß-Sidon, gehörte zu dem Stamm Ascher. Dies war der Ort, an dem unser Gott und Herr, Jesus Christus, Wasser in Wein verwandelte. In Qana lebte Nathanael. Es war ein Ort in dem ›Galiläa der Heiden‹.« Im Weiteren bezog sich Pater Michael auf eine Aussage des Kirchenvaters Hieronymus: »Qana gehörte zu den Gestaden Sidons. Es ist bewohnt von dem Stamm Ascher. Unser Herr und Heiland verwandelte hier Wasser in Wein. Nathanael wurde von unserem Herrn als ein wahrer Israelit an diesem Ort bezeichnet. Heute ist der Ort ein Dorf des heidnischen Galiläa.«

Erst im Mittelalter erklärten die Franziskaner einen Ort in der Nähe von Nazareth zu dem Dorf, in dem die Hochzeit von Kana stattfand. Pater Michael wusste um die »Verschiebung« heiliger Stätten im Interesse einer bestimmten Pilgertradition. Das in der Bergregion des Jebel Amel gelegene Qana war für die Pilger zu mühsam zu erreichen.

Nicht ganz verstanden hat Pater Michael, dass wir seine Einladung, in seinem Haus zu übernachten und mehrere Tage zu bleiben, nicht annehmen konnten. Er hätte uns gerne durch seine Gemeinde geführt und unter seiner fachkundigen Führung die in der Mitte der 80er Jahre entdeckten Funde und Ausgrabungen erklärt.

Abb. 85: Die Kirche von Qana im heutigen Libanon

Abb. 86: Mit Pater Michael in der Kirche in Qana

Diese Funde – so Pater Michael – sind der Beweis dafür, dass Qana im »Galiläa der Heiden« (Jes 8,23), das Qana im Libanon, der Ort ist, den Jesus mit seinen Jüngern und seinen Familienangehörigen zur Hochzeit eines Verwandten aufsuchte.

Ohne Pater Michael machten wir uns auf den Weg zu den Ausgrabungen. Als wir den UNO-Kontrollpunkt, der von Fidschis besetzt war, passierten, wurden wir freundlich begrüßt. Zwei kleine Jungen wurden uns mit in den Wagen gegeben, um uns zu den Ausgrabungen zu führen. Anhand von drei archäologischen Funden und auf dem Hintergrund der damaligen jüdischen Hochzeitsbräuche[170] erschien uns das im Johannesevangelium überlieferte Ereignis der Hochzeit von Kana in neuem Licht.

1) Eine aus dem Stein herausgehauene Braut

> »*Am dritten Tage wurde eine Hochzeit zu Kana in Galiläa gehalten und die Mutter Jesu war dort.*«
>
> *Johannes 2,1*

Der Evangelist erwähnt mit einer gewissen Absicht die Zeit jenes großes Ereignisses, da Jesus mit einem Wunder seine Herrlichkeit offenbarte. Nach einem Midrasch[171] fanden Hochzeiten nur an bestimmten Wochentagen statt. Der dritte Tag, also ein Dienstag, war im jüdischen Volksglauben ein bevorzugter Hochzeitstag, da es im Schöpfungsbericht beim dritten Tag zweimal heißt: »Gott sah, dass es gut war« (1 Mo 1,10.12). Der wesentliche Teil und den eigentlichen Höhepunkt einer Hochzeit bildete die Überführung der Braut aus dem Elternhaus in das Haus des Bräutigams oder dessen Vaters. Die Einholung der Braut erfolgte am Abend des ersten Festtages. Der Bräutigam zog mit seinen Familienangehörigen und Freunden festlich gekleidet mit dem Turban auf dem Kopf zum Haus der Braut. Dort wurde er von den Freundinnen der Braut, die dem Bräutigam entgegengingen, empfangen.

Die noch verschleierte Braut erwartete den Bräutigam im festlich geschmückten Haus ihrer Eltern. Der Vater der Braut sprach zum Abschied ein Segenswort. Dann setzte sich der Hochzeitszug, begleitet von Jungfrauen mit brennenden Fackeln, unter Musik und Paukenschlag in Bewegung. Wer immer konnte, schloss sich dem Zug an. In der Mischna heißt es: »Noch die 60-jährige läuft dem Paukenschlag nach wie die Sechsjährige.«[172]

Die Feststimmung und das Motiv einer Hochzeit sind in der Verkündigung Johannes des Täufers und in den Gleichnissen Jesu Bilder für die Herrlichkeit der messianischen Zeit.

2) Das Haus des Bräutigams und die sechs Wasserkrüge

> *»Der Speisemeister sagte zu dem Bräutigam: ›Jedermann setzt seinen Gästen zuerst den guten Wein vor, du aber hast den guten Wein bis jetzt zurückgehalten.‹«*
>
> *Johannes 2,10*

Nach jüdischer Sitte dauerte das Hochzeitsfest sieben Tage. Die Bewirtung der Gäste lag in der Hand des Speisemeisters. Für eine Hochzeitsfeier galten damals folgende Regeln: Die Eltern der Brautleute hatten für die Speisen zu sorgen. Der Wein wurde von den Gästen mitgebracht. Er wurde beim Speisemeister abgeliefert. Dieser bestimmte je nach Qualität des Weins die Reihenfolge des Ausschenkens. Als

Abb. 87: Stein mit Braut in Qana

Abb. 88: Die Grotte von Al-Dalafa ist der Überlieferung nach das Haus, in dem die Hochzeit von Kana gefeiert wurde.

Maria merkte, dass der Wein auszugehen drohte, richtete sie an Jesus, den Ältesten ihrer Söhne, die auffordernden aber auch anklagenden Worte: »Sie haben keinen Wein mehr« (Joh 2,3). Jesus gab die schroffe Antwort, die wörtlich übersetzt lautet: »Was ist eigentlich meine und welche ist deine Angelegenheit? Was kümmert dich meine Angelegenheit, Frau? Das ist nicht deine Sache, überlass es mir!« Als schließlich der Wein ausging und das Fest zu scheitern drohte, verwandelte Jesus Wasser in Wein.

In der Mitte der Felsenwohnungen in Qana standen sechs Krüge mit einem Fassungsvermögen von 400 bis 700 l Wasser. Das Wasser wurde in den Krügen aufgefangen bzw. hineingeleitet, einmal zur täglichen Versorgung, zum anderen aber auch zur kultischen Reinigung. Mit der Verwandlung des Wassers in Wein half aber Jesus nicht nur aus der Peinlichkeit heraus. Dies war der Wunsch seiner Mutter Maria. Jesus wollte mit diesem Wunder seinen Jüngern und allen anderen die Augen öffnen für seinen Auftrag und für seine Berufung.

3) Der Stein mit Jesus und seinen zwölf Jüngern

> *»Auch Jesus wurde mit seinen Jüngern zur Hochzeit eingeladen.«*
>
> *Johannes 2,2*

Abb. 89: Krüge in Qana

Durch das Wunder in Kana offenbarte Jesus

» *seine Herrlichkeit und seine Jünger lernten an ihn glauben.* «

Johannes 2,11

Jesus war der Einladung zur Hochzeit gefolgt und nahm mit seinen Jüngern an den Hochzeitsfeierlichkeiten teil. Die Hochzeit war die Zeit höchster Freude. Nicht nur der Bräutigam, sondern alle, die mitfeierten, waren in dieser Zeit von manchen religiösen Übungen befreit, zum Beispiel vom Fasten und vom Achtzehngebet. An diese Sitte erinnerte Jesus in seiner Antwort auf die Frage der Jünger des Täufers: »Warum fasten wir und die Pharisäer häufig, deine Jünger aber fasten nicht?« Jesus antwortete ihnen: »Können denn die Hochzeitsgäste trauern, solange der Bräutigam in ihrer Mitte ist?« (Mt 9,14.15). Mit diesem Wort sagte Jesus: Mit meinem Kommen ist der Tag Gottes, der Tag der vollkommenen Freude, angebrochen. Es ist nicht mehr die Zeit des Trauerns und Fastens. Die Enthaltungsethik der Umwelt Jesu ist überboten (vgl. Mk 2,18 ff.).

Als wir vor dem Stein mit den 13 Personen, Jesus und seine 12 Jünger, standen, zeigte einer der kleinen Jungen auf die Gestalt in der Mitte. Sie war größer als die der übrigen zwölf. Er sagte: »Das

Abb. 90: Jesus und die zwölf Jünger / Steinrelief in Qana

ist euer Gott!« Ich war seltsam berührt und wusste nicht, wie ich reagieren sollte. Dass sich der Junge der Tragweite seiner Aussage bewusst war, glaube ich nicht.

War Jesus ein zweiter Bacchus?

Bacchus (griech. Dionysos) galt als Sohn des Zeus und Spender der Leib und Seele stärkenden Weintraube. Seine Verehrer beschenkte Bacchus überall mit dem Weinstock. Die häufigsten Darstellungen zeigen Bacchus mit Efeu und Reben umkränzt. Der Bacchuskult war ekstatisch und orgiastisch.

Einer der großen Tempel des Libanons ist einer Überlieferung zufolge Bacchus geweiht. Er hat eine Länge von 68 m und ist 36 m breit. Hier fanden Tänze und Freudenfeste statt mit Wein und Öl im Überfluss, auch Opium fehlte nicht.

Zu den Kultzeremonien gehörte, dass die Verehrerinnen des Bacchus (die Bakchen) Tiere nicht mit dem Messer töteten, sondern sie zerrissen und die Fleischstücke roh verzehrt haben![173]

Bacchus war einer der Götter, die in der Bekaa-Ebene verehrt wurden.

Verwandelte Jesus Wasser in Wein, um ein Bacchusfest zu veranstalten und um als wiedererschienener Bacchus verehrt zu werden?

Sicher ist dies die Interpretation mancher libanesischer Reiseführer. Mit dem neutestamentlichen Bericht vom Wunder in Kana hat dies jedoch nicht das Geringste gemein.

Abb. 91: Mosaik des Bacchus im Tempel von Baalbek

Das Wunder in Kana muss im Zusammenhang mit den anderen Wundern und den Selbstaussagen Jesu gesehen werden.

- Jesus gab dem Blindgeborenen das Licht der Augen, weil er »das Licht der Welt« ist (Joh 8,12).
- Jesus speiste Menschenmengen mit Brot, weil er »das Brot des Lebens« ist (Joh 6,35).
- Jesus rief Lazarus zurück ins irdische Leben, weil er »das Leben« ist (Joh 14,6).
- Am Anfang seiner Heilszeichen verwandelte Jesus Wasser in Wein, weil er der »wahre Weinstock« ist (Joh 15,1).[174]

Zusammen mit dem Brotwunder weist das Weinwunder hin auf die Einsetzung des Heiligen Abendmahls – auf die Hingabe des Leibes und Todes Jesu. Am Ende seines Wirkens beim letzten Abendmahl mit seinen Jüngern sprach Jesus beim Austeilen des Brotes: »Das ist mein Leib«; und über dem Wein: »Das ist mein Blut« (Mt 26,26.28). Sicher erinnerten sich die Jünger dabei an das Brot- und Weinwunder Jesu. Erst als sie nach Jesu Rückkehr in das Reich der Himmel sonntäglich das Heilige Mahl feierten, wussten sie: Jesus ist das Brot des Lebens. Jesu Blut in der Gestalt des Weines ist der Trank zum ewigen Leben.

Abb. 92: Kinder am Stein

Bei der Hochzeit zu Kana konnten sie das Ausmaß des Handelns Jesu noch nicht verstehen. Sie erahnten allenfalls, dass mit dem Weinwunder entscheidend Neues begann.

Es ist kein Zufall, dass am Anfang des Wirkens Jesu das Weinwunder in Kana stand und unmittelbar vor seinem Ende die Einsetzung des Heiligen Abendmahls.

Am Ende des Festes in Kana heißt es nicht, dass seine Jünger an ihn glaubten, sondern: »Sie lernten, an ihn zu glauben« (Joh 2,11b).

Keines der Wunder Jesu sollte bewirken, an ihn als Wundertäter zu glauben und ihn so zu verehren. Die Wunder tat Jesus, um Glauben zu lehren. An den Wundern können wir lernen zu glauben.

Abb. 93: Darstellung Jesu auf dem Stein in Qana

IX. Das »Evangelische Dreieck« am See Genezareth

Abb. 94: Das evangelische Dreieck – Aufnahme von Gadara aus

> *»Jesus zog sich mit seinen Jüngern an den See zurück. Viele Menschen aus Galiläa folgten ihm, auch aus Judäa, aus Jerusalem und Idumäa, aus dem Gebiet jenseits des Jordans und aus der Gegend von Tyrus und Sidon kamen Scharen von Menschen zu ihm, als sie von all dem hörten, was er tat.«*
>
> *Markus 3,7.8*
> *(vgl. Mt 4,25; 8,1; Lk 6,17; Joh 6,2.5)*

Zu Beginn seines Wirkens hatte Jesus den kleinen und einsamen Bergweiler Nazareth verlassen und das am See Genezareth gelegene Kapernaum zu seiner Wahlheimat gemacht. Ein Grund dafür war sicherlich, dass er hier viel leichter mit Menschen in Kontakt kommen konnte.[175] Dies war nirgends so gut möglich wie an der Nordostecke des Sees Genezareth. Hier liegen die Hauptwirkungsstätten Jesu in Galiläa. Aus diesem Grund bekam diese Gegend den Namen das »Evangelische Dreieck«.[176]

Kapernaum liegt in der Mitte der Basis dieses Dreiecks.

Chorazin liegt auf der Anhöhe, nördlich von Kapernaum.

Betsaida liegt gegen Osten, westlich und östlich des Jordans.

Tabgha, mit seinen sieben teilweise warmen und mineralhaltigen Quellen, liegt 2 km südwestlich von Kapernaum.

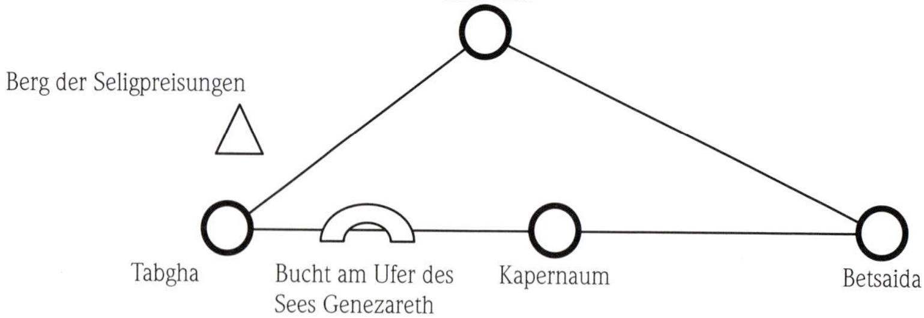

Abb. 95: Das evangelische Dreieck

Der Berg der Seligpreisungen liegt oberhalb von Tabgha.

Eine kleine Bucht auf halbem Weg zwischen Kapernaum und Tabgha bildet ein natürliches halbkreisförmiges Theater, das nach modernen Untersuchungen eine ausgesprochen gute Akustik hat.[177] Hier kann man sich gut die Predigt Jesu vorstellen, die dieser von dem Boot des Simon Petrus aus der Menschenmenge hielt, die ihm gefolgt waren (vgl. Lk 5,3).

Das »Evangelische Dreieck« hatte dazu »ein gutes Straßennetz, dessen Wege in ferne Lande führten«.[178]

Die Gegend am Nordufer des Sees Genezareth wird von Flavius Josephus (37–105 n. Chr.) wegen ihrer Schönheit und Fruchtbarkeit gepriesen: »Den Genesar [See Genezareth] entlang erstreckt sich eine gleichnamige Landschaft von wunderbarer Natur und Schönheit. Wegen der Fettigkeit des Bodens gestattet sie jede Art von Pflanzenwuchs und ihre Bewohner haben daher in der Tat alles angebaut. Das ausgeglichene Klima passt auch für die verschiedenartigsten Gewächse. Nussbäume, die im Vergleich zu anderen Pflanzen eine besonders kühle Witterung brauchen, gedeihen dort prächtig in großer Zahl. Daneben stehen Palmen, die Hitze brauchen, ferner Feigen- und Ölbäume unmittelbar dabei, für die ein gemäßigteres Klima angezeigt ist. Man könnte von einem Wettstreit der Natur sprechen, die sich mächtig anstrengt, alle ihre Gegensätze an einem Ort zusammenzuführen, oder von einem edlen Kampf der Jahreszeiten, von denen jede sich um diese Gegend wetteifernd bemüht. Der Boden bringt nicht nur das verschiedenste Obst hervor, das man sich kaum denken kann, sondern er sorgt auch lange Zeit hindurch für reife Früchte. Die

Abb. 96: Am See Genezareth

Abb. 97: See Genezareth (Blick zum Ostufer)

königlichen unter ihnen, Weintrauben und Feigen, beschert er zehn Monate lang ununterbrochen, die Übrigen reifen nach und nach das ganze Jahr hindurch.«[179]

Stätten des Wirkens Jesu waren jedoch nicht nur die Orte des »Evangelischen Dreiecks«, sondern auch der See Genezareth selbst.

1. Die Entstehung des Sees Genezareth und seine Namen

Das Seebecken des Sees Genezareth ist Teil eines gewaltigen Grabenbruches, der über das Tote Meer hinaus bis an den Golf von Akaba reicht.[180] Der Boden vom Roten Meer senkte sich bis zum Taurusgebirge, sodass eine ungeheure Erdspalte entstand. Regengüsse und abschmelzende Gletscher füllten diese Senke und bildeten ein großes Binnenmeer. Nach der Regenperiode schrumpfte das Meer zu einem gewaltigen Fluss zusammen. Dieser grub sein Bett immer tiefer in den Boden. Er bildete so durch viele Jahrtausende hindurch die dem Tal eigenen Terrassen. Von dem alten Meer blieben im Norden nur der Hulesee und der See Genezareth und im Süden das Tote Meer.[181]

Der Hulesee war der nördliche Überrest des Binnenmeeres. In alttestamentlicher Zeit wurde hier wie am Jordan der meiste Papyrus gewonnen. In der Neuzeit wurde der Hulesee zur versumpften Malariabrutstätte. 1883 gründeten in dieser Gegend die ersten jüdischen

Siedler, junge Polen, die Pionierniederlassung Yesud Ha Maala, nordöstlich von Hazor. Sie begannen, das Huletal zu kultivieren. Die Trockenlegung des Hulesees wurde jedoch erst 1957 beendet. Seit dieser Zeit ist der Hulesee von den Landkarten verschwunden.[182]

Der See Genezareth hat eine Länge von 21 km und eine Breite von bis zu 12 km. Die Oberfläche beträgt 170 km^2. Seine größte Tiefe liegt zwischen 42 m und 48 m.

Um das Jahr 1000 n. Chr. bildete sich ein neuer, schmalerer Ausfluss des Jordans, sodass der Seespiegel um rund 2 m auf 208 m unter der Meeresoberfläche anstieg. Dies ist der Grund dafür, dass die Hafenanlagen der neutestamentlichen und byzantinischen Zeit größtenteils unter Wasser liegen.[183]

In alttestamentlicher Zeit hieß der See Kinneret (vgl. 4Mo 34,11; 5Mo 3,17; Jos 12,3; 13,27). Diesen Namen hatte der See nach einem gleichnamigen Ort am Nordostufer des Sees.

In einer Liste palästinischer Städte, die Tutmoses III. eroberte, taucht im 15. Jh. v. Chr. der Name »knnrt« (mit Vokalen Kinneret) zum ersten Mal auf. Nach einem ägyptischen Papyrus war Kinneret später Sitz eines vom Pharao abhängigen Fürsten. Als Stadtname kommt Kinneret im Alten Testament nur ein einziges Mal vor.[184] Aus den neutestamentlichen Berichten ist zu erfahren, dass im 1. Jahrhundert für den See eine Reihe von Namensbezeichnungen üblich war. In seiner Erzählung vom Fischfang des Petrus nennt Lukas das Gewässer »den See Genezareth« (Lk 5,1), Markus und Matthäus sprechen vom »Galiläischen Meer« (Mk 1,16; Mt 4,18) und in den johanneischen Berichten der Speisung der 5000 (vgl. Joh 6,1) und des österlichen Fischfangs des Petrus (vgl. Joh 21,1) ist es der »See Tiberias«.

Der Wechsel zwischen den Bezeichnungen See und Meer geht zurück auf das hebräische Wort *jam*, das sowohl das Meer als auch einen großen Binnensee bezeichnen kann. Heute heißt der See auf Neuhebräisch wieder »*jam Kinneret*«.[185]

2. Die Gefahr des Sees und das Wirken Jesu auf dem See

Durch die tief eingeschnittene Lage des Sees Genezareth kommt es zu plötzlichen atmosphärischen Fallwinden und Stürmen. Da es kaum Strände gibt, an denen sich die Wellen ausrollen können, werden auf dem See die aufgepeitschten Wellen besonders hoch.[186]

Das, was die Jünger auf dem See Genezareth jedoch besonders fürchteten, waren nicht die Winde und die Wellen, sondern die hinter diesen stehenden Mächte der Unterwelt.

Abb. 98: See Genezareth (Blick zum Westufer)

Zur Zeit Jesu waren die Wasser das Bild für die Verderbensmächte, für zerstörende und tödliche dämonische Mächte. Belegt ist dies durch die Literatur von Qumran und die der Rabbinen.[187] Das Meer und damit auch das Galiläische Meer galt als Pforte zur Hölle.

In diesen Wassern, unmittelbar vor der Höllentür, hauste nach alttestamentlicher Überlieferung der schreckliche und mächtige Urdrache Leviatan (vgl. Hiob 40,25). Im Buch Hiob wird dieser folgendermaßen beschrieben: Allein sein Kopf löst Furcht und Schrecken aus (vgl. Hiob 41,10-13). An Leviatan gibt es nichts Weiches, das heißt keines seiner Organe empfindet das geringste Mitleid (vgl. Hiob 41,14-16). Keine menschliche Waffe kann Leviatan verletzen (vgl. Hiob 41,17-21). Das Meer schäumt, wenn Leviatan hindurchschwimmt (vgl. Hiob 41,22-24).[188]

Im Buch der Offenbarung beschreibt Johannes, wie ein Untier als Arm Satans, als Antichrist, aus der Wassertiefe steigt: »Die ganze Bevölkerung der Erde sah dem Tier mit staunender Bewunderung nach... und man betete das Tier an.« Dann erklingt die staunende Frage: »Wer ist dem Tier gleich und wer kann den Kampf mit ihm aufnehmen?« (Offb 13,3.4).

Wer diese Zusammenhänge sieht, kann verstehen, was Jesus mit seinen Jüngern auf dem See Genezareth, dem Galiläischen Meer, erlebte.

Obgleich Jesus mit seinen Jüngern lange Märsche zu Fuß zurücklegte, wurden doch für Reisen im Gebiet des Sees immer wieder Boote benutzt. Es ist denkbar, dass die im Johannesevangelium wiederholt erwähnten Reisen nach Jerusalem mit einer Bootsfahrt begannen, und zwar von Kapernaum aus bis zum Südende des Sees.

Bisher sind insgesamt sechzehn antike Häfen und Ankerplätze rings um den See Genezareth bekannt.

Nach zwei Wassertiefständen wurde 1986 bei Migdal (Magdala) ein Boot aus der Zeit Jesu entdeckt. Dieses Boot gibt eine Vorstellung davon, welche Art von Booten Jesus und seine Jünger benutzt haben könnten. Es konnte leicht dreizehn Mann (Jesus und seine Jünger) tragen.[189]

1) Eine gewagte Überfahrt

> »*Die Jünger traten zu Jesus, weckten ihn auf und sprachen: Herr, hilf, wir kommen um! Da sagt er zu ihnen: Ihr Kleingläubigen, warum seid ihr so furchtsam? Und stand auf und bedrohte den Wind und das Meer. Da wurde es ganz stille.*«
>
> *Matthäus 8,25.26*

Müde von der langen Tagesarbeit ruhte sich Jesus auf einem Kissen im hinteren Deck des Bootes aus und schlief ein. In diesem Augenblick setzte der Angriff der Unterwelt ein, um den Einbruch Jesu in ihr Reich auszuschalten.[190] Das Boot wurde von den Wellen verhüllt. Was lag da näher als der Gedanke, den Hiob in die Worte fasste: »Das Meer schäumt, wenn Leviatan hindurchschwimmt« (Hiob 41, 22-24).

Die Jünger glaubten, ihr Ende sei gekommen. Und Jesus? Dem schien dies alles gleichgültig zu sein. Er schlief.

In ihrer Panik traten sie zu ihm heran und weckten ihn mit drei untereinander nicht verbundenen Worten:

> »*Herr! Hilf!
> Wir kommen um!*«

Abb. 99: Der See Genezareth

Diese drei Worte sind seit jener Zeit die klassischen Worte jedes Stoßgebetes.

- Die Anrede: Du bist der Herr!
- Der Hilferuf, der Schrei: Rette uns!
- Das Aufzeigen der Tiefe der Not: Wir kommen um!

Es bedurfte nur einer Geste Jesu – und es wurde eine große Stille! Eines jedoch ersparte Jesus seinen Jüngern nicht. Sie mussten seine Kritik hören. Jesus sagte zu ihnen: »Ihr Kleingläubigen!« (Mt 8,26).

Jesus sagte nicht: Ihr Ungläubigen! Das waren die Jünger wahrhaftig nicht. Auf das Wort Jesu hin hatten sie alles verlassen und waren ihm gefolgt. Von Unglaube konnte keine Rede sein. Kleinglaube ist verkürzter Glaube. Die Jünger hatten nur die Worte von Hiob im Sinn, von Leviatan und der Macht des Bösen. Keiner erinnerte sich an die Worte aus dem Gebetbuch des Alten Testamentes: »Gott, dein Weg geht durch das Meer, dein Pfad durch große Wasser« (Ps 77,20). Es gibt keine Macht, die nur im Geringsten an Gottes Allmacht heranreicht. Wie oft mögen sie diese Worte in den Synagogen oder mit Jesus zusammen gebetet haben. Jetzt hatten sie sie vergessen. Sie sahen nur das Chaos und keiner erinnerte sich mehr an die Worte aus der Lesung des Propheten Jesaja: »Gott macht im Meer Weg und in starken Wassern macht er Bahn!« (Jes 43,16).

Ihr Glaube war einseitig verkürzt auf das Böse. Kleinglaube ist verkürzter Glaube innerhalb des Lebens der Glaubenden. Kleinglaube erfasst Sie und mich, wenn wir in konkreten Situationen nur noch die Not sehen und nicht mehr Jesus, den Herrn des Himmels und der Erde.

»Ihr Kleingläubigen« heißt nicht: Bleibt doch in eurer Not!, sondern: Lest die ganze Schrift, da ist von meiner Macht, die mir der Vater gegeben hat, die Rede – und Jesus hilft.

Ich möchte Sie ermutigen, immer dann, wenn Sie nur Ihre konkrete Not sehen, in das Stoßgebet der Jünger einzustimmen:

> »*Herr!*
> *Hilf!*
> *Ich komme um! Ich kann nicht mehr!*«

Abb. 100: See Genezareth (Blick zum Berg der Seligpreisungen)

2) Eine stürmische Nacht

> »*Spät am Abend war das Boot mitten auf dem See, er (Jesus) aber war allein an Land. Und er sah, wie sie sich beim Rudern abmühten, denn sie hatten Gegenwind.*«
>
> *Markus 6,47-48a*

Jesus hatte die Jünger gedrängt, ins Boot zu steigen und an das Ufer nach Betsaida vorauszufahren (vgl. Mk 6,45). Was war geschehen? Und warum die Eile? Die Jünger hatten miterlebt, wie Jesus 5000 Menschen mit Brot und Fisch versorgte (vgl. Mt 14,13-21; Mk 6,31-44; Lk 9,10-17; Joh 6,1-6). Die Begeisterung des Volkes war überwältigend. Sie riefen: »Das ist wirklich der Prophet, der in die Welt kommen soll. Da erkannte Jesus, dass sie beabsichtigten, ihn in ihre Gewalt zu bringen und zum König zu machen« (Joh 6,14.15). Das aber war es, was Jesus vermeiden wollte!

Herodes Antipas, der in seiner sicheren Burg in Tiberias lebte, hatte überall seine Spione. Die messianische Begeisterung der Menge konnte nicht ohne Reaktion des Herodes Antipas bleiben. Jesus und seine Jünger waren in der Gefahr, von Herodes Antipas gefangen genommen und umgebracht zu werden. Jesus wollte seine Jünger in

Sicherheit bringen. Er drängte sie in das Boot hinein und gebot ihnen, über die Grenze nach Betsaida in das Hoheitsgebiet von Herodes Philippus zu fahren. Dort hatten sie nichts zu befürchten. Er selbst blieb zurück, verabschiedete die Leute und ging dann auf den Berg, um zu beten (vgl. Mk 6,45b.46).

In der Nacht erhob sich plötzlich ein starker kalter Ostwind, der bis heute von den Fischern gefürchtet wird. Die Araber nennen ihn »scharkije«. Wenn dieser eine gewisse Stärke erreicht hat, ist jede Fahrt gegen den Wind unmöglich.[191]

Als Jesus sah, wie sich die Jünger abquälten, ging er kurz entschlossen zum See hinunter und ging auf dem See zu ihnen. Als die Jünger ihn über den See gehen sahen, meinten sie, er sei ein Gespenst und schrien auf. Da begann Jesus, zu ihnen zu reden und sagte: »Habt Vertrauen. Ich bin es, fürchtet euch nicht« (vgl. Mk 6,50). Das Gehen Jesu auf dem See war kein Mirakel, sondern eine Zeichenhandlung. Jesus machte damit ein für alle Mal klar: Es gibt keine Macht und keine Gewalt, die nicht buchstäblich unter meinen Füßen liegt.

Es war Petrus, der dies genauer wissen wollte. Er rief Jesus zu: »Herr, wenn du es bist, so lass mich über das Wasser zu dir kommen« (Mt 14,28). Als Jesus sagte: »Komm«, stieg Petrus aus dem Schiff und ging auf Jesus zu.

Plötzlich packte Petrus die Angst. Er sah nur noch die vom Sturm aufgepeitschten Wellen und begann zu sinken. Er glaubte, seine letzte Stunde sei gekommen und schrie: »Herr, hilf mir!« (Mt 14,30). Es war der Schrei in großer Not, den die Jünger schon einmal angesichts eines lebensbedrohenden Sturmes ausgerufen haben (vgl. Mt 8,25). Jesus aber ließ seine Jünger nicht im Stich. Er streckte Petrus seine rettende Hand entgegen und stieg mit ihm ins Boot. Hier wandte er sich an Petrus: Es war dein Kleinglaube, dein Zweifel, der dir fast das Leben gekostet hätte. Du hast deine Augen von mir abgewandt und nur noch die Bedrohung gesehen. Du warst hin- und hergerissen zwischen Glaube und Unglaube. Zweifel ist das Zwischenstück zwischen Glaube und Unglaube. Als Jesus mit im Boot war, war für die Jünger die Welt wieder im Lot. Seit diesem Erleben ist das Bild »Jesus sitzt mit im Boot« für unzählige Christen zum Bild des

Abb. 101: Sonnenaufgang am See Genezareth

Trostes geworden. Christen können das Schwere, von dem keiner verschont bleibt, tragen und ertragen in der Erkenntnis: Jesus ist mit im Boot.

X. Betsaida und Gamla – und die Berufung der ersten Jünger Jesu

Abb. 102: Fischer bei Betsaida

Betsaida ist der Heimatort von drei der Jünger aus dem Zwölferkreis: Andreas, Petrus und Philippus (vgl. Joh 1,44).

Nach dem Bericht des Evangelisten Johannes ist die Entscheidung von Andreas, Petrus und Philippus, Jünger Jesu zu werden, bereits in Betanien östlich des Jordans gefallen (vgl. Joh 1,35-45).

Am See Genezareth jedoch folgte für Andreas und Petrus, sowie für das zweite Brüderpaar Jakobus und Johannes die inhaltliche Berufung, die Beauftragung zu Menschenfischern (vgl. Mt 4,18-20; Mk 1,16-18; Lk 5,1-11).

Gamla war der Heimatort von mindestens zwei aus dem Kreis der zwölf Jünger Jesu. Dies geht aus ihren Beinamen hervor. Der eine war Simon der Zelot (vgl. Lk 6,15), der andere Judas Iskariot, d.h. der Krummdolchträger (vgl. Lk 6,16).

1. Betsaida

1) Betsaida – eine Fischersiedlung und die Residenzstadt des Herodes Philippus

Betsaida lag an einer nach Osten offenen Lagune, vom See abgetrennt. Diese Lage war für das Fischerdorf gut geeignet, da die Lagune einen natürlichen Hafen bildete, der die Boote vor

Abb. 103: Wohnhaus mit Weinkeller

Abb. 104: Tell: Der Regierungssitz des Herodes Philippus

den gefürchteten Westwinden schützte.[192] Die vom Jordan in den See geschwemmten pflanzlichen und tierischen Stoffe waren für die Fische geradezu ein Anziehungspunkt, sodass die Nordostecke des Sees ein Fischerplatz ersten Ranges war.[193]

Im Jahr 3 v. Chr. wurde das Fischerdorf von Herodes Philippus in seine Hauptstadt integriert. Er baute seine Residenz auf dem nur 3 km von Betsaida entfernten Hügel »et-Tell«. Dieser war nur 25 m hoch, gab aber einen Überblick über die ganze Alluvialebene, die heute den Namen »el-Ebteha« trägt.[194]

Von hier aus konnte Herodes Philippus die Verbindung zu den großen Verkehrsstraßen des Landes kontrollieren und Zölle erheben. Philippus hatte das Dorf Betsaida zu seiner Hauptstadt ausgebaut. Hierin liegt der Grund, warum Betsaida einmal Dorf (vgl. Mk 8,22 f.) und zum anderen Stadt (vgl. Lk 9,10; Joh 1,44) genannt wird.

Betsaida war damals eine geteilte Stadt. Die Grenze bildete der Jordan bei seiner Einmündung in den See Genezareth.

Am Westufer lag der Teil, der zum Reich des Herodes Antipas gehörte. Herodes Antipas (✝ 39 n. Chr.) hatte seine Residenz in Tiberias. Er war ein ehrgeiziger und brutaler Landesherr. Wann immer er bei seinen Untertanen, besonders bei denen aus religiösen Gruppen, auch nur Gehorsamsverweigerung witterte, griff er hart durch. Wer sich ihm in den Weg stellte wie Johannes der Täufer, wurde umgebracht (vgl. Mt 14,3).

Abb. 105: Tiberias am See Genezareth

In Betsaida jedoch konnten die von Herodes Antipas Bedrohten sicher sein. Sie brauchten nur den Jordan zu überqueren und waren im Reich des Herodes Philippus. Dazu zählten die Landschaften Gaulantis, Batanäa und Trachonitis.

Herodes Philippus († 34 n. Chr.) war ein bescheidener Herrscher, der von seinen Untertanen geschätzt wurde. Was ihn nach dem Historiker Flavius Josephus besonders populär machte, war sein Brauch, auf den Reisen durch sein Reich stets einen Faltstuhl mitzuführen. Diesen ließ er aufstellen, wo immer ihn jemand um eine Gerichtsentscheidung bat.[195]

Was Herodes Philippus auszeichnete, war, dass er alle religiösen Strömungen in seinem Reich duldete. An seinen Grenzen wurde kein religiös Verfolgter abgewiesen. Jeder fand in seinem Reich Schutz und Sicherheit. Wann immer Jesus der vielen Anfeindungen wegen aus Kapernaum weichen musste, ging er über die Grenze ins Reich des Herodes Philippus und war so vor allen Nachstellungen sicher.

Dies war vermutlich auch der Grund, warum sich Nathanael, geboren in Kana in Galiläa (vgl. Joh 21,2) nach Betsaida zurückzog. Er hatte sich in Betsaida angesiedelt, um ungehindert nach seiner Überzeugung leben und seinen Glauben praktizieren zu können.

2) Betsaida – der Ort der Berufung

In oder zumindest in der Gegend von Betsaida erlebten folgende Jünger den ihr ganzes Leben wendenden Tag ihrer Berufung: die beiden Brüderpaare Petrus und Andreas, Johannes und Jakobus, sowie Philippus und Nathanael. Nathanael gehörte nicht zum engeren Kreis der zwölf Jünger. Sein Name fehlt in der Aufzählung der zwölf Jünger Jesu (vgl. Mt 10,2-4; Apg 1,13). Dennoch ist gerade an vielen Einzelzügen seiner Berufungsgeschichte abzulesen, was sich bei einer Berufung durch Jesus ereignet.

> »*Philippus aus Betsaida »traf auf Nathanael und berichtete ihm: Wir haben den gefunden, von welchem Mose im Gesetz und die Propheten geschrieben haben, Jesus, den Sohn Josefs, aus Nazareth. Da sagte Nathanael zu ihm: Kann aus Nazareth Gutes kommen? Philippus erwiderte ihm: Komm mit und sieh! Als Jesus den Nathanael auf sich zukommen sah, sagte er über ihn: Siehe, ein echter Israelit, an dem kein Falsch ist! Nathanael fragte ihn: Woher kennst du mich? Jesus antwortete ihm: Bevor Philippus dich rief, als du unter dem Feigenbaum warst, habe ich dich gesehen. Da antwortete ihm Nathanael: Rabbi, du bist Gottes Sohn, du bist der König Israels! Jesus gab ihm zur Antwort: Du glaubst, weil ich dir gesagt habe, dass ich dich unter dem Feigenbaum gesehen habe? Du wirst noch Größeres als dies zu sehen bekommen. Dann fuhr er fort: Wahrlich, wahrlich, ich sage euch: Ihr werdet den Himmel offen sehen und die Engel Gottes über dem Menschensohn hinauf- und herabsteigen sehen.«* «
>
> *Johannes 1,43-51*

Nathanael war der erste Schriftgelehrte, der sich zu Jesus als den Messias bekannte. Wann Nikodemus (vgl. Joh 3,1) und Josef von Arimathäa (vgl. Lk 23,51) Jünger Jesu wurden, wird nicht berichtet.

Nathanael, geboren in Kana in Galiläa (vgl. Joh 21,2) war es, der die aus dem Kreis der damals berufenen Jünger Jesu mit zur Hochzeit nach Kana brachte. Zu der Hochzeit in Kana waren nicht nur

Jesus und Maria, die Mutter Jesu, eingeladen, sondern auch Schüler, Jünger Jesu (vgl. Joh 2,1-12). Offen bleibt, ob auch die Brüder Jesu und Josef aus Nazareth daran teilnahmen. Ebenso wird nicht berichtet, wie viele der Jünger mitfeierten.

Bei der Berufung des Nathanael hatte Jesus diesen nicht direkt angesprochen. Es war Philippus, der Nathanael zu Jesus führte.

Bis heute ruft Jesus Menschen nicht nur direkt in seine Nachfolge. Er braucht das Zeugnis derer, die bereits zu ihm gehören. Zeugen Jesu sind die, in deren Predigt es um nichts anderes geht als um Gottes Wort.

Bei den ersten Jüngerberufungen rief Andreas Petrus zu Jesus und Philippus den Nathanael. Philippus sagte zu Nathanael: Du, Nathanael, wir haben den gefunden, von welchem Mose im Gesetz und die Propheten geschrieben haben, Jesus, den Sohn Josefs, aus Nazareth (vgl. Joh 1,45). Dieser Satz enthielt für einen frommen Juden eine doppelte Provokation:

- Die Juden, die Jesus von seinem ersten Auftreten an ablehnten, nannten ihn mit spöttischem Unterton »Sohn Josefs« (Lk 4,22).
- Nazareth war damals ein unbedeutendes Dorf. Nazareth wird weder im Alten Testament noch im Talmud, der Auslegung des Alten Testamentes, erwähnt.

Nathanael konnte deshalb nur über Philippus den Kopf schütteln. Er wollte ihn abspeisen mit der höhnischen Frage: »Was kann aus Nazareth Gutes kommen?« (Joh 1,46). Philippus aber blieb unbeirrt stehen.

Zeugen Jesu geben nie auf. Sie werden zwar wie alle anderen Menschen streckenweise müde und verzagt, aber sie resignieren nicht. Sie legen das Zeichen, unter dem sie angetreten sind, nicht ab. Sie bleiben ihrem Auftrag treu, zu Jesus zu rufen.

Philippus sagte zu Nathanael nur zwei Worte: »Komm und sieh!« Dieser Ausspruch war in den Ohren Nathanaels nichts Neues. Es war eine ungemein häufige Wendung in rabbinischen Texten. Sie bedeutet so viel wie: Komm und höre.[196] Oder: Komm und erkenne.[197] Einem solchen Aufruf durfte sich keiner entziehen, dem es um die Findung der Wahrheit ging.

Wenn auch mit großer Skepsis und spöttischem Grinsen bei den Begriffen »Josefs Sohn« und »Nazareth« machte sich Nathanael auf, um diesen Jesus zu sehen und zu hören.

Was er von Jesus zu hören bekam, waren die Worte: »Du bist ein echter (wörtlich: ein wahrer) Israelit, in dem kein Falsch ist. Ich sah

Abb. 106: Feigenbaum: Blätter mit Früchten

dich unter dem Feigenbaum« (vgl. Joh 1,47.48). Nathanael war nicht wenig erstaunt über die Worte dieses Jesus. Jesus hatte ihn durchschaut. Er nannte ihn einen Israeliten, der sich der Wahrheit verpflichtet wusste.

- Ein echter Israelit sucht die Wahrheit und ist nur von einer Frage umgetrieben: Was ist Wahrheit?
- Ein echter Israelit sucht nach einer Antwort auf diese Urfrage und ist entschlossen, diese ohne Verstellung, Schein und Heuchelei in seinem Leben umzusetzen.

Für Jesus war Nathanael ein echter Israelit. Jesus sagte zu Nathanael: Du, Nathanael, bist »ohne Falsch«. Als »echter« Israelit weißt du, wo die Wahrheit zu suchen ist. Ich sah dich unter dem Feigenbaum.

Ein Mann, der unter dem Feigenbaum saß, suchte dort nicht den Schatten zum Ausruhen. Das Sitzen unter einem Feigenbaum ist ein Gleichnis, eine Sprache in Bildern. Und wie jedes Bild ist auch das des Feigenbaums mehrdeutig. Dabei ist es wichtig, die verschiedenen Deutungsmöglichkeiten des Feigenbaums zu berücksichtigen. Die Bildsprache, die Symbolsprache ist vielfältig und in verschiedenen Situationen dem Wandel unterzogen.[198]

»Ein Mann unter dem Feigenbaum« ist ein vielschichtiges Bild. Die verschiedenen Deutungsmöglichkeiten des Bildes lassen den

Charakter, das innere Wesen des Nathanaels erkennen. Das Bild zeigt die verborgenen Aspekte, die Kennzeichen eines Menschen auf, der bereit ist, auf Jesu Ruf einzugehen:

Die ursprüngliche Bedeutung des Feigenbaums ist »Baum der Sünde«.

Der Feigenbaum als Sündenbaum

Die Deutung des Feigenbaums als Sündenbaum geht auf folgende Beobachtung zurück: Nachdem sich die Menschen in der Urzeit, Adam und Eva, entschlossen hatten, ihr Leben selbst in die Hand zu nehmen, versteckten sie sich, als Gott ihnen erneut begegnen wollte. Sie hatten von der Frucht des Baumes der Erkenntnis von Gut und Böse gegessen. Sie hatten erkannt: Wir sind vor Gott nackt. Wir leben ohne den Schutz und den Segen Gottes. Um dies zu verbergen, bedeckten sie sich mit Blättern. »Sie nähten Laubwerk vom Feigenbaum zusammen und machten sich Schurze« (1 Mo 3,7). Hier liegt der Grund, warum der Feigenbaum »Sündenbaum« genannt wird. In der Symbol- und Bildsprache ist der Feigenbaum der Baum für die Feigenblattgürtel.[199]

So ist es auch nicht zufällig, dass Jesus einen unfruchtbaren Feigenbaum verfluchte.[200] Die Früchte des Feigenbaums sind das Bild der Hoffnung auf neues Leben. Wenn diese Früchte ausbleiben, ist der Feigenbaum zu nichts mehr nütze, als abgehauen zu werden.

Die Früchte, die ein Feigenbaum trägt, sind eine Chance neuen Lebens. Um neues Leben zu erlangen – so lehrten es die Rabbiner – suchte man einen Feigenbaum auf. Unter dem Feigenbaum bekannten die Schriftkundigen ihre Sünde, den Abfall von Gott. Das Sitzen unter einem Feigenbaum ist Ausdruck des Bekenntnisses der Schuld. Wenn Nathanael unter einem Feigenbaum saß, so heißt dies in der Bildsprache: Nathanael bekannte seine Sünden. Er war entschlossen, zurückzukehren in ein heiles und ganzes Verhältnis mit Gott.

Sucht man im Gebetbuch des Alten Testaments, den Psalmen, nach einem Gebet, das in die Situation unter dem Feigenbaum passt, so stößt man auf das Wort: »Wohl dem Menschen, dem Jahwe seine Schuld nicht zurechnet und in dessen Geist kein Falsch ist« (Ps 32,2).

Da Nathanael Gott unter einem Feigenbaum seine Schuld bekannte, nannte Jesus Nathanael einen wahren Israeliten »ohne

Falsch«, einen Israeliten, »in dessen Geist kein Falsch ist«.[201] Die Rückkehr zu Gott beginnt mit dem Bekenntnis der Schuld. Die Beichte, bei Nathanael war es eine stille Beichte, ist der erste Schritt zu einem neuen Leben, zu einem Leben unter Gottes Schutz und Segen.
Die zweite Bedeutung des Feigenbaums ist: »Baum des Studiums der heiligen Schriften«.

Der Feigenbaum als »Thorabaum«

Der Ort des Thorastudiums und der Lehre der Schriften waren im Jerusalemer Tempel die Säulen in den Hallen Salomos.
Konnten die Rabbiner zur Zeit Jesu nicht an einer Säule in den Hallen Salomos im Tempel lehren, so wählten sie als Ort ihres Studiums und der Lehre einen Baum. Sie saßen unter einem Baum, speziell unter einem Feigenbaum,[202] um sich mit der Thora, dem Gesetz und den Propheten zu beschäftigen.
Nathanael war ein Schriftgelehrter. Er forschte in den heiligen Schriften und er lehrte sie. Genau daran knüpfte Philippus an, wenn er zu Nathanael sagte: »Wir haben den gefunden, von welchem Mose im Gesetz und die Propheten geschrieben haben« (Joh 1,45). Nathanael war einer, der in den Schriften des Alten Bundes nach den Spuren des Messias suchte. Zu den Schriftgelehrten sagte Jesus einmal: »Ihr durchforscht die heiligen Schriften, weil ihr in ihnen ewiges Leben zu haben vermeint und sie sind es auch wirklich, die von mir Zeugnis ablegen« (Joh 5,39).
Nathanael war ein »wahrer Israelit ohne Falsch« (Joh 1,47), weil er in den Heiligen Schriften forschte und suchte. Er verließ sich nicht auf überlieferte Vorstellungen und Vorurteile. Er wollte wissen, was in den heiligen Schriften über den Messias stand. Das und allein das wollte er lehren.
Der zweite Schritt in ein heiles Leben mit Gott ist das Studium der Heiligen Schrift. Bis heute findet keiner den Weg zu Jesus, ohne immer wieder seine Bibel aufzuschlagen und darin zu lesen. Aus der Heiligen Schrift und der Verkündigung des Wortes erfahren wir, wer Jesus ist und was er von uns will.
Bilder und Gleichnisse haben viele Facetten. Der Feigenbaum ist nicht nur ein Bild für Sündenbaum und Thorabaum, sondern auch ein Ort des Gebetes.

- **Der Feigenbaum als Baum des messianischen Reiches**
  Sind Ölbaum und Weinstock im Alten Testament und in den rabbinischen Auslegungen Bilder des Lebensbaumes, so gilt es im Blick auf die Erwartung des vom Messias aufzurichtenden Friedensreiches: Unter dem Weinstock und dem Feigenbaum soll jedermann in Frieden sitzen.[203]
  In seiner Schau des zukünftigen Messiasreiches schreibt der Prophet Micha: »Sie werden unter dem Weinstock und dem Feigenbaum sitzen, ohne dass sie jemand aufscheucht, denn der Mund des Herrn der Heerscharen hat es verheißen« (Mi 4,4).
  In seinen Ausführungen zum zukünftigen Priestertum schreibt der Prophet Sacharja: »Ihr werdet einer den anderen zu Gästen laden unter dem Weinstock und dem Feigenbaum« (Sach 3,10).
  Beim Kommen des Messias und in seinem Reich werden Lebens- und Sündenbaum, Weinstock und Feigenbaum, wieder nebeneinander stehen wie in der Urzeit.
  In der neuen Welt, im himmlischen Reich, gibt es nur noch Lebensbäume. Von ihnen heißt es: Sie tragen zwölfmal im Jahr Früchte. Die Blätter der Bäume werden nicht mehr zu Feigenblattgürteln zusammengenäht, um die Nacktheit vor Gott zu verbergen, sondern sie dienen zur Heilung der Völker (vgl. Offb 22,2).

Wenn Jesus zu Nathanael sagte: »Ich sah dich unter dem Feigenbaum«, so heißt dies dreierlei:

- Du hast unter dem Feigenbaum deine Sünden bekannt.
- Du hast in der Thora nach der Wahrheit geforscht und diese gelehrt.
- Du hast unter dem Feigenbaum auf das Kommen des messianischen Friedensreichs gewartet.[204]

Als Jesus zu Nathanael sagte: »Ich sah dich unter dem Feigenbaum«, da standen Nathanael alle diese Bilder des Feigenbaums vor Augen. In diesem Augenblick fiel es ihm wie Schuppen von den Augen. Er konnte nur noch eines sagen:

> »*Rabbi, du bist Gottes Sohn,*
> *du bist der König von Israel.*«
>
> *Johannes 1,49*

Nathanael erkannte, das Wort aus dem Gebetsbuch des Alten Testaments ist erfüllt:

> »*Er hat gesagt, mein Sohn bist du,*
> *ich selbst habe dich gezeugt.*«
>
> *Psalm 2,7*

Das Bekenntnis des Nathanaels

> »*Du bis Gottes Sohn.*
> *Du bist der König Israels.*«

wurde zum Taufbekenntnis der ersten Christen.[205]

Nathanael war bereit, sein Vorurteil auszusetzen. Die Platten in seinem Kopf »Sohn Josefs«, »Was kann aus dem unbedeutenden Nazareth Gutes kommen« waren zerschlagen.

Er stand vor Jesus. Er hörte seine Stimme! Er kniete nieder! Er bekannte sich zu Jesus! Er wurde Jesu Jünger!

Die Berufung Nathanaels ist ein entscheidendes Grundmuster der Berufung. Berufung ist der Ruf in den Raum des Heils.

Diesem Ruf folgte Nathanael. Nathanael verließ seinen Baum:

- den Baum des Schuldbekenntnisses
- den Baum des Thorastudiums und der Lehre
- den Baum des Gebetes um das Kommen des Messias.

Nathanael wusste: Nun stehe ich vor dem Messias. Ihm, diesem Jesus aus Nazareth, soll mein Leben gehören.

So wurde Nathanael ein Jünger Jesu. So können wir heute Jünger Jesu werden und Jünger Jesu bleiben!

2. Gamla

1) Gamla – der Heimatort der Jünger Simon und Judas

Der Ort Gamla wird im Neuen Testament nicht erwähnt. Gamla war zur Zeit Jesu eine Hochburg der politischen antirömischen Partei der Zeloten. Gamla war die Heimat und der Wohnort der beiden Jünger aus dem Zwölfkreis, die mit einem Beinamen gekennzeichnet werden:

Abb. 107: Gamla

- Simon der Zelot (vgl. Mk 3,18; Lk 6,15)
- Judas Iskariot, übersetzt: Judas der Krummdolchträger, d.h. der, der den Dolch der Zeloten trägt (vgl. Lk 6,16).

Beide Kennzeichnungen sind ein Hinweis dafür, dass Simon der Zelot und Judas Iskariot zu dem inneren Kreis einer religiös motivierten Widerstandsbewegung, zu den Zeloten gehörten.

Die Zeloten waren zum einen eine radikal-patriotische Partei. Sie kämpften in Guerilla-Kriegen gegen Römer und Römerfreunde. Zum anderen propagierten sie einen radikalen Gottesstaat. Ihre Parolen waren: Gott allein ist Herrscher in Israel, nicht der römische Kaiser. Dem Kaiser darf man keine Steuern entrichten.

Gamla, die Hochburg der Zeloten, war eine Nachbarstadt Betsaidas. Es lag wie ein Adlernest auf einem freistehenden Felskamm, auf zwei Seiten durch tiefe Talgründe geschützt. Die Häuser waren terrassenförmig angeordnet. Neueste Ausgrabungen legten u.a. eine Synagoge von demselben Typ frei, wie er auf Massada gefunden wurde. Auch die Stadtmauern sind zum großen Teil sichtbar.[206]

Die zelotische Bewegung wurde im Jahr 6 n. Chr. von den beiden pharisäischen Rabbinern Jehuda von Gamla und Rabbi Zadok gegründet. Die aus Gamla stammende Familie des Jehuda hatte sich zu einer Dynastie entwickelt. Ihre jeweiligen Repräsentanten führten die Zeloten bis zum Untergang im Kampf um Massada an.

Schon Jehudas Vater Hiskija war der Anführer einer Guerillabande, die sich gegen Römer und Römerfreunde erhoben hatte. Der junge Herodes – der spätere Herodes der Große – war zu jener Zeit Statthalter in Galiläa. In dem ersten Jahr seiner Herrschaft in Galiläa (47 v. Chr.) hatte Herodes Jehuda gefangen genommen und hinrichten lassen.

Im Herrschaftsgebiet von Herodes Philippus waren die Zeloten sicher. Von Gamla aus konnten sie ihren weiteren Widerstand organisieren. Sie hatten in ganz Israel Sympathisanten. Zu ihnen zählte Simon Petrus. Er trug unter seinem Gewand einen zelotischen Krummdolch. Mit diesem hieb er in Getsemani einem Adjutanten des Hohenpriesters ein Ohr ab (vgl. Joh 18,10). Der Beiname »die Donnersöhne« für Johannes und Jakobus (vgl. Mk 3,17) ist ein Hinweis darauf, dass auch diese mit den Zeloten zumindest sympathisierten.

2) Der Rufer und der Ruf

Von einer Berufung kann nur der sprechen, der sich von Gott, der sich von Jesus gerufen weiß. Am Anfang jeder Berufung steht Jesus. Er ist es, der den Menschen ruft. Letztlich kann nur der, der von Jesus gerufen ist und diesem Ruf folgt, sein Arbeiten, Wirken und Leben als Berufung anerkennen und durchhalten.

Das Große dabei ist, dass Jesus, der Rufer, jeden, den er ruft, kennt und um sein Innerstes weiß.

Jesus kannte Petrus, den Felsenmann (Kephas), den Verleumder und den Hirten der Gemeinde.

Jesus wusste um den Groll im Herzen der Donnersöhne Jakobus und Johannes.

Jesus war der Schrifteifer des Nathanaels bekannt.

Jesus rief Judas, den Verräter, in den Jüngerkreis, um ihm eine Chance zu geben.

Jesus kannte die innere Welt seiner Jünger, ihre Gesinnung, ihre Herzen und ihre Sehnsucht, die ihr Handeln bestimmten.

Die Jünger aber verstanden Jesus nicht. Selten mögen die mit den Zeloten Sympathisierenden aus dem Jüngerkreis so angespannt zugehört haben, wie bei dem Gespräch Jesu mit einigen Schülern pharisäischer Zeloten. Diese stellten Jesus die Frage: »Ist es recht, dem Kaiser Steuern zu zahlen?« Wie groß mag ihre Enttäuschung gewesen sein, als Jesus sagte: »Gebt dem Kaiser,

Abb. 108: Die Synagoge von Gamla

was des Kaisers ist; Gott aber, was Gott gehört!« (Mt 22,21). Vielleicht wären auch sie am liebsten kopfschüttelnd mit jenen zelotischen Pharisäern von Jesus weggegangen.

Jesus versteht jeden Menschen. Jesus weiß, was sich hinter unseren Mienen, Gebärden, unserer Haltung und unserem Handeln verbirgt. Er kennt unsere tiefsten Verwundungen, die Täuschungen und Enttäuschungen, die uns misstrauisch machen. Er weiß um den, der nur noch schreckhaft reagiert und nicht lieben kann, weil ihm Gewalt angetan worden ist. Er kennt die Folgen einer frühkindlichen Vergewaltigung, des Missbrauches und der Misshandlung. Jesus weiß um mich. Er versteht mein Handeln. Und wir? Verstehen wir Jesus? Verstehen wir sein Wort »Gebt dem Kaiser, was des Kaisers ist und Gott, was Gott gehört!« (Mt 22,21)? Sehen wir darin Jesu Aufforderung: Erweist euren Eltern die ihnen zustehende Ehre, auch wenn sie euch den Weg zur Selbständigkeit und zur persönlichen Entfaltung verbaut haben. Vergebt denen, die euch betrogen, getäuscht, misshandelt oder gar missbraucht haben. Vor allem aber gebt euer Leben zurück in Gottes Hand, in die Hand eures Schöpfers und in die Hand Jesu, eures Erlösers. Jesus versteht jeden von uns und mehr noch: Jesus schützt uns.

Wenn auch unter anderen äußeren Gegebenheiten; so heißt doch bis heute Berufenwerden: »Gerufen werden in den Raum des Heils«.[207]

- Der Be- bzw. Gerufene ist eingeladen, sein ganzes Leben von Jesus bestimmen zu lassen.
- Die Berufung verändert das Leben eines Menschen. Seine Beschäftigung, sein Brotverdienst, sein Arbeitsverhältnis steht unter einem neuen Vorzeichen. Ein Teil des Lohns für seine Arbeit gibt er ab für die Verkündigung Jesu und die Linderung der Not in dieser Welt. Er weiß sich hineingestellt in die große Gemeinschaft derer, die für Jesus da sind. »Ein Mensch, der einen Beruf hat, ich meine nicht eine Beschäftigung, einen Beruf, kann nie einsam werden« (Arthur Schnitzler).[208]
- Für den Berufenen wird seine Arbeit Beruf, ein »Amt«, ein »Stand« (Martin Luther).[209]

Abb. 109: Gamla

Berufung heißt: Gott lässt einen Ruf an den Menschen ergehen. Es ist der Ruf, an den Heilsgütern teilzunehmen. Es ist der Ruf, der gleichzeitig die Beschäftigung eines Menschen zu seinem Beruf macht. Der von Jesus Gerufene weiß sich in seinem Leben dazu berufen, sein Verhalten bei seiner täglichen Arbeit vom Willen Jesu bestimmt sein zu lassen.

Berufen ist nicht nur der, der mit der Verkündigung des Wortes Gottes oder in der Diakonie mit der praktischen Nächstenliebe sein Geld verdient, sondern jeder, der mit seinen Gaben zur Verbreitung der Botschaft von Jesus beiträgt. Deshalb schreibt Paulus: »Ein jeglicher bleibe in dem Beruf, darin er berufen ist« (1Kor 7,20).

XI. Die Drohworte Jesu gegen Chorazin, Betsaida und Kapernaum

Abb. 110: Die Straße in den Ruinen von Chorazin

Begegnungen mit Jesus haben von Anfang an einen doppelten Ausgang. Sie führen entweder zum Glauben an Jesus oder aber zur Trennung von ihm. Von Seiten Jesu aus hat eine Begegnung mit ihm immer das große Ziel: die Rettung. »Der Vernichtung verfällt, wer sich nicht retten lässt«.[210] Jesu Absicht ist immer die Rettung. Es liegt jedoch an der Entscheidung eines jeden Einzelnen, ob er das Angebot der Rettung annimmt. Jesus will Ihre und meine Rettung. Wer Jesu Rettung ablehnt, den trifft das Gericht, wie es beispielhaft die Bewohner der drei Orte des Wirkens Jesu am See Genezareth getroffen hat.

» *Da fing Jesus an, Anklage gegen die Städte zu erheben, in welchen die meisten seiner Taten geschehen waren, und hatten doch nicht Buße getan. Wehe dir, Chorazin! Wehe dir, Betsaida! Wären solche Taten zu Tyrus und Sidon geschehen, die bei euch geschehen sind, sie hätten längst in Sack und Asche Buße getan. Doch ich sage euch: Es wird Tyrus und Sidon*

Abb. 111: Hausgewölbe in Chorazin

Abb. 112: Die Synagoge von Kapernaum

erträglicher ergehen am Tage des Gerichts als euch. Und du, Kapernaum, wirst doch nicht bis in den Himmel erhöht werden. Nein, zur Totenwelt wirst du hinabgestoßen werden (vgl. Jes 14,13.15). Denn wenn in Sodom die Wunder geschehen wären, die in dir geschehen sind, so stände es noch bis heute. Dem Land Sodom wird es am Tag des Gerichts erträglicher ergehen als dir. «

Matthäus 11,20-24

1. Die Ruinen von Kapernaum

Im 4. Jahrhundert war Kapernaum eine blühende Stadt. Julian Apostata (331–363 n. Chr.) hatte die große Synagoge aus Sandstein bauen lassen. Sie stand auf einem Hügel und bestimmte so das Stadtbild.

Auch die Christen hatten in Kapernaum einen zentralen Versammlungsort. Kaiser Konstantin (272/273–337 n. Chr.) ließ über der Wohnanlage, in der sich das Haus des Petrus und der Wohnort Jesu befand, eine Basilika bauen.

Wann und wie dieses Kapernaum zum Ruinenfeld wurde, ist nicht bekannt. Vermutlich war es ein Erdbeben, das Kapernaum zerstörte. Im Lauf der folgenden Jahrhunderte bis in die Gegenwart wurde Kapernaum nicht wieder aufgebaut.

Die in der Gegend von Kapernaum lebenden Beduinen wissen darauf eine Antwort. Manche von ihnen, so erzählen sie es in den Zelten, wollen selbst gehört haben, wie Jesus jedes Jahr den Weheruf über Kapernaum an einem bestimmten Tag wiederholt. Seine Stimme sei dann bis nach Tiberias zu hören und danach bebt die Erde. Auf ein Jahr verweisen die Beduinen mit besonderer Vorliebe. Es ist das Jahr 1837. Ganz Galiläa wurde von einem fürchterlichen Erdbeben heimgesucht. Die Ruinen von Kapernaum wurden in diesem Jahr noch einmal heftig durcheinandergeschüttelt. Ursache war, so die Beduinen, der Weheruf Jesu.

1894 kauften die Franziskaner das Ruinengelände. Sie begannen, die herumliegenden Trümmer zu ordnen und einen Teil der Synagoge wieder aufzurichten. Der erste Pater, der das heute noch einzige Haus auf dem Ruinenfeld bewohnte, war Pater Wendelin. Er verunglückte tödlich auf der Fahrt nach Jerusalem zum Orientalistenkongress. Sein Nachfolger war Pater Dr. Orfah. Bei den Ausgrabungen der Synagogenruine wurde er von einer Viper gebissen und starb. Diese beiden Todesfälle ließ bei den Beduinen die alte Angst wach werden. Sie argumentieren: Über Kapernaum liegt der alte Weheruf Jesu. Für alle Zeiten soll Kapernaum ein Trümmerfeld bleiben. Von keiner Menschenhand darf es angerührt werden. Weh dem, der es wagen würde, sich aus dem Ruinenfeld Steine für sein Haus zu holen. Sie brächten Unglück über ihn und seine Familie. Weh dem Archäologen, der hier Ausgrabungen vornimmt. Mit solchen Worten bringen die Beduinen den Tod der beiden Patres in Verbindung mit dem Weheruf Jesu.[211]

Wie immer diese alte Beduinenangst zu werten ist, Kapernaums Ruinen sind nur aufgrund dieser beduinischen Überlieferung noch nicht geplündert worden.

Die fantasievolle Erzählung der Beduinen hat aber noch eine weitere Bedeutung: Sie nehmen Jesu Ruf ernst. Für Christen, die die Ruinen von Kapernaum besuchen, ist Kapernaum kein Ort des Schreckens und der Angst. Das Ziel der Verkündigung Jesu war und ist die Rettung. Der Vernichtung verfällt nur, wer sich nicht retten lässt.

Keiner kann heute Kapernaum aufsuchen, ohne an Jesu Drohwort zu denken. In keinem anderen Ort hat Jesus mehr gepredigt und Zeichen seiner Allmacht gewirkt als in Kapernaum, dem Dorf Nahums. Hier liegt auch der Grund des Weherufes Jesu. Der Weheruf Jesu musste als das Ungeheuerlichste schlechthin empfunden worden sein. Jesus sagte: »Du Kapernaum, du willst zum Himmel erhoben werden. Bis zur Hölle wirst du hinab müssen« (Mt 11,23).

Dieser Stadt gilt das Drohwort, so sagte es Jesus, das ursprünglich an Nebukadnezzar gerichtet war: »Du dachtest: Ich will zum Himmel hinaufsteigen und hoch über den Sternen Gottes meinen Thron aufrichten. – Nun bist du ins Totenreich hinabgestürzt« (Jes 14,13.15).

Das Wort Jesu spiegelt das Selbstbewusstsein der Bewohner von Kapernaum wider. Für die, die Jesus nachfolgen, ist Kapernaum in gleicher Weise eine Herausforderung. Es ist die Frage vor allem an die, die viel von Jesus gehört haben: Was machst du mit Jesu Worten? Wie gehst du mit dem dir Anvertrauten um? »Je mehr Gott gibt, umso mehr Verantwortung.«[212]

2. Betsaida – eine Stadt mit wenigen Überresten

Der Weheruf Jesu galt auch Betsaida. Wie oft sich Jesus nach Betsaida zurückzog, ist nicht bekannt. Nie aber war Jesus in Betsaida gewesen, ohne dass er gepredigt, Kranke geheilt und alle seine Hörer zu einer persönlichen Entscheidung für ihn, den Heiland der Welt, aufgerufen hatte. Ausdrücklich erwähnt Markus, dass Jesus in Betsaida einen Blinden heilte, den er dazu vor die Stadt führte (vgl. Mk 8,22). Die Heilung selbst war eine stufenweise. Nirgends im Evangelium des Markus kommt so etwas noch einmal vor. Jesus setzte hier ein Zeichen, wie es die Propheten oft getan hatten. Kurz zuvor hatte Jesus zu den Zwölfen das Wort gesprochen: »Ihr habt Augen zu sehen und seht doch nicht« (Mk 8,18). Ihr inneres Auge war blind, wie dieser Mann blind war. Durch die stufenweise Heilung machte Jesus den Jüngern deutlich, wie es sich mit dem Glauben verhält. Am Anfang, wenn Jesus ruft, steht ein plötzliches Erkennen. Auf dieses spontane Erkennen muss ein stufenweises Fortschreiten zu einem immer tieferen Erkennen von Jesus, dem Sohn Gottes, folgen.[213]

Nahe bei der ehemaligen Ortschaft Betsaida steht heute ein Gedenkstein. Er wurde am 30. November 1981, am Andreastag, von Pater Pixner geweiht. Die Symbole hat Pater Pixner selbst eingemeißelt.[214] Zwei Augen sind in den Stein gehauen. Von den beiden Augen ist eines noch halb geschlossen. Das andere ist hell erleuchtet. Das halb geschlossene Auge ist ein Zeichen für den Glauben der Bewohner in Betsaida zur Zeit Jesu. Sie haben Jesus erlebt und doch

Abb. 113: Die Ruinen von Betsaida

nicht erkannt. Deshalb gilt Betsaida, sowie Kapernaum und Chorazin der Weheruf Jesu. Wann das Betsaida zur Zeit Jesu zerstört wurde, ist nicht bekannt. In der Kreuzfahrerzeit wusste man nichts mehr von der genauen Ortslage und zeigte den Pilgern auch in den darauffolgenden Jahrhunderten verschiedene Orte, von denen man annahm, sie könnten das Betsaida zur Zeit Jesu gewesen sein.[215]

Wer heute die Ruinen des wiederentdeckten Betsaida besucht, muss sich an das Wort Jesu erinnern: »Weh dir, Betsaida, wenn in Tyrus und Sidon die Wunder geschehen wären, die bei dir geschehen sind, sie hätten längst in Sack und Asche Buße getan« (Mt 11,21 f.).

3. Die schwarze Pracht von Chorazin

Bei meinem ersten Besuch in Chorazin 1972 war das Ausgrabungsareal abgesperrt. Es gelang mir, das Tor zu öffnen. Unweit des Tores war das Grab eines Beduinen. Wie ich später von Einheimischen erfuhr, war es das Grab eines Scheichs. Seine Kopfbedeckung und sein weißes Gewand lagen auf der Nachformung seines Körpers über dem vor Hyänen mit Zement gesicherten Grabplatz. Bei jedem meiner weiteren ca. zehn Besuche in Chorazin blieb ich einige Minuten vor diesem Grab stehen und erinnerte mich an manche beduinische Legende, die ich gehört oder gelesen habe.

Eine dieser Legenden handelt von der Familie eines Jüngers aus dem Zwölferkreis, von Judas Iskariot. Nach beduinischer Tradition wohnte die Familie des zum engeren Kreis der Zeloten von Gamla gehörenden Judas später in Chorazin. In ihrem Haus, so erzählen es sich die Beduinen, lebte einer der Brüder des Judas, der von Geburt an blind war. Jesus kehrte oft in diesem Hause ein. Eines Tages, als Jesus wieder dort anwesend war, brachte man alle Blinden der Stadt vor dieses Haus mit der Bitte, nur den Saum von Jesu Gewand anrühren zu dürfen, damit sie sehend würden. Jesus erfüllte ihnen diesen Wunsch und nachdem die Blinden ihre Sehkraft wiedererlangt hatten, forderte er sie auf, in die Synagoge zu gehen, sich den Priestern zu zeigen und Gott für die Heilung zu danken. Niemand aber befolgte diese Weisung, sondern alle gingen sofort nach Hause, luden sich ihre Freunde und Verwandten ein und feierten große Feste. Anstatt zu danken, betranken sich die Geheilten und fingen in ihrer Trunkenheit sogar an, Gott zu lästern. Als Jesus das hörte, ging er mit seinen Jüngern auf die höchste Erhebung der Chorazin umgebenden Hügel und rief laut über die Stadt: Weh euch

Abb. 114: Beduinengrab

allen, ihr Gottlosen! Ihr habt meine Wohltaten nicht verdient. Ihr, die ihr blind ward und durch mich sehend geworden seid, sollt sofort wieder blind werden! So geschah es, und ein furchtbares Erdbeben ließ die ganze Stadt erzittern, sodass auch die Synagoge zusammenstürzte. Darauf trat Judas an Jesus heran und fragte ihn: Warum hast du das mir und meinem Bruder angetan? Jesus antwortete: Die wenigsten verdienen es, Judas, dass sie überhaupt ihr Augenlicht haben! Wenn die Menschen wirklich wüssten, was es bedeutet, zwei gesunde Augen zu haben, sie würden dem Herrn jeden Tag auf den Knien dafür danken! Furchtbarer aber als die äußere Blindheit ist die innere. Glaube mir, es werden einst viele, die mich mit ihren Augen gesehen haben, doch blind sein und mich nicht erkennen; und blind werden auch alle die werden, die, während sie in meinem Namen predigten, mich mit jedem Wort verraten haben.[216]

Es ist nur eine Legende aus dem Überlieferungsschatz der Beduinen. In ihr lebt jedoch das Wissen um Jesu Trauer- und Klageruf und um die Zerstörung Chorazins weiter.

1) Die Zerrissenheit der Choraziner

Im Neuen Testament wird Chorazin nur einmal erwähnt und zwar innerhalb eines Wehe-, eines Gerichtswortes Jesu.

Abb. 115: Die Synagoge in Chorazin

Chorazin gehörte zu den Städten, in denen die meisten Taten Jesu geschehen waren. Die bloße Tatsache der Wunder Jesu und seine Gegenwart schließt eine große Verantwortung in sich. Jesu Taten und Worte bleiben in keinem Fall ohne Wirkungsgeschichte. Sie führen entweder zu einer Gottesbegegnung oder in den Bereich ohne Gott.

Wie an jedem Ort, so suchte Jesus immer zuerst die Synagoge, die Bet- und Verkündigungsstätte der Juden, auf.

Der Klage- und Trauerruf Jesu »Weh dir, Chorazin!« erklang – so kann man es sich am besten vorstellen – von den Stufen aus, die zur großen Synagoge von Chorazin hinaufführten.

Die Synagoge ist auf der höchsten Stelle des Ruinenhügels erbaut worden. Die frommen Juden von Chorazin richteten sich streng nach den im 1.–3. Jahrhundert niedergeschriebenen Vorschriften, dass kein Dach eines Hauses das der Synagoge überragen darf. Der Grundriss der Synagoge unterscheidet sich kaum von dem der Synagoge in Kapernaum. Drei Portale lagen auf der Südseite, das heißt, sie waren nach Jerusalem hin orientiert. Eine breite Steintreppe führte zur Synagoge hinauf. Wann immer Jesus in Chorazin war, hatte er in der Synagoge gebetet und die heiligen Schriften ausgelegt. Zum Volk gesprochen hat Jesus im Hof der Synagoge. Die Synagoge in Chorazin liegt auf einem natürlichen Felsen. Die heute zum Teil wieder rekonstruierte Synagoge besteht im Wesentlichen aus Teilen einer im 3. Jh. n. Chr. wieder aufgebauten Synagoge. In

Abb. 116: Der Medusenkopf

dieser Zeit erlebte Chorazin seine Blüte.[217] Die aber noch gut erhaltenen Fundamente, »besonders auf der Südseite, gehören zweifellos in die Zeit Jesu«.[218]

Dies gilt auch für die zwei herausragenden Funde, den sogenannten »Sitz des Mose« und den Stein mit dem Medusenkopf.

Der »Sitz des Mose«

Der »Sitz des Mose« war der Präsidialsitz für den Synagogenvorsteher. »Auf den Lehrstuhl Moses haben sich die Schriftgelehrten und die Pharisäer gesetzt« (Mt 23,2).
Der aus einem schwarzen Basaltblock gehauene Ehrensitz in der Synagoge in Chorazin hat die Maße 56,5 × 72 × 56 cm. Sein einziger Schmuck besteht aus einer Rosette an der Rückenlehne. Die auf der Frontseite in drei Feldern eingemeißelte aramäische Inschrift lautet:
»Zum guten Andenken an Judan, Sohn Ismaels, der diese Stoa errichtet hat und ihre Treppen. Für sein Werk möge er seinen Teil haben unter den Gerechten«.[219]

Der Medusenkopf

Den aus einem Basaltquader herausgehauenen Medusenkopf bezeichnen die orthodoxen Juden bis heute als einen verwunderlichen und seltsamen Fund.[220] Die Medusa ist eine Tochter des Phokyrs und der Keto. Medusa und ihre Schwestern werden »die Schrecklichen« (griech. die Gorgonen) genannt. Sie waren alterslos und unsterblich mit Ausnahme der Medusa. Wer sie ansah, wurde durch ihren grauenvollen Blick versteinert. Medusa wurde das Haupt von Perseus abgeschlagen. Um den versteinernden Blick zu vermeiden, bediente sich Perseus dabei eines Spiegels. Aus dem Rumpf der Medusa sprangen Chrysaor und Pegasos hervor.[221]

Die beiden Funde, »der Sitz des Mose« und der Basaltblock mit dem Medusenkopf, sind Zeichen der Zerrissenheit der Juden im damaligen Chorazin. Sie sind ein Ausdruck des Hangs der Israeliten zum Synkretismus, d.h. zur Religionsmischerei. Begonnen hat diese Tendenz spätestens am Sinai, dem Berg des Mose und der Gebote. Am Fuß des Berges beteten die Israeliten einen goldenen Jungstier an.[222]

Der Medusenkopf in der Synagoge ist ein kleiner Stein in der langen Geschichte Israels, in der es immer wieder zum Abfall von dem alleinigen Gott gekommen ist. Es ist ein Verstoß gegen das erste und zweite Gebot Gottes.

Als Jesus vor der Synagoge in Chorazin predigte, konnten die Choraziner keine eindeutige Entscheidung treffen. Sie waren hin und her gerissen zwischen dem »Sitz des Mose« und dem Kopf der Medusa. So verhallte die Predigt Jesu und blieb ohne die von Jesus aufgezeigten Konsequenzen.

2) Das Ruinenfeld – der Ort der Mahnung

Chorazin ist auf direktem Weg nur 4 km von Kapernaum entfernt. Von Kapernaum durch die Felder kommend, gelangt man unweit von Chorazin in ein tiefes Tal, das Wadi el-Webedani, und erreicht dann die Höhenzüge, die das auf einem 270 m hohen Bergvorsprung liegende Chorazin umgeben. Beduinen sind die einzigen Bewohner dieser Gegend.

Die Ausgrabungen haben Teile der Ruinen der Stadt zutage gebracht. Die Stadt auf dem Hügel erstreckte sich auch über die Süd- und Westhänge. Sie war in vier große Stadtviertel eingeteilt, die durch Straßen und Terrassen getrennt waren. Die Stadt nahm ein Gelände von ca. 6 ha ein.[223]

Im zentralen Stadtviertel wurde ein weitläufiges, öffentliches Gebäude (900 m^2) entdeckt, sowie unterirdische Kammern mit Decken

Abb. 117: Ruinen in Chorazin

aus 2 m langen Steinblöcken, außerdem Zisternen, Keramiken und Münzen.[224]

Wann und wodurch Chorazin zerstört wurde, ist nicht bekannt. Sowohl der Historiker Eusebius (260/265–339/340 n. Chr.) als auch der Kirchenvater Hieronymus (um 347–419 n. Chr.) berichten, dass Chorazin zu ihrer Zeit bereits verlassen und verödet gewesen ist.[225]

Das Ruinenfeld ist ein Zeugnis von der Wirkungsgeschichte der Worte Jesu. Wer Jesu Wort annimmt, für den beginnt eine Segensgeschichte. Wer Jesu Wort ablehnt oder auch nur kopfschüttelnd weitergeht, wer immer meint, sich Jesu Wort indifferent gegenüber verhalten zu können, gerät in den Bereich des Fluches. Unter einen Fluch gerät kein Mensch durch eine Verfluchung, sondern allein aufgrund seiner eigenen Wahl.

Das »Wehe dir, Chorazin« ist keine Verfluchung, sondern ein Klage- und Trauerruf. Vorausgegangen war Jesu Einladung, zu Gott zurückzukehren und sein Wort, das Jesus selbst ist, anzunehmen. Diesen Segen wiesen die Bewohner von Chorazin ab. Damit wartete auf sie die Kehrseite des Segens, der Bereich des Fluches. Dieser ist keine Folge einer Verfluchung, sondern die Konsequenz aus dem abgelehnten Segen. Jesu Weheruf ist nichts anderes als die Auslegung und Anwendung der Worte, die Josua dem Volk eingeschärft hatte. Nach einem Rückblick auf die Zeit am Sinai und der Wieder-

Abb. 118: Disteln in den Ruinen von Chorazin

holung der Zehn Gebote und der daraus abgeleiteten Vorschriften rief Josua zu treuem Gehorsam auf und sagte:

»Lasst also diese meine Worte Eingang in euer Herz finden und euch ganz durchdringen … Seht, ich lege euch heute Segen und Fluch zur Wahl vor:

- den Segen, wenn ihr den Geboten des Herrn, eures Gottes, gehorcht;
- den Fluch aber, wenn ihr den Geboten des Herrn, eures Gottes, nicht gehorcht« (5 Mo 11,18.26-28).

Zu den Bewohnern in Chorazin sagte Jesus: Euch allen, in eurer großen und prächtigen, aus den einheimischen Basaltsteinen gebauten Stadt, geht es wie den beiden Städten Tyrus und Sidon. Die Geschichte dieser Städte war den Chorazinern bekannt. Sidon und Tyrus wurden im Jahr 335 v. Chr. eingenommen und zerstört.

Für wen sich die Choraziner entschieden und worauf sie ihr Vertrauen setzten, lässt sich ablesen an den Ruinen und Steinen, den Disteln und den Dornen. Für den Besucher Chorazins »fangen die Steine an zu reden und werden zum Prediger Jesu für jeden, der diese Sprache zu hören versteht«.[226]

Abb. 119: Fries in Chorazin

3) *»Je mehr Gott gibt, umso mehr Verantwortung«* (J. Schniewind)

Angesichts der Disteln, die das Ruinenfeld von Chorazin übersäen, wird der heutige Besucher erinnert an das Wort Jesu: »Kann man auch Trauben lesen von den Dornen oder Feigen von den Disteln?« (Mt 7,16).

Es ist ein Kontrastwort zu dem damaligen Reichtum von Chorazin. Die zahlreichen naturalistischen Skulpturen, üppige Girlanden, von Vögeln und Flügelpferden getragene Kränze, Adler und Trauben und eine säugende Eselin sind alles Andeutungen des Reichtums der Choraziner.[227] Besonders häufig ist das Trauben- und Feigenmotiv: Rebstöcke, Weinranken und kelternde Männer. Der Weinbau und die Feigenkultur müssen in Chorazin besonders gepflegt worden sein. Von all dem Reichtum übrig geblieben sind nur die Disteln in Chorazin.

Der christliche Besucher von Chorazin kann an dieser Stätte ablesen: Jesu Worte gehen in Erfüllung. Seine Worte der Gnade genauso wie die des Gerichtes.

In der Mitte des letzten Jahrhunderts gab es eine Bewegung in der deutschen Theologie, die wesentliche Teile der Verkündigung Jesu und seines Wirkens zu späten mythologischen Ergänzungen erklärte, die aus dem Urbestand der Evangelien zu eliminieren seien. Dieses von Rudolf Bultmann 1948 initiierte Entmythologisierungs-

Abb. 120: Deckengewölbe

programm ist längst überwunden und wird nur noch von wenigen vertreten.

Inzwischen gibt es ein Säuberungsprogramm der Evangelien ganz anderer Art. Es vollzieht sich in der Stille, und zwar so, dass es die Predigthörer kaum oder gar nicht registrieren. Ausgeklammert und nicht mehr gepredigt werden alle Worte Jesu, die vom Gericht handeln. Die Prediger beschränken sich auf die Texte von der Gnade und der Liebe. Die Evangelien erscheinen in einem Licht, als ob alles nur ein einziges Meer von Gnade und Liebe wäre. Die Bereiche des Gerichtes und des Fluches, die sich aus der Ablehnung der Gnadenbotschaft Jesu ergeben, werden so behandelt, als ob sie gar nicht vorhanden wären.

Um dieser zweiten Welle der Verkürzung des Evangeliums Jesu entgegenzuwirken, gilt es, Folgendes ernst zu nehmen: Die Verkündigung Jesu stellt jeden Hörer vor die Entscheidung. Die Absicht der Botschaft Jesu ist die Errettung. Der Vernichtung verfällt, wer sich nicht retten lässt.[228]

Es liegt jedoch an der Entscheidung eines jeden einzelnen Menschen, ob er das Angebot der Errettung annimmt. Jesus will immer die Rettung. Wer Jesu Rettung ablehnt, den trifft das Gericht, wie es über jene prächtige Stadt Chorazin hereinbrach.

Chorazin war die Stadt, in der die Familie des Judas Iskariot lebte – so erzählen es sich bis heute die Beduinen.

Jesus hat um Judas gerungen bis zur letzten Stunde.
Jesus hat Judas die Füße gewaschen.
Judas hat am Mahl teilgenommen.
Judas hat aus Jesu Hand das Brot des Lebens empfangen.
Den Kelch des Heils jedoch hat Judas nicht getrunken.
Er verließ die Mahlgemeinschaft –
und es war Nacht!

Chorazin war eine Stadt, in der Jesus gebetet, gelehrt und viele Zeichen getan hatte. Für Chorazin galt, was für alle zutrifft, die viel von Jesus gehört haben:

» *Je mehr Gott gibt,*
umso mehr Verantwortung.[229] «

Die drei Orte Kapernaum, Betsaida und Chorazin sind für den, der sie besucht, eine Erinnerung daran: Jedes Wort aus dem Munde Jesu geht in Erfüllung.

Jesus hat sich von Kapernaum, Betsaida und Chorazin zurückgezogen. Könnte dieser Auszug Gottes nun nicht auch allen christlichen Konfessionen gelten?

Mein Göttinger Lehrer Otto Weber formulierte dies einmal folgendermaßen:

> Vielleicht ist die gegenwärtige Gottesfinsternis gar nicht in erster Linie eine Folge unserer Gesellschaftsstruktur oder der jäh auftretenden geistlichen Wandlungen, sondern Gericht über einen Teil der Menschheit, die so oder so von Gott wusste und auch wohl noch weiß, aber vergessen hat, was das heißt. Wie Silo und Jerusalem einmal aufgehört haben, die Stätte Gottes zu sein, so könnte der Exodus Gottes auch Rom, Wittenberg und Genf um ihren Rang bringen.

XII. Kapernaum – die Wahlheimat Jesu

Abb. 121: Anreise über den See nach Kapernaum

Kapernaum, die Wahlheimat Jesu, wird von Matthäus »die Stadt Jesu« (Mt 9,1) genannt und Markus schreibt von Kapernaum: »Hier war Jesus zu Hause« (Mk 2,1).

Heute kommt man nach Kapernaum auf einer kleinen Landstraße, aber die eindrücklichere Anreise ist die über den See. Von Tiberias kommend, legt das Boot an einem Steg an, in dessen Umgebung der Hafen des alten Kapernaums war. Kapernaum wird im Alten Testament nicht erwähnt. Gegründet wurde Kapernaum im 2. Jh. v. Chr.[230] Es war keine große Stadt, aber auch kein unbedeutendes Dorf. Kapernaum hat einen ca. 170 m langen Streifen am Ufer des Sees Genezareth eingenommen.[231]

Der griechische Name Kapharnaum findet sich erst bei Flavius Josephus (37/38 – um 100 n. Chr.). Auf Hebräisch heißt der Ort Kfar Nahum: Ort des Nahum, in Bezug auf den Propheten Nahum.[232] Die Araber nennen den Ort »tell Hum«, Ruinenhügel des Nahum, dessen Abkürzung Hum ist.[233]

Nach jüdischer Tradition ist das Grab des Propheten gleichzeitig der Beisetzungsort des Rabbi Tanchum. Der berühmteste Rabbi, der diesen Namen trug, ist der im 3. Jahrhundert verstorbene Tanchum ben Kanilai.[234]

Die Grabanlage besteht aus einem unterirdischen tonnengewölbten Gang, der in einer Breite von etwa 2 m in die Erde führt und 5 m in die Tiefe. In der rechten Wand finden sich Schiebegräber von

Abb. 122: Die Grabanlage

ca. 60 cm Breite und 2 m Tiefe. Die Grabanlage ist in ihrer heutigen Gestalt aus dem 3. Jh. n. Chr. Die Anlage war ein jüdischer Wallfahrtsort und wird noch immer von orthodoxen Juden aufgesucht und verehrt.[235]

Ungefähr zehn Jahre, bevor Jesus Kapernaum zu seiner Wahlheimat machte, baute Herodes Antipas Kapernaum zu einer Grenz- und Zollstadt aus.

Nach neueren Schätzungen zählte Kapernaum zur Zeit Jesu 1000 bis 1500 Einwohner. Herodes Antipas stationierte hier die Abteilung einer Söldnergruppe unter Leitung eines Hauptmanns. Die Söldner waren keine Römer. Sie könnten am ehesten Phrygier, Gallier oder Germanen gewesen sein. Sie schützten die Grenze, bildeten eine Rückendeckung für die Zöllner, die Steuereintreiber, und sorgten im Allgemeinen für Ruhe. Ausgrabungen haben gezeigt, dass die Garnison abseits vom eigentlichen Dorf ihr Quartier bezogen hatte. Ihre Häuser waren besser gebaut als die der einheimischen Bevölkerung. Auch ein typisch römisches Bad wurde in dieser Gegend ausgegraben.[236]

Kapernaum wurde nicht nur zur Wahlheimat Jesu, sondern zu einer der entscheidenden Stätten seines Wirkens. In den Evangelien berichten 14 Stellen[237] vom Wirken Jesu hier. Der Ort, den Jesus wie jeder fromme Jude dreimal täglich zum Gebet aufsuchte, war die Synagoge.

Abb. 123: Die Synagoge von Kapernaum

1. Die Synagoge zur Zeit Jesu

Die Synagoge ließ der in Kapernaum stationierte Hauptmann erbauen (vgl. Lk 7,5). Er war ein geschickter und verständiger Beamter im Dienst des Herodes Antipas. Er pflegte zu seinen jüdischen Nachbarn gute Beziehungen. In einer ausweglosen Situation wandte er sich an Jesus. Matthäus, von Haus aus Zöllner aus Kapernaum (vgl. Mt 9,9), hat dieses Ereignis miterlebt und niedergeschrieben.

> »*In Kapernaum kam ein Hauptmann zu Jesus und flehte ihn an mit folgenden Worten: Herr, mein Junge liegt gelähmt durch Nervenschmerzen unter großen Qualen. Jesus antwortete: Ich soll kommen? Ich soll heilen? Du weißt, ich darf nicht kommen. Da sagte der Offizier: Ich dachte nicht daran, dich in mein Haus zu bitten. Allein, wenn du ein Wort sagst, wird mein Junge gesund. Sieh, auch ich habe Kommandogewalt. Sage ich zu einem Soldaten: Geh!, dann geht er, zu einem andern: Komm!, dann kommt er, zu einem dritten: Tu dies!, dann tut er das. Als dies Jesus hörte, war er erstaunt und sprach zu denen, die ihm folgten: Amen. Ich sage euch: Bei niemandem in Israel habe ich einen solchen Glau-*

ben gefunden. Ich sage euch: Von allen Gegenden werden sie kommen und werden in der Königsherrschaft der Himmel beim Festmahl mit Abraham, Isaak und Jakob zu Tisch liegen. Die eigentlichen Söhne, die Erben der Königsherrschaft, werden nach draußen in die Finsternis gestoßen. Dort wird sein Heulen und Zähneklappern. Zu dem Hauptmann aber sagte Jesus: Geh! Wie du geglaubt hast, so geschehe dir. In jener Stunde wurde der Junge gesund. «

vgl. Matthäus 8,5-13

Der Hauptmann von Kapernaum hatte ein feines Einfühlungsvermögen. Er erwartete nicht im Geringsten, dass Jesus sein Haus betrat. Er wusste um das damals von den Pharisäern propagierte Wort: »Wer in das Haus eines Heiden geht, ist wie einer, der Hundefleisch isst«, d. h., er verunreinigte sich in einer derartigen Weise, dass kein Jude mehr mit ihm Gemeinschaft haben durfte. Der Hund war für die Juden »das verachtetste, frechste und elendste Geschöpf«.[238]

Der Hauptmann wollte nicht, dass Jesus in Verruf kam. Deshalb bat er Jesus, seinen Jungen, seinen Adjutanten bzw. seinen Sohn – beide Übersetzungen sind möglich – aus der Ferne zu heilen. Jesus war überrascht, erstaunt und verwundert. Dies wird von Jesus nur zweimal berichtet, einmal beim Unglauben seiner Mitbürger in Nazareth (vgl. Mk 6,6a) und dann beim Glauben des heidnischen Offiziers in Kapernaum (vgl. Mt 8,10).

Voraus gingen die Worte des Hauptmanns: »Herr, ich bin nicht wert, dass du unter mein Dach trittst, aber sprich nur ein Wort, so wird mein Junge gesund« (Mt 8,8). Von diesem Bekenntnis sagte Jesus: »In Israel habe ich bei niemandem solchen Glauben gefunden« (Mt 8,10). Der Hauptmann war der erste Heide, der zum Glauben an Jesus kam.

Bei all den vielen, die Jesus in Kapernaum begegnet waren, ist der »Hauptmann von Kapernaum« die herausragende und zukunftsweisende Persönlichkeit. Er ist der erste Heide, der Christ wurde. Er ist es, dessen Glaube Jesus das Grundmuster des Glaubens nennt:

➡ **Der Glaube des Hauptmanns in Kapernaum war getragen von der Gewissheit: Wenn Jesus etwas sagt, dann wird das Gesagte zur Tat.**

Wenn Jesus – so war der Hauptmann überzeugt – sagte: »Junge, sei gesund«, dann war der Junge gesund. Der Offizier sagte damit: Jesus, du bist Gottes Sohn. Mit deinem Wort ist es genauso wie mit dem Schöpfungswort Gottes. Als Gott damals sprach, da war das, was er sagte, auch schon geschehen. Wenn du, Jesus, sprichst, dann ist es so.
Dies gilt in besonderer Weise für die Beichte. Bei der stillen, der allgemeinen Beichte, werden die zehn Gebote verlesen. Nach jedem Gebot ist ein Raum des Schweigens, in dem der Einzelne seine Schuld bekennen kann. Danach hört der Beichtende den Zuspruch: »Dir ist die Schuld, die du vor Gott bekannt und bereut hast, vergeben. Im Namen des Vaters und des Sohnes und des Heiligen Geistes!« Nach diesen Worten ist die Schuld getilgt und die Vergebung Wirklichkeit.

Der Glaube des Hauptmanns war ein grenzenloses Vertrauen.
Er wusste, Jesus kann helfen. Er nahm das einfache Beispiel aus seiner Erfahrung und sagte: »Sieh, wenn ich zu meinen Soldaten etwas sage, dann tun sie es. Wie viel mehr ist es bei dir so, der du Gott bist. Sprich nur ein Wort, so wird mein Junge gesund.« In die älteren Liturgien des Heiligen Abendmahls ist in Anlehnung an das Wort des Hauptmanns die Bitte eingegangen, die dreimal wiederholt wird: »Herr, ich bin nicht wert, dass du in mein Haus gehst, aber sprich nur ein Wort, so wird meine Seele gesund.« Ein solches Bekenntnis und Gebet bleibt nicht unerhört.

Der Glaube des Hauptmanns erwies sich im Gehorsam.
Als Jesus sagte: »Geh!«, ging er. Er gehorchte dem Wort Jesu, ohne mit ihm zu diskutieren. Er ging einfach. Er gehorchte. Glaube heißt »Vertrauensgehorsam«.[239] Der Glaubende setzt nicht allein sein ganzes Vertrauen auf Jesus, sondern er gehorcht, d.h., er richtet sein ganzes Leben nach den Worten Jesu aus.

Bei den Juden blieb dieser Hauptmann hoch geachtet, denn er hatte ihnen den Bau ihrer Synagoge ermöglicht. Die Synagoge zur Zeit Jesu war aus dem in der Gegend von Kapernaum heimischen schwarzen Basalt gebaut. Sie hatte einen offenen Hof in der Nähe des Gottesdienstraumes. In diesem Hof hat Jesus gelehrt.[240] Auf dem heutigen Ruinenfeld von Kapernaum finden sich noch verschiedene Basaltblöcke mit religiösen Symbolen. Sie sind Teile, die ursprüng-

Abb. 124: Relief

Abb. 125: Kapitell

lich zur Synagoge zur Zeit Jesu oder aber zu Gebäuden, die in Verbindung mit dieser Synagoge standen, gehörten.

1) Ein Relief mit einem Wagen

Das Relief auf dem Türsturz zeigt einen fahrbaren Thoraschrein. Er sollte die in Kapernaum wohnenden und betenden Juden an die Zeit der Wüstenwanderung des Volkes Israel erinnern. Damals wurde dem Gottesvolk die Bundeslade vorausgetragen.[241] Der fahrbare Thoraschrein ist die einzige Darstellung einer Bundeslade auf Rädern.[242]

In einigen inzwischen ausgegrabenen Synagogenruinen in Galiläa fand sich kein Aufbewahrungsort für Thorarollen. Es ist anzunehmen, dass dies auch für die Synagoge in Kapernaum zur Zeit Jesu zutraf. Zu den Gottesdiensten wurde ein Wagen mit den Schriftrollen in den Gebetsraum hineingefahren.[243]

2) Ein Kapitell mit der Menora

Das korinthische Basaltkapitell fand man in der Nähe der Synagoge. Es zeigt einen siebenarmigen Leuchter, ein Horn und eine Schaufel. Wie bei jenem kleinen Heiligtum auf Rädern ist auch der siebenarmige Leuchter eine Erinnerung an die Stiftshütte, die Israel auf dem Wüstenzug vorausgetragen wurde. Die Schaufel gehörte zu dem Altar für die Rauchopfer – dem Sinnbild der zu Gott aufsteigenden Gebete. Das Widderhorn wurde in früheren Zeiten nicht nur zu Neujahr geblasen, sondern zu jedem Sabbatanfang. Wenn das Widderhorn erklang, wusste jeder: Jetzt ist der Tag des Herrn.

3) Ein Türsturz mit dem Davids- und Salomostern

Es ist denkbar, dass dieser Türsturz zum Haus des Synagogenvorstehers Jairus gehörte. In diesem Haus erwies sich Jesus zum ersten

Abb. 126: Der Davidstern auf einem Türsturz in den Ruinen von Kapernaum

Abb. 127: Der Davidstern von Bet-El

Mal als Herr über den Tod. Von Jairus um Hilfe gebeten, rief Jesus die verstorbene Tochter des Synagogenvorstehers ins Leben zurück (vgl. Mk 5,35-43).

Der sechseckige Stern, Davidsstern genannt, ist ein uraltes Symbol. Er war bei mehreren Völkern des Altertums bekannt. Welches Volk ihn als Erstes als Zeichen benutzte, ist nicht bekannt. Vielleicht hatte bereits der heidnische Seher Bileam den sechseckigen Stern vor Augen, als er sagte: »Ein Stern wird aufgehen aus Jakob« (4 Mo 24,17).

In Israel ist der sechseckige Stern zum ersten Mal belegt durch die Ruine eines herodianischen Baus in Bet-El, d.h. aus dem 3. oder 2. Jh. v. Chr.

Der Türsturz findet sich in den Ruinen in Kapernaum. Da er aus einem schwarzen Basaltblock herausgehauen worden ist, gehört der Türsturz zu dem Kapernaum zur Zeit Jesu.

In der jüdischen Auslegung hat der sechseckige Stern eine dreifache Bedeutung:

- Er ist der Stern der Schöpfung.
- Er ist der Stern Davids.
- Er ist der Stern der Erlösung.

Seit dem 17. Jahrhundert wurde der sechseckige Stern zum Kennzeichen des Judentums. Die Prager Synagoge wählte ihn zu ihrem Symbol.

Adolf Hitler verunglimpfte diesen Stern als Schandzeichen. Er zwang die jüdischen Mitbürger, den sechseckigen Stern als gelben Judenstern auf die Kleidung zu heften.

Bei der Gründung Israels 1948 erklärte das neu entstandene Israel das Schandzeichen der Nazizeit zum Ehrenzeichen und wählte es zu seiner offiziellen Flagge.

Abb. 128: Türsturz

Es war Franz Rosenzweig, der das Symbol der Schöpfung und der an David von Gott gegebenen Verheißung »Stern der Erlösung« nannte.[244]

Die Gegner Israels mögen so viele Flaggen mit dem sechseckigen Stern verbrennen, wie sie wollen. Der sechseckige Stern bleibt die Verheißung des Volkes Israel.

Neben dem sechseckigen Stern wird in der jüdischen Tradition auch der fünfeckige Stern als Zeichen der Verheißung für das Volk der Erwählung gedeutet. Im Altertum war der fünfeckige Stern das Zeichen der Weisen. Die fünf Scheiben stellten die im Altertum bekannten fünf Planeten dar. Da König Salomo als König der Weisheit berühmt war, wird der fünfeckige Stern im Judentum Salomos Siegel oder Salomostern genannt.

Die alte Bedeutung »Stern der Weisheit« oder »Stern der Wissenschaft« ist vermutlich die Ursache dafür, dass das Europaparlament seine Flagge mit einem Kreis von 12 fünfeckigen Sternen versehen hat.[245]

In Kapernaum sind die beiden Sterne auf dem Basaltfries ein Hinweis dafür: Gott der Schöpfer wird sein Volk erlösen und zu seinem Volk stehen bis an das Ende der Zeiten.

Abb. 129: Die Ruinen der Synagoge aus dem 4. Jahrhundert

2. Die Synagoge aus dem 4. Jahrhundert

Wann und wie die alte aus Basalt gebaute Synagoge zerstört wurde, ist nicht bekannt. Die im 4. Jahrhundert wieder aufgebaute Synagoge wurde aus weither transportiertem weißen Sandstein errichtet.

Auch diese Synagoge ist wie die Synagoge zur Zeit Jesu von einem Befehlshaber, und zwar von Kaiser Julian Apostata (331–363 n. Chr.) erbaut worden.

Kaiser Flavius Claudius Julianus, wie sein offizieller Name hieß, war ein Neffe Kaiser Konstantins (272/273–337 n. Chr.). Er bekam den Schmähnamen Apostata, »der vom Glauben Abgefallene«. Trotz seiner christlichen Erziehung wurde Julian Apostata zum Gegner des Christentums. Er duldete zwar das Christentum in seinem Reich, forderte jedoch mit Nachdruck die Belebung der nichtchristlichen Kulte. Privilegien wurden der christlichen Kirche entzogen. Er erließ u. a. ein Edikt, das Christen verbot, Grammatik, Rhetorik und Philosophie zu lehren. Zerstörte heidnische Tempel ließ Julian Apostata auf Kosten der christlichen Gemeinden wieder aufbauen.[246]

Auf wessen Kosten Julian Apostata die Synagoge in Kapernaum wiederaufbauen ließ, ist nicht bekannt. Julian Apostata war auf jeden Fall darauf bedacht, ein Freund der Juden zu sein. Was seinen Glauben und seine Stellung zu Jesus anbetraf, war er genau das Gegenteil zu jenem Hauptmann von Kapernaum zur Zeit Jesu.

Bei dem Bauplan richtete sich Julian Apostata nach den jüdischen Vorschriften für einen Synagogenbau im 4. Jahrhundert. Er ließ zunächst einen Hügel aufschütten. Die Gesetzeslehrer des 1. bis 3. Jahrhunderts, die Tannaiten, forderten, dass die Synagoge am »höchsten Platz der Stadt« errichtet wurde.[247] Im Traktat Sabbat wird diese Forderung noch mit der Warnung verbunden: »Jede Stadt, deren Dächer höher sind als die der Synagoge, wird schließlich zerstört werden.«[248] Deshalb wurde diese Synagoge am Ufer des Sees auf einem großen erhöhten Podium errichtet. Auf einer Freitreppe stieg man auf einer 3,5 m breiten und über 25 m langen Terrasse zur Synagoge hinauf. Die Stufen und die schmale Terrasse vor der Front der Synagoge sind die besonderen Eigentümlichkeiten von Kapernaum, die bis jetzt so bei keiner Synagoge in Galiläa wieder gefunden wurden.[249] Der Gebetsraum hat ein Ausmaß von 23 × 16,5 m.[250] Die Türen sind nach Süden auf Jerusalem hin ausgerichtet. Die Mitteltür war immer verschlossen, denn im Inneren vor der Tür war der Thoraschrein der Synagoge aus dem 4. Jahrhundert.

3. Das Haus des Petrus – der Wohnort Jesu

> »*Als es Abend geworden war, brachte man viele Kranke und Besessene zu Jesus und die ganze Stadt war an der Tür versammelt und er heilte viele, die an Krankheiten aller Art litten.*«
>
> *Markus 1,32-34*

Die ältesten ausgegrabenen Überreste aus der Zeit Jesu finden sich unterhalb der dreifachen, achteckigen Mauer aus byzantinischer Zeit. Im 4. Jahrhundert wurde in der Form dieser drei Achtecke (Oktagons) eine Basilika über dem Haus des Petrus gebaut.

Aus den darunterliegenden Überresten lässt sich eine Wohnanlage rekonstruieren. Es sind einfache Häuser, gebaut aus Lehm und dem einheimischen dunklen Basalt.

Die Häuser gruppierten sich um einen Hof. Eines der fast in quadratischer Form gebauten Häuser war das Haus des Petrus. Die Ostseite dieser Wohnanlage mündete in einen freien Hof ohne Mauer. So kann man sich das Wort vorstellen: »Die ganze Stadt war vor der Haustür versammelt« (Mk 1,33).

Abb. 130: Häuser in Kapernaum

Jesus besaß in Kapernaum kein eigenes Haus, sondern er wohnte im Haus des Petrus.[251] Hier heilte Jesus die Schwiegermutter des Petrus, die dort fieberkrank zu Bett lag (vgl. Mk 1,29-31).

Als die Eintreiber der Tempelsteuer an Petrus herantraten, war Jesus gerade im Haus des Petrus (vgl. Mt 17,24). Jesus sorgte dafür, dass die Tempelsteuer entrichtet wurde (vgl. Mt 17,27).

Das Dach des Hauses des Petrus war ein Flachdach, zu dem eine Treppe emporführte. Als Jesus wieder einmal zu der den ganzen Hof ausfüllenden Menge sprach, kamen vier Männer, die einen Gelähmten trugen. Da sie die Türschwelle nicht erreichen konnten, bestiegen sie das Dach, deckten die Stelle, an der sich Jesus befand, ab und ließen den Gelähmten durch die Öffnung nieder (vgl. Mk 2,1-12).

4. Der Versammlungsort der ersten Christen in Kapernaum

Es war vermutlich nicht lange nach dem Tod und der Auferstehung Jesu, dass das Haus des Petrus, innerhalb dessen Jesus einen festen Wohnsitz hatte, zu einem gottesdienstlichen Treffpunkt wurde. Auf diese Hauskirche (domus-ecclesia) weisen zahlreiche Funde hin: Lampen aus der Zeit Jesu und Keramikreste zum Teil mit Kreuzeszeichen. Die Wände des Bet- und Versammlungsraumes hatten einen farbigen Verputz, durch den sich der Raum auffällig von anderen Wohnräumen unterschied. Auf einem mit Graffiti versehenen Verputzstück stehen die Namen des Petrus und des Biriniki.[252] Ein altes Fragment zeigt die Skizze eines Fischerbootes. Im Ganzen fand man 131 Graffiti, von denen 110 in Griechisch, 10 in Aramäisch, 9 in Altsyrisch und 2 in Latein gehalten sind. Wiederholt erscheint hier der Name Jesu, zum Teil mit dem Würdenamen »Christus, der Herr, der allerhöchste Gott«. Auf einem steht »Herr Jesus Christus, hilf«; auf einem anderen »Christus, hab Erbarmen«.[253]

Es sind Zeichen und Symbole, die den ersten Christen halfen, sich an all das zu erinnern, was Jesus getan hatte, wie er den Menschen begegnete und sie zu Gott zurückrief. Die Zeichen und Inschriften in der Hauskirche in Kapernaum sind Zeugnis dafür, wie die ersten Christen beteten und ihren Weg zu Jesus fanden. Es ist das Bekenntnis: »Herr, allerhöchster Gott« und der Bittruf »Jesus, hilf; Jesus, hab Erbarmen«.

In der Zeit Konstantins (272/273–337 n. Chr.) war das Haus des Petrus eine Gedächtnisstätte zur Erinnerung an das Wirken Jesu in Kapernaum. Darauf weisen Verzierungen an den Wänden und ein nachträglich verlegter Fußboden hin. Nach der Erweiterung des Baukomplexes im 4. Jahrhundert entstand im 5. Jahrhundert eine achteckige Kirche, deren Reste noch heute zu sehen sind.[254]

Jesu Wirken in Kapernaum zeigt, dass sich Jesus allen Menschen zuwandte:

- Es war die Menge derer, die ihn hören wollten.
- Jesus machte die gesund, die um Heilung baten.
- Jesus ging in das Haus des Synagogenvorstehers Jairus und erweckte dessen Tochter von den Toten.
- Dem Zöllner, dem Steuereintreiber im Dienst des Herodes Antipas, wandte sich Jesus zu.
- Zu dem heidnischen Hauptmann sagte Jesus: »In Israel habe ich bei niemandem solchen Glauben gefunden« (Mt 8,10).

Angesichts des Glaubens jenes Offiziers in Kapernaum spricht Jesus von einem großen Umsturz in der Weltgeschichte. Die Söhne, die eingesetzten Erben, werden enterbt. Ihr Teil wird in der Ewigkeit der Ort der Finsternis und Qual sein. Es wird kein Mensch gerettet werden, es kommt kein Mensch in den Himmel, nur weil er von Abraham abstammt, nur weil er zu einer Kirche oder Gemeinde gehört. Gerettet werden nur die, die an Jesus Christus glauben. In der Ewigkeit werden nur die bei Jesus in der Herrlichkeit sein, die

Abb. 131: Ölpresse in Kapernaum

wie jener Hauptmann in Kapernaum den Weg zum Glauben an Jesus fanden.

Nicht nur für die Zeit Jesu in Kapernaum, sondern bis heute gilt: Jesus ist für alle da. Zu Jesus kann jeder kommen!

Wie man bis heute zu Jesus kommen kann, zeigen Inschriften in der ersten Hauskirche von Kapernaum. Es sind vier kurze Gebete:

Jesus, mein Herr!
Jesus, der allerhöchste Gott!
Jesus, hilf!
Jesus, hab Erbarmen!

XIII. Tabgha – das Quellgebiet und seine Heiligtümer

Abb. 132: Bei Tabgha

Abb. 133: Mr. Younan und der Mönch

Sieben Quellen gaben diesem Areal seinen Namen. Die wunderbare Tat Jesu, die Speisung der Fünftausend (vgl. Mt 14,13-21; Mk 6,31-44) wird seit frühester Zeit mit dem Sieben-Quell verbunden. Die großen Worte Jesu vor einer versammelten Menge haben die Evangelisten zusammengefasst in der Bergpredigt (vgl. Mt 4,25-8,1; Lk 6,17-19) und der Seepredigt (vgl. Mt 13; Mk 4). Beide sind in der Nähe von Tabgha zu lokalisieren. Unmittelbar am See steht die Kapelle zur Erinnerung an die Erscheinung des Auferstandenen.[255]

Es war 1972, dass ich dieses Gebiet zum ersten Mal besuchte, und zwar zum Abschluss des Hebräischkurses, den ich für deutsche Studenten in Jerusalem gab. Begleitet wurden wir von Mr. Younan. Seine Frau Alice Younan war unsere Köchin und Beraterin in Jerusalem. Sie hatte ihren Mann dazu bewegt, uns nicht alleine mit öffentlichen Verkehrsmitteln nach Galiläa fahren zu lassen.

Eine der ersten Stationen, zu denen uns Mr. Younan leitete, war das Gebiet der sieben Quellen. Lange unterhielt er sich mit einem Mönch aus dem Orden der Franziskaner. Was die beiden miteinander redeten, konnte ich nie in Erfahrung bringen. Ich hatte mich inzwischen mit meinen Studenten an den See gesetzt. Wir lasen aus den Evangelien, sangen und beteten, wie wir dies an jedem Morgen zu tun pflegten. Einer meiner Studenten äußerte den Wunsch: »Könnten wir nicht hier das Abendmahl feiern?« Ich ging auf Mr. Younan zu, der immer noch mit dem Franziskaner sprach, und bat ihn, den Mönchen unsere Bitte vorzutragen. Der kleine Mönch kam auf mich zu, küsste mir die Hand und sagte: »Vater, ich werde alles vorbereiten.« Wir setzten uns inzwischen auf den Steinfußboden der kleinen Kirche der Erscheinung.

Es dauerte eine ganze Zeit, bis der Mönch zurückkam. Er rief mich aus der Gruppe heraus und kleidete mich, nicht ohne mir die einzelnen Teile zu erklären, in ein Priestergewand. Dann sagte er: »Vater, jetzt kannst du die heilige Kommunion feiern.« Auf dem kleinen Altar über dem Stein hatte er alles gerichtet: Brot und Wein und Wasser.

Im Kirchenraum herrschte eine angespannte Stille. Ich sah verunsichert auf den kleinen Mönch. Der römischen Messliturgie unkundig, wollte ich ihn nicht enttäuschen. Er lächelte mir zu. Dann neigte er seinen Kopf zum stillen Gebet. Sein Beten beendete er erst, als der Letzte die Gaben von Brot und Wein empfangen hatte. Wir saßen noch lange in der Kirche. Keiner sprach ein Wort. Jeder von uns aber hat das Wort begriffen, das Jesus in der Gegend der sieben Quellen zu seinen Jüngern gesprochen hatte: »Ich bin das Brot des Lebens, wer an mich glaubt, den wird nie wieder dürsten« (Joh 6,35).

Vor der kleinen Kirche zeigte uns der Mönch dann noch das Gelände mit den sieben Quellen. Sie entspringen auf der Südseite des nahe gelegenen Kalkhügels. Seit dem Jahr 1174 hat man das stark fließende Wasser dieser Quellen für Mühlenbetriebe nutzbar gemacht. Das Quellwasser wurde zunächst in turmartige Becken geleitet. Die Grundrisse von drei dieser Becken, ein achteckiges und zwei runde, sind noch erhalten. In den Becken staute man das Wasser auf und ließ es von da durch hochgebaute Aquädukte auf die Mühlenwerke fließen.

Da es sich um warme Quellen handelt (32 °C), gibt keine der Quellen Trinkwasser. Sie wurden jedoch zu allen Zeiten als Heilquellen benutzt. Dazu wurde eine der Quellen in einen Turm geleitet. Beduinen nennen diesen heute zerfallenen Turm »Ofen des Hiobs« oder »Bach des Hiobs«. Nach einer alten Legende soll sich Hiob in dem im Turm aufgestauten Wasser gebadet und mit einer Scherbe seine Wunden ausgekratzt haben. Die sogenannte Hiobsquelle ist etwas kälter als die anderen, sie ist leicht radioaktiv und damit heilkräftig.

Die sieben Quellen leisten außerdem den Fischern der gesamten Umgebung einen äußerst

Abb. 134: Das Innere der Kirche

wichtigen Dienst. Das in den See fließende warme mineralhaltige Wasser zieht die Fische des Sees wie ein Magnet an. So haben hier die Fischer ein leichtes Arbeiten.[256]

Der Garten um die kleine Petruskirche ist der geeignete Ort, der Geschichte dieses Gebietes der sieben Quellen in den ersten fünf Jahrhunderten zu gedenken:

- Über das erste Jahrhundert ist bei dem jüdischen Geschichtsschreiber Flavius Josephus (37/38–100 n. Chr.) zu lesen: Die reichlichen Quellen der »Quelle zu Kapharnaum« bewässern die Ebene von Ginnosar.
- Nach Zeugnissen aus dem 2. und 3. Jh. n. Chr. war die Gegend zu jener Zeit für die Landwirtschaft ungeeignet. Sie war unbesiedelt und wurde als Steinbruch zur Gewinnung von Kalksteinen ausgebeutet.
  Zu den archäologischen Entdeckungen des Paters Stanislaus Loffreda gehören u. a. Keile aus Metall zum Schneiden der Felsen. Entscheidender jedoch war die Freilegung von ausgedehnten Bänken aus Felsen im Umkreis von Tabgha. Die Gegend war »ein idealer Schauplatz dafür, dass Jesus hier leicht eine große Volksmenge versammeln konnte«.[257]
- Im 4. Jh. n. Chr. wurden in Tabgha drei Gedächtnisstätten an das Wirken Jesu errichtet:
  - für die Brotvermehrung,
  - für die Seligpreisungen
  - für die Ostererscheinung Jesu in Galiläa.
- Im ersten Jahrzehnt des fünften Jahrhunderts besuchte die Pilgerin Aetheria Tabgha und schrieb in ihrem Bericht: »Nicht weit entfernt (von Kapernaum) sieht man die Steinstufen, auf welchen der Herr stand. Ebendort, über dem See, findet sich ein Feld, mit Gras und Palmbäumen bestanden. Neben Letzterem liefern sieben Quellen alle überreiches Wasser. Dies ist das Feld, auf dem der Herr die Volksmenge mit fünf Broten und zwei Fischen gesättigt hat. Der Stein, auf den der Herr das Brot gelegt hat, wurde zu einem Altar, und die Besucher nehmen sich davon kleine Bruchstücke für ihr Wohlergehen, allen hochwillkommen. Nahe an den Mauern dieser Kirche zieht sich der Weg entlang, wo Matthäus seine Zollstätte hatte. Und über dem Berghügel in der Nähe findet sich ein Felsen, den der Herr besteigend die acht Seligkeiten verkündet hat.«[258]

Abb. 135: Eingang zur Kirche der Brotvermehrung

Die drei Gedächtnisstätten an die Brotvermehrung, an die Bergpredigt und an die Erscheinung des Auferstandenen sind bis heute erhalten.

1. Die Kirche zum Gedächtnis der Brotvermehrung

> »*Darauf nahm Jesus die fünf Brote und die zwei Fische, blickte zum Himmel auf, sprach den Lobpreis, brach die Brote, gab sie den Jüngern, damit sie sie an die Leute austeilten. Auch die zwei Fische ließ er unter alle verteilen. Und alle aßen und wurden satt. Als die Jünger die Reste der Brote und auch der Fische einsammelten, wurden zwölf Körbe voll.*«
>
> *Markus 6,41-43*

Nach dem Misserfolg in Nazareth hatte Jesus seine zwölf Jünger, je zwei zusammen, zur Verkündigung in die Dörfer Galiläas ausgesandt (vgl. Mk 6,7). Sie riefen Menschen zur Umkehr auf, trieben Dämonen aus, salbten viele Kranke mit Öl und heilten sie (vgl. Mk 6,12f.).

Abb. 136: Das Mosaik in der Kirche der Brotvermehrung

Nach diesen missionarischen Tätigkeiten kehrten die Jünger nach Kapernaum zurück. Große Volksscharen folgten ihnen, um Jesus, den Herrn dieser Jünger, selbst zu sehen. Jesus wusste, dass unter ihnen Spitzel des Herodes Antipas waren. Um den Verdacht eines Aufstandes zu vermeiden, sagte Jesus zu seinen Jüngern: »Kommt an einen Ort, an dem wir alleine sind und ruht ein wenig aus… Sie fuhren mit dem Boot in eine einsame Gegend« (Mk 6,31.32).

Als die Volksmenge bemerkte, dass Jesus und seine Jünger zu dem nahe liegenden Gebiet der sieben Quellen fuhren, liefen sie die 2 km am Strand entlang und »kamen noch vor ihnen an« (Mk 6,33). Als Jesus die Scharen sah, hätte er leicht an einen anderen Ort rudern können. Er ließ den Kurs jedoch nicht ändern. »Er hatte Mitleid mit ihnen, denn sie waren wie Schafe, die keinen Hirten haben. Und er lehrte sie lange« (Mk 6,34).

Als der Abend anbrach, sorgten sich die Jünger um die Leute und fragten sich, wo alle diese Menschen etwas zu essen herbekommen sollten. Sie sagten zu Jesus: »Der Ort ist abgelegen und es ist schon spät. Schicke sie weg, damit sie in die umliegenden Dörfer gehen und sich etwas zu essen kaufen können« (Mk 6,35 f.).

Das alles wäre überhaupt kein Problem gewesen. Das Dorf Genezareth lag nur ein paar hundert Meter jenseits des Tell Kenneret. Das Dorf Khor lag etwas höher auf dem Bergabhang. Kapernaum war in Richtung Osten nur 2 km und Magdala in Richtung Westen ebenfalls nur 2 km entfernt.[259] Auch Chorazin war nicht weit weg.

Das Erstaunen der Jünger musste groß gewesen sein. Es bestand keine Notlage. Jeder hätte sich etwas zu essen besorgen und zurückkommen können. Jesus aber wollte etwas ganz anderes erreichen. Von fünf Broten und zwei Fischen wurden alle satt und die aufgesammelten Reste füllten zwölf Körbe (vgl. Mk 6,41-44).

Als die zwölf Körbe vor den Jüngern und der Volksmenge standen, wussten alle, warum Jesus dieses Wunder getan hatte. Die zwölf Körbe sind ein Bild für das Zwölfstämmevolk Israel.[260] Mit seinem Wunder, der Brotvermehrung, sagt Jesus:

- Ich bin gekommen zu allen Gliedern des von Gott erwählten Volkes.
- Keiner, wo auch immer er in dieser Welt verstreut ist, soll verloren gehen.
- Ich will sie noch einmal sammeln und zurückführen zum Vater.
- Ich bin der Messias. Wie Mose das Volk aus der Sklaverei in Ägypten rettete, zeige ich euch den Weg zum ewigen Heil. Ich bin der zweite Mose (vgl. Joh 6,32).

Das Volk in Tabgha, das durch das Wunder satt geworden war, hat die Botschaft nicht verstanden. Sie wollten Jesus zum »Brotkönig« machen. Was mag Jesus bei dieser Reaktion des Volkes bewegt haben? Er konnte nur eines tun: Seine Jünger ins Boot drängen, «um an das andere Ufer nach Betsaida vorauszufahren« (Mk 6,45). Er selbst verabschiedete das Volk und zog sich zurück auf den Berg, um zu beten (vgl. Mk 6,45.46).

Ob vielleicht einige unter der Volksmenge waren, die Jesu Botschaft schon damals verstanden haben, wird nicht berichtet. Spätestens jedoch die Christen, die in Tabgha die Gedächtniskirche an das Brotwunder bauten und mit prächtigen Mosaiken auslegten, zeigen, dass sie begriffen haben, was Jesus mit dem Brotwunder in Tabgha sagen wollte. Sie haben es verstanden: Jesus ist der zweite Mose. Er allein kann aus der Sklaverei in die Freiheit führen.

Wie ihre Vorfahren bei der Wanderung durch den Sinai (vgl. 2 Mo 18,25) hatte Jesus die Leute in Gruppen zu hundert und zu fünfzig ins Gras und auf den Felsterrassen bei Tabgha lagern lassen.[261] Schon das hätte sie aufmerksam werden lassen müssen. Damit jedoch keiner mehr vergessen sollte, dass allein Jesus es ist, der aus der Sklaverei herausführt, wurde der Fußboden des Kirchenschiffes belegt mit einem Wassermosaik der Nilfauna und Nilflora:

Abb. 137: Mosaik

Enten, Gänse, Reiher, Kormorane, Schwäne, Tauben, Kraniche und Ibisse zwischen Lotospflanzen und Papyrusschilf.[262] Auffallend ist ein sogenannter Nilometer in Form eines Turmes mit griechischen Buchstaben, die gleichzeitig die Zahlen von eins bis zehn sind. Mit einem solchen Nilometer wurde der Wasserstand des Nils gemessen.[263]

Zwischen dem Altar und der Rundung der Apsis ist ein Mosaik mit einem gefüllten Korb. Links und rechts befindet sich je ein auf seinem Schwanz stehender Fisch. Das Mosaik ist unmittelbar vor einem Felsbrocken platziert. Auf ihn legte Jesus nach frühchristlicher Überlieferung die Brote und die Fische nieder, bevor er sein Dankgebet sprach und diese austeilte.

Auffallend an dem Mosaik ist, dass nur vier Brote zu erkennen sind. Das fehlende fünfte Brot ist nicht etwa verdeckt, es ist vielmehr ein Symbol für das Brot auf dem Altar, von dem auch das Heilige Abendmahl ausgeteilt wird. Das Brotwunder in Tabgha ist ein erster Hinweis auf das Brotbrechen beim Heiligen Abendmahl.[264]

Wer sich Zeit für Stille in der Kirche zum Gedächtnis der Brotvermehrung nimmt, lernt Jesu Wort verstehen: »Ich bin das Brot des Lebens« (Joh 6,35).

Abb. 138: Das Mosaik mit Brot und Fischen

2. Die Kapelle zum Gedächtnis an die Seligpreisungen Jesu

> »*Selig, die Hunger und Durst nach Gerechtigkeit haben, denn Gott wird sie satt machen.*«
>
> *Matthäus 5,6*

Es war 1988 auf meiner vorerst letzten Reise ins Heilige Land. Die sich immer weiter zuspitzende Intifada machte den Besuch vieler alttestamentlicher Stätten unmöglich. Um so mehr freuten meine Reisebegleiter und ich uns auf Galiläa. Noch einmal wollte ich, wie auch auf meiner ersten Reise, Abendmahl in Tabgha feiern. Die kleine Kirche am See jedoch war verschlossen. Mit nichts konnte ich den Wächter auf dem Gelände bewegen, uns einzulassen. Er zeigte immer nur auf die der Kirche gegenüber aus Beton errichteten Stufen. Es war ein Halbrund, unten war eine Steinplatte, die einen Altar darstellen sollte. Ich gab nicht auf und fuhr nach Kapernaum, um dort meinen

Abb. 139: Der Garten der Seligpreisungen

Abb. 140: Der Blick auf den Berg der Seligpreisungen

Wunsch vorzutragen. Der Pförtner drückte mir sein Bedauern aus und erklärte, dass es keine Ausnahme gäbe. Er sagte mir auch den Grund: »Schwärmerische Gruppen haben unsere Kirche entweiht. Ekstase, unartikuliertes Geschrei und Heilungsversuche ließen keinen in der Kapelle zur Besinnung kommen. Wir haben ihnen draußen ein Areal gebaut. In unserer Kirche wollen wir beten und mit dem Herrn das Mahl feiern.« Ich konnte die Argumente der Mönche verstehen und akzeptierte ihre Entscheidung. Da wir am See keinen geeigneten Platz fanden, fuhren wir in Richtung Chorazin und machten Halt auf dem Gelände der italienischen Nonnen. Der Garten und die Kapelle der Seligpreisungen ist ein kleines Blumen- und Früchteparadies. Wir fanden einen Steinblock. Er diente uns als Altar. Ich hielt die Beichte, ein Kollege, der Liturgie weit kundiger als ich, sang die Abendmahlsliturgie. Jeder trat zum Stein und empfing auf der Anhöhe über dem See den Leib und das Blut Jesu.

Die restlichen Hostien packten wir sorgfältig ein. Der gesegnete und übrig gebliebene Wein, so erklärte ich den Teilnehmern, wird nach reformatorischem Brauch an das Fundament der Kirche gegossen. Ich schüttete den Kelch an den Fuß unseres Steines. Die spontane Reaktion meines Kollegen war: Nun haben wir eine eigene kleine Kirche auf dem Berg der Seligpreisungen.

Abb. 141: Die achteckige Kuppelkirche

Wo die Stelle war, an der Jesus die Seligpreisungen sprach und die Bergpredigt hielt, ist nicht mehr genau auszumachen. Dabei macht es keinen Unterschied, wenn Matthäus von der Berg- und Lukas von der Feldpredigt Jesu spricht (vgl. Mt 5,1 u. Lk 6,17).

Im Aramäischen des palästinischen Talmuds wird das Wort *tur* – Berg – auch für Feld gebraucht.[265] Sicher ist, dass Jesus seine Berg- bzw. Feldpredigt in unmittelbarer Nähe von Kapernaum hielt. Lukas schreibt nach seinem Bericht über die Feldpredigt: »Als Jesus seine Rede vor dem Volk beendet hatte, ging er nach Kapernaum hinein« (Lk 7,1).

Auch wenn das Feld bzw. die Ebene bei Lukas wörtlich zu verstehen ist, braucht dieses nicht unmittelbar am Ufer gelegen zu haben. Der Hügel nördlich von Tabgha und nur 2 km entfernt von Kapernaum erfüllt alle Voraussetzungen der Hinweise des Neuen Testaments auf die Bergpredigt.[266]

Um die Bergpredigt zu lesen und zu bedenken, bieten sich zwei Orte an:

1) Die Kirche der Seligpreisungen

Die ca. 100 m über dem See liegende Gedächtnisstätte wurde 1938 von dem Architekten Antonio Barluzzi erbaut. Auftraggeber war der italienische Missionsverein. Italienische Franziskanerinnen betreuen das Areal einschließlich eines kleinen Hospizes.

Die Kirche ist eine achteckige (oktagonale) Kuppelkirche. Das Achteck der Kuppel entspricht je einer der acht Seligpreisungen. Glückselig gepriesen hat Jesus:

- die Armen, die gequält werden,
- die Traurigen,
- die, die auf Gewalt verzichten,
- die, die Hunger und Durst nach Gerechtigkeit haben,
- die Barmherzigen,
- die, die im Herzen rein sind,
- die, die Frieden stiften,
- die unschuldig Verfolgten.

Dargestellt sind die acht Seligpreisungen auf den acht Fenstern der Kuppel. Die Fenster sind aus Opalglas. In der Mitte der kleinen Kirche steht ein Altar, überragt von einem Baldachin.

Auf dem Fußboden in Marmor eingelassen sind Darstellungen der drei göttlichen Tugenden (Glaube, Liebe und Hoffnung) und der vier Kardinaltugenden (Klugheit, Gerechtigkeit, Starkmut und Mäßigkeit).[267]

Aus dem Fußbodenmosaik getilgt ist der Name des Stifters Benito Mussolini. Der Text der Stiftungsurkunde ist noch erhalten: »Im 15. Jahr des italienischen Faschismus« (XV Italica Gens).[268]

Reste einer Vorgängerkirche hat man an dieser Stelle nicht gefunden. Es gibt jedoch auf dem Hügel Spuren von Siedlungen, die zum Teil bis in die prähistorische Zeit zurückreichen.

Die Mauerreste nennen die Beduinen »Der Makir«. »Der« bzw. »dair« ist das arabische Wort für Kloster und »makir« die Abkürzung des griechischen Wortes für selig (makarios). So kann das Wort gedeutet werden als Hinweis auf ein »Kloster der Seligkeiten«, das es hier vielleicht einmal gegeben hat.[269]

Ein Hinweis, dass Jesus die Bergpredigt auf der Anhöhe des Hügels über Tabgha gehalten hat, findet sich in dem Bericht der Pilgerin Aetheria (um 400 n. Chr.). Aetheria kennt eine Kapelle der Seligpreisungen ganz in der Nähe des Weges

Abb. 142: Im Inneren der Kirche

Abb. 143: Die Eremoshöhle

nach Kapernaum und schreibt dann weiter: »Von dort nach dem Berge hin, der sich nahebei befindet, ist die Anhöhe, auf welcher hinaufsteigend der Erlöser die Seligkeiten sprach. Nicht weit von dort aber ist die Synagoge, die der Herr verfluchte.«[270] Mit dieser Synagoge kann keine andere als die von Chorazin gemeint sein.

2) Die Reste einer byzantinischen Basilika in der Nähe der Eremoshöhle.

Am Fuß des Hügels gegenüber des Eingangs zum Gebiet der sieben Quellen und der Kirche der Erscheinung liegt die sogenannte Eremoshöhle. »Höhle in der Einöde« wird diese Grotte genannt. Hier könnte der Ort gewesen sein, an dem sich Jesus nach der Speisung der 5000 zurückgezogen hat. Nachdem Jesus die Jünger mit dem Boot in Richtung Betsaida geschickt und das Volk verabschiedet hatte, »ging er auf den Berg, um zu beten« (Mk 6,46). In der Felsengrotte fand Jesus Schutz und Stille zum Gebet.[271]

Unmittelbar in der Nähe der Grotte gruben 1933 die Franziskaner die bereits von der Pilgerin Aetheria erwähnte Kapelle aus. Die Mosaiken stammen aus dem 4.–6. Jahrhundert. Diese Entdeckung führte zur Annahme, dass Jesus hier vor der Eremoshöhle die Bergpredigt gehalten hat.[272] Die byzantinische Kapelle bestand aus einem einzigen Schiff (7,20 × 4,38 m). Westlich war ihr ein kleiner Nartex

(Vorhalle der byz. Kirchen) vorgelagert und östlich war sie abgeschlossen durch eine nach außen vorspringende Apside.[273] Die Kapelle ist ein Zeichen dafür, dass Christen im 4.–6. Jh. n. Chr. diese Stelle als den Ort der Bergpredigt ansahen.

Wichtiger als die Kenntnis der genauen Stelle, an der Jesus bei der Bergpredigt stand bzw. saß, ist die Umsetzung der Worte, vor allem aber auch der Trost, den Jesus seinen Hörern in dieser Bergpredigt zuspricht. Bei jedem meiner mindestens zehn Besuche in dieser Gegend stand für mich die Seligpreisung im Vordergrund: »Selig sind, die Hunger und Durst nach Gerechtigkeit haben, denn Gott wird sie satt machen« (Mt 5,6). Gerechtigkeit ist bereits im Alten Testament etwas anderes als Rechtschaffenheit. Gerechtigkeit ist ein Gut, das Gott allein schenken kann. Einen Menschen gerecht machen bzw. gerecht sprechen kann allein Gott.

Gerecht, so drückt es Barnabas in seinem um 60 n. Chr. geschriebenen Brief aus, ist der Mensch, der durch Vergebung der Sünden gerecht wurde.[274] Dies geschieht nirgends so direkt als in der Feier der Beichte und des Heiligen Abendmahls.

3. Die Kirche der Erscheinung – der Ort des Morgenmahls

Nach seiner Auferstehung erschien Jesus den Jüngern am See Genezareth.

> »*Der Jünger, den Jesus besonders lieb hatte, sagte zu Petrus: Es ist der Herr! Jesus gesellte sich zu den Jüngern, nahm Brot und Fisch und verteilte beides unter sie.*«
>
> *Johannes 21,7.13*

Es war am See Genezareth. Hier hatten sich sieben der Jünger Jesu zurückgezogen. Wenn je auf Erden Menschen an ihrem Glauben irre geworden sind, so waren es gewiss die Jünger des Jesus von Nazareth. Nach der Kreuzigung Jesu stand vor ihnen nur ein im Alten Testament vorgezeichneter Weg, das Versinken in unendliche Enttäuschung und unermesslichen Schmerz: »Meine Hoffnung auf den Herrn ist dahin« (Klgl 3,18). Die Jünger hatten die Hoffnung auf das

Abb. 144: Die Felsen in der Primatskirche, auch »Kirche der Erscheinung« genannt

Abb. 145: Primatskirche, Kirche der Berufung des Petrus mit Treppe zum See

Gottesreich begraben. Ihr Glaube an den ewigen Triumph des lebendigen Gottes hatte sich verflüchtigt. Obgleich ihnen der Auferstandene in Jerusalem erschienen war, überwogen bei ihnen Enttäuschung und Verzweiflung.

Jesus aber ließ sie nicht aus den Augen. Er folgte ihnen an den See Genezareth. Hier gingen die Jünger wieder ihrem Handwerk nach. Petrus war auch hier erneut ihr Sprecher. Er sagte: »Ich will fischen« (Joh 21,3). Alle folgten ihm. Sie bestiegen ihr Boot und arbeiteten die ganze Nacht vergeblich. Jesus – noch hatten sie ihn nicht erkannt – sagte zu ihnen am Morgen: »Werft die Netze zur Rechten des Bootes aus« (Joh 21,6). Da warfen sie die Netze und konnten sie nicht mehr ziehen vor der Menge der Fische. In diesem Augenblick sagte Johannes zu Petrus: »Es ist der Herr!« (Joh 21,7). Dann hielt Jesus zusammen mit seinen Jüngern das Morgenmahl. Keiner von den Jüngern aber wagte ihn zu fragen: »Wer bist du? Denn sie wussten, dass es der Herr war« (Joh 21,12).

Nach der Pilgerin Aetheria war der Ort, von dem aus Jesus, der Auferstandene, zu seinen Jüngern sprach, »Stufen aus Felsengestein«. Sie sind heute noch außerhalb der kleinen Kirche der Erscheinung zu sehen.

Bereits die Kaisermutter Helena, die Mutter Konstantins, ließ an jener Stelle eine Gedächtnisstätte errichten. Sie ist im Laufe der Jahrhunderte immer wieder zerfallen und neu aufgebaut worden. Das heutige auf den Fundamenten der einstigen Kapelle erbaute Gotteshaus entstand 1933. Pater Stanislaus Loffreda, der im Jahr 1969 die Ausgrabungen von Tabgha durchführte, nennt neben den Steinstufen folgende archäologische Befunde von Bedeutung:

Der Felsen
In jeder der in den Jahrhunderten hier errichteten kleinen Kirchen diente der Fels als Tisch, von dem aus das Heilige Abendmahl ausgeteilt wurde. Von diesem Stein aus soll Jesus die Fische und die Brote unter die Jünger verteilt haben.

Der Fußboden
Der Boden war ursprünglich aus gestampfter Erde. In der Fußbodenhöhle der ersten Kapelle befinden sich zahlreiche Tiegel oder Schalen. Dies ist ein Hinweis dafür, dass die erste Kapelle als Speiseraum benutzt wurde. Hier feierten die frühen Christen eine Mahlzeit wie Jesus damals mit seinen Jüngern.

Die Bezeichnung »Kohlenstätte«
Die seit dem 9. Jh. n. Chr. seltsame Bezeichnung »Ort der Kohlen« ist ein Hinweis auf das von Jesus am Strand angezündete Kohlenfeuer (vgl. Joh 21,9).
Nachdem in der arabischen Epoche und in der Zeit der Kreuzzüge alle übrigen Kirchen in der Gegend zerstört wurden, blieb dieser Ort Versammlungsort der Christen. Es wurden Keramikreste aus allen Epochen gefunden.

Sechs herzförmige Steine
Sie befinden sich südlich von der Kapelle ostwestlich angeordnet. Die Vermutung, dass sie Reste eines kleines Hafens oder eines Kreuzganges sind, ist allein aufgrund des Wasserstandes unhaltbar. So bleibt nur die folgende Erklärung: Christen des 9. Jh. haben hier sechs doppelte Säulen in Form von Herzen aufgestellt. Sie sollten die zwölf Throne der Jünger symbolisieren. Leiten ließen sich dabei die Christen durch das Wort: »In meinem Reich sollt ihr mit mir an einem Tisch essen und trinken und ihr sollt auf Thronen sitzen und die zwölf Stämme Israels richten« (Lk 22,29 f.).

Die Kirche der Erscheinung von Tabgha wird von den römisch-katholischen Christen die »Primatskirche« genannt. Der Grund dafür ist die dreimalige Beauftragung Jesu an Petrus: »Weide meine Lämmer« (Joh 21,15 ff).

Für evangelische Christen ist das Gedächtnis an dieser Stelle jedoch umfassender. Es ist der Ort des Morgenmahls Jesu mit sieben seiner Jünger.

Dieses Morgenmahl war für die Jünger:

Ein Mahl der Erneuerung

- Aus Verleugnern werden Bekenner.
- Aus Lieblosen werden Liebende.
- Aus verirrten Schafen werden Hirten der Herde.
- Vermessene werden demütig.
- Verzagte und Wankende werden zu Säulen und zu Felsen.
- Sünder werden zu Ebenbildern, zu Repräsentanten Gottes in der Welt.

Ein Mahl der Sendung

Schon einmal hatte sie Jesus ausgesandt. Auch damals sagte er zu ihnen: »Ihr seid es nicht, die da reden, sondern eures Vaters Geist ist es, der durch euch redet« (Mt 10,20). Nun aber sandte sie der Auferstandene erneut. Die Jünger wären nicht Boten der Auferstehung, wenn sie nicht gesandt worden wären von dem Gekreuzigten und Auferstandenen.

Ein Mahl der Hoffnung

Hoffnung ist der Weg, der neue Horizonte eröffnet und in eine neue Lebendigkeit hineinführt.[275] Die Worte Jesu, die diesen neuen Weg bahnen und kennzeichnen, lauten: »Friede sei mit euch! Gleich wie mich der Vater gesandt hat, so sende ich euch« (Joh 20,21).

Die Jünger sollten Träger der Hoffnung sein. Träger der Hoffnung kann jeder einzelne Mensch werden, unabhängig von seiner Vorgeschichte. Es kommt darauf an, dass wir staunend vor Jesus stehen und sprechen: Es ist der Herr. Es ist mein Herr. Wir sind zu Trägern der Hoffnung berufen.

Abb. 146: Darstellung des Frühmahls in der Sergiuskirche in Kairo

XIV. Magdala – eine Stadt an der Via Maris Die Heimat der Maria aus Magdala, eine der bekanntesten Frauen unter den Jüngerinnen Jesu

Einer der bedeutendsten Funde von Magdala ist ein Meilenstein. Magdala lag an der Via Maris. Die Via Maris war die Handelsstraße, die vom Mittelmeer aus Ägypten und das Zweistromland verband.

Kam man die Straße von Osten, so stieß man bei Magdala auf eine Gabelung. Die eine Straße führte von Magdala durch das Tal von Arbela in das westliche Bergland von Galiläa mit einer Abzweigung zum Mittelmeerhafen Ptolomais (heute Akko). Die andere Straße bog südlich von Magdala durch das Wadi el-Ames zum Hügelland von Untergaliläa und der Jesreelebene ab und führte bis nach Cäsarea am Meer.[276] Eine dritte Verkehrslinie war die sogenannte Uferstraße in Richtung Jerusalem.

Abb. 147: Meilenstein

Der Ortsname Magdala ist abgeleitet von dem hebräischen Wort für Turm (*migdal*). Dieser Name hat sich bis heute in der arabischen Form »el-medjdel« erhalten. Das el wird von den Arabern als Artikel angesehen, danach heißt »el-medjdel« »der Turm«.[277]

Im Talmud hat Magdala den Namen »Turm der Fische«.[278]

In den Evangelien wird der Name Magdala nur zweimal erwähnt, und zwar als Landungsort Jesu aus der Richtung Kapernaum kommend. Die für Magdala stehenden Namen Magadan (vgl. Mt 15,39) und Dalmanuta (vgl. Mk 8,10) sind vermutlich Varianten des klassischen Namens Magdala.[279]

In späten Handschriften der Evangelien taucht der ursprüngliche Name Magdala wieder auf.

Zur Zeit Jesu war Magdala eine Stadt der Fischer und Weber. Aus Magdala stammte die bekannteste Frau aus dem Kreis der Jüngerinnen Jesu.

Abb. 148: Das Tal von Arbela

1. Frauen, die Jesus begleiteten

»Jesus durchwanderte das Land von Stadt zu Stadt, von Dorf zu Dorf, indem er öffentlich lehrte und die Heilsbotschaft vom Reich Gottes verkündigte. In seiner Begleitung befanden sich die zwölf Jünger, sowie einige Frauen, die er von bösen Geistern und Krankheiten geheilt hatte, z. B. Maria, die Magdalenerin, aus der sieben böse Geister ausgefahren waren, ferner Johanna, die Frau des Chuzas, eines Verwalters des Herodes, und Susanna und noch viele andere, die ihm mit den ihnen zur Verfügung stehenden Mitteln Dienste leisteten.«

Lukas 8,1-3

Zu denen, die Jesus nachfolgten und ihn und seine Jünger unterstützten und versorgten, gehörte ein namentlich bekannter Kreis von Frauen. Es waren: Maria, die Magdalenerin; Johanna, die Frau des Chuzas, eines Verwalters am Hofe Herodes Antipas, und Susanna (vgl. Lk 8,3).

Unter den Frauen, die den Kreuzestod miterlebt haben, werden neben Maria, der Mutter Jesu, Maria, die Mutter des jüngeren Jakobus und des Joses, und Salome genannt. Salome war die Schwester der Mutter Jesu, die Frau des Zebedäus, des Vaters von Johannes und Jakobus (vgl. Mk 15,40; 16,1; Mt 20,20).

Außerdem wird noch eine weitere Frau mit Namen Maria genannt. Sie war die Frau des Klopas (vgl. Joh 19,25).

Maria, die Magdalenerin, Johanna, die Frau des Chuzas, Susanna, Salome und aller Wahrscheinlichkeit nach Maria, die Mutter des jüngeren Jakobus und des Joses, waren Jüngerinnen Jesu aus Galiläa.[280]

Die Frau des Klopas wohnte in dem in Juda gelegenen Emmaus. Sie war die Gastgeberin des Hauses, in dem Jesus nach seiner Auferstehung beim Brotbrechen als der Auferstandene erkannt wurde.

Diese sechs Frauen bildeten den engeren Kreis der Jüngerinnen um Jesus.

Zu den »vielen anderen« (Lk 8,3), die sich zu Jesus hielten und ihn unterstützten, gehörten Maria und Martha aus Betanien.

Maria, die Mutter Jesu, verfolgte mit Sicherheit in ihren Gedanken und Gebeten jeden Schritt Jesu. Es gibt jedoch kein Anzeichen dafür, dass sie Jesus auf allen seinen Wegen begleitete.

Anders war dies bei Maria, der Magdalenerin. Sie wird von den Evangelien nicht nur mit ihrem Namen erwähnt. Sie war eine Jüngerin Jesu, die in unvergleichlicher Treue zu Jesus stand.[281]

Wie und wann Maria aus Magdala Jüngerin Jesu wurde, ist nur aus der Zusammenschau verschiedener Texte zu schließen.

2. Die Berufung der Maria aus Magdala

> »*Ein Pharisäer hatte Jesus zum Essen eingeladen. Jesus ging hinein in des Pharisäers Haus und setzte sich zu Tisch. Und siehe, eine Frau war in der Stadt, die war eine Prostituierte (Sünderin). Als sie erfuhr, dass er im Haus des Pharisäers bei Tisch war, kam sie mit einem Alabastergefäß voll mit wohlriechendem Öl. Sie trat von hinten an ihn heran. Dabei weinte sie und ihre Tränen fielen auf seine Füße. Sie trocknete seine Füße mit ihrem Haar, küsste sie und salbte sie mit Öl.*«
>
> *Lukas 7,36-38*

Magdala war eine Stadt der Fischer und der Weber mit einem großen Viertel für Prostituierte.

Zur Zeit Jesu hatte Magdala mindestens 50 000 Einwohner. Magdala wurde nicht nur von Juden, sondern auch von Römern und Griechen bewohnt, sodass hier drei Sprachen gesprochen wurden. Die Griechen machten den Hauptteil der Bewohner aus und fast der gesamte Handel lag in ihren Händen.

Nach dem Talmud war Magdala in mehrere Stadtteile gegliedert. In einem wohnten Weber und Färber. Hier sollen die Vorhänge des Tempels gewebt worden sein. Ausgegraben wurden in Magdala die Reste einer kleinen Synagoge.

Das andere Viertel war die Heimat der Fischer. Bekannt war Magdala durch die Salzereien. Hauptabnehmer der konservierten Fische war Jerusalem, das für die vielen Festpilger besonders große Mengen benötigte. Außerdem gab es in Magdala einen Boots- und Schiffbau. Aus einer Notiz des Historikers Flavius Josephus (37/38–100 n. Chr.) geht hervor, dass zu jener Zeit nicht weniger als 230 Boote mit vier Rudern im Hafen von Magdala lagen. Auf Magdala als Ort der Fischer verweist ein in Magdala gefundenes Mosaik.

Der spätere Untergang von Magdala in der Zeit Vespasians (9–79 n. Chr.) wird mit der in Magdala herrschenden Unmoral in Verbindung gebracht.[282]

In einem Traktat des Talmuds heißt es, dass Magdala wegen seiner Unzucht zerstört wurde.[283] Magdala war nicht nur eine reiche Stadt für Fischer und Färber, sondern auch bekannt und berüchtigt durch die dort betriebene Prostitution. Die Nachtwelt von Magdala war der beliebte Ort für die in Galiläa stationierten Truppen des Herodes Antipas. In dieser Stadt lebte Maria, die Magdalenerin.

Die Evangelisten erwähnen Magdala nur zweimal, umso häufiger sprechen sie von einer Frau, einer Magdalenerin, der Maria aus Magdala. Wann immer Frauen in der Jüngernachfolge genannt werden, rangiert sie an der Spitze. Sie zog mit Jesus und unterstützte Jesus und seine Jünger durch ihr Vermögen (vgl. Lk 8,1-3). Sie stand auf Golgatha unterm Kreuz Jesu (vgl. Joh 19,25). Sie war die Erste, die dem Auferstandenen begegnete und Jesus machte sie zur ersten Zeugin der Osterbotschaft (Joh 20,1-2).

Abb. 149: Das Mosaik aus Magdala

Der Beiname »die Magdalenerin« (Menge) bzw. »die Frau aus Magdala« ist mehr als ein Hinweis auf den Heimatort jener Maria. Mit der Bezeichnung »die Magdalenerin« wird Maria als ehemalige Prostituierte gekennzeichnet. Für die Prostituierten wird Maria Magdalena die Schutzpatronin. [284]

Von der Bekehrung Maria Magdalenas durch Jesus erzählen arabische Fischer am See Genezareth noch heute eine alte Legende. Nach ihr soll Maria aufgrund ihres Lebenswandels Schande über ihr Elternhaus gebracht haben. Erst durch Jesus kam sie wieder zurück auf den Weg, den ihre Eltern sie gelehrt hatten.[285]

Was sich hinter den sieben Dämonen verbirgt, die Jesus aus Maria Magdalena austrieb, ist im Einzelnen nicht bekannt. Der Aramäisch sprechende Ausleger des Neuen Testamentes George M. Lamsa deutet die Stelle so: Jesus befreite Maria vollständig von ihrer sündigen Leidenschaft. Sieben ist die Zahl der Vollkommenheit. Nach der Begegnung mit Jesus »blieb sie nicht länger die Sklavin unrichtiger Gedanken und Taten«.[286]

Auf diesem Hintergrund liegt es nahe, anzunehmen, dass Maria aus Magdala diese Frau war, die Jesus die Füße salbte. Der Evangelist Lukas berichtet von diesem Ereignis unmittelbar vor der Erwähnung, dass Maria ihre Heimat Magdala verließ, um mit Jesus durch die Dörfer und Städte zu ziehen.

Das Handeln der Maria von Magdala war kein Ausfluss schwärmerischer Begeisterung und keine gefühlsmäßige Huldigung. Mit ihrem zeichenhaften Handeln stellte diese Frau ihr Leben Jesus ganz zur Verfügung. An Maria von Magdala ist abzulesen, was es heißt, den Entschluss zu fassen und zu verwirklichen, sein ganzes Leben in den Dienst Jesu zu stellen.

Im Hause eines Pharisäers – vermutlich in Magdala selbst – zeigte Maria, die Magdalenerin, ihre Entscheidung, für Jesus da zu sein, in vier zeichenhaften Handlungen.

1) Sie trat von hinten heran und weinte.

Dies kann nur so verstanden werden, dass sie sich hinter die Füße Jesu, der bei Tisch lag, kniete. Die Füße der zu Tisch Liegenden waren auf dem Polster nach hinten ausgestreckt.[287] Maria aus Magdala wagte es nicht, Jesus ins Gesicht

Abb. 150: Frau auf der Via Maris

zu sehen. Sie kniete hinter dem Fußende des Polsters, auf dem Jesus lag; und sie weinte.

Ihre Tränen waren Tränen der Reue. Maria aus Magdala war sich ihrer Schuld bewusst. Sie sah scharf und fühlte es brennend, dass sie Unrecht getan hatte und sie bereute es. Von der Reue sagt Romano Guardini: »Der Mensch muss sich in die Tatsache, dass er Sünder ist, hineinstellen und die Scham aushalten; daraus geht Erinnerung hervor.«[288]

2) Sie löste ihre Haare auf, um Jesu Füße zu trocknen.

Für eine freie Jüdin galt das Auflösen der Haare in der Öffentlichkeit als schamlos. Zugleich war es Sitte, dass Teilnehmer an einem Gastmahl ihre nassen und öligen Finger am Kopf der Sklaven abstrichen.[289] Wenn Maria aus Magdala ihr Haar auflöste, um Jesu Füße zu trocknen, erklärte sie sich zur Sklavin Jesu. Sie bekannte sich selbst zu Jesus. Sie wollte ihm folgen, der für sie das Leben bedeutete, »mit Haut und Haaren«.

3) Sie küsste Jesu Füße.

Der Fußkuss hat im Alten und Neuen Testament eine ganz spezifische Bedeutung. Es ist nicht der Kuss der Liebe, der den Atem des anderen aufnimmt. Es ist auch nicht der Begrüßungskuss auf die Wange als Zeichen der Verbundenheit und Freundschaft. Der Fußkuss ist Zeichen der Ehrerbietung, Verehrung und Huldigung.

In dem großen Königs- und Messiaspsalm heißt es: »Küsset den Sohn, auf dass er nicht zürne und ihr zugrunde geht auf euren Wegen« (Ps 2,11.12). Hier geht es um den Fußkuss, von dessen Bedeutung Maria aus Magdala wusste oder diese zumindest erahnte. »Im Küssen der Füße finden Reue, Liebe, Verehrung und Dankbarkeit einen zeichenhaften Ausdruck.«[290]

4) Sie erwies Jesus ihre ganze Liebe.

Maria aus Magdala gab das Kostbarste, was sie hatte. In ihrem Besitz war ein Alabasterfläschchen mit Parfüm für ihren eigenen Gebrauch oder den ihrer Freundinnen. Da solche Wohlgerüche damals kaum erschwinglich waren, musste dies ihr wertvollster Besitz gewesen sein. Für sie war es das einzig Passende, das sie Jesus als Opfer darbringen konnte.[291]

Mit ihrem vierfachen Handeln brachte die Frau zum Ausdruck: Jesus, ich will deine Sklavin, ich will dein Eigentum sein. Jesus sagte zu ihr: »Dir sind deine Sünden vergeben« (Lk 7,48). Du gehörst zu mir! Maria von Magdala ist das Zeichen dafür: Keiner und niemand ist ausgeschlossen, wie groß auch seine Schuld gewesen sein mag. Für jeden hält Jesus die Vergebung bereit. Keiner ist Jesus gleichgültig.

Nach einer alten beduinischen Überlieferung soll Jesus im Blick auf das, was Maria, die Magdalenerin, erlebte, sein Gleichnis von den Groschen, den 10 Drachmen, erzählt haben.[292]

Die Pharisäer hatten Jesus vorgeworfen: »Dieser nimmt die Sünder an!« (Lk 15,2). Da verglich Jesus sein Handeln mit einer Frau, die einen Brautschatz hatte, ein Band, in das 10 Drachmen, 10 Silberstücke, eingenäht waren. Es war ihr Schatz, der ihr Leben ausmachte und sicherte. Als sie eine der Münzen verloren hatte, stellte sie ihr ganzes Haus auf den Kopf, bis sie sie wiedergefunden hatte. Danach feierte sie mit ihren Freundinnen und Nachbarinnen ein Fest. Anlass des Festes war: »Ich habe die Silbermünze, die ich verloren hatte, wiedergefunden« (Lk 15,9).

Die Erklärung dieses Gleichnisses fasst Jesus in die Worte: »Ebenso, sage ich euch, herrscht Freude bei den Engeln Gottes über einen einzigen Sünder, der umkehrt« (Lk 15,10).

Die Legende der Beduinen schließt mit den Worten: Hier in Magdala hat Jesus dies verlorene Silberstück, Maria die Magdalenerin, wiedergefunden.

Jeder Mensch gleicht einem Silberstück im Schatz des Reiches Gottes. Jesu Aufgabe war es, nach jedem verlorenen Silberstück zu suchen! Maria von Magdala wurde von Jesus gefunden und ließ sich – bildlich gesprochen – eingliedern in den Schatz des Reiches Gottes.

Wie allen Jüngerinnen und Jüngern Jesu blieben auch Maria aus Magdala die Stunden der Krise nicht erspart. Maria aus Magdala stand unter dem Kreuz Jesu! Sie aber gehörte auch zu den ersten Zeugen der Auferstehung Jesu.

Abb. 151: Foto einer Araberin mit ihrem Brautschmuck

Abb. 152: Garten vor einem leeren Grab vor den Toren von Damaskus

3. Die Krise der Maria von Magdala und ihr Weg aus der Krise

»Maria von Magdala stand draußen vor dem Grab und weinte. Mit Tränen in den Augen beugte sie sich in das Grab hinein. Da sah sie zwei Engel in weißen Gewändern sitzen – der eine am Fußende, der andere am Kopfende, an der Stelle, wo der Leichnam Jesu gelegen hatte. Diese sagten zu ihr: Frau, warum weinst du? Sie antwortete ihnen: Man hat meinen Herrn weggenommen und ich weiß nicht, wohin man ihn gelegt hat. Nach diesen Worten wandte sie sich um und sah Jesus dastehen. Sie wusste aber nicht, dass es Jesus war. Da sagte Jesus zu ihr: Frau, warum weinst du? Sie hielt ihn aber für den Gärtner und sagte zu ihm: Herr, wenn du ihn weggetragen hast, so sage mir doch, wohin du ihn gebracht hast, dann will ich ihn wiederholen. Jesus sagte zu ihr: Maria. Da wandte sie sich um und sagte auf aramäisch zu ihm: Rabbuni, das heißt Meister. Jesus sagte zu ihr: Rühr mich nicht an, denn ich bin noch nicht zum Vater

Abb. 153: Rollstein, mit dem eine Grabanlage verschlossen wurde (Berg Nebo)

gefahren. Geh aber zu meinen Brüdern und sage ihnen: Ich fahre auf zu meinem Vater und zu eurem Vater, zu meinem Gott und zu eurem Gott. Da ging Maria hin und verkündigte den Jüngern, sie habe den Herrn gesehen und er habe dies zu ihr gesagt. «

Johannes 20,11-18

Eine alte Legende erzählt von einem Traum der Maria Magdalena, den diese in der Nacht nach der Kreuzigung hatte. Stefan Andres stieß auf diese Legende und fasst sie in die Worte:

> In dieser Nacht aber, so steht in einem alten Buche, träumte das Weib, das den Menschensohn gesalbt hatte, die kirchlichen Behörden hätten den Meister zum Tode verurteilt. Man steinigte ihn. Seine Gestalt war schon ganz vergangen unter den Steinen, aber immer neue Steine wurden geworfen. Immer neue Menschen kamen hinzu, Steine zu werfen, um die Gestalt des Menschensohnes zu verbergen … Und der Haufen der Steine über ihm wurde ein Berg, und er wuchs bis in den Himmel. Hernach aber stiegen dieselben, die ihn gesteinigt hatten, den Berg der Steine hinauf, bis in den Himmel.

Diese Legende ist nur ein kleiner Ausdruck dafür, was sich in Maria von Magdala abgespielt haben mag.

Maria von Magdala war auf Golgatha. Zusammen mit Johannes und anderen Frauen war sie Zeugin des Todes Jesu (vgl. Joh 19,25-27). Das Sterben Jesu wurde für sie zur Krise. Sie hatte sich alles ganz anders vorgestellt. Nun war Jesus, dem sie mit Haut und Haar gefolgt war, tot.

Wenn Menschen in einer Krise feststecken, verengt sich ihr Blickfeld. Selbst die besten Ratschläge von Freunden können nicht helfen. Der Mensch in der Krise hockt im eigenen Gefängnis. Es geht nichts mehr. Das Glück der anderen ist wie ein Hohn für das eigene Unglück. Was in ihm verkümmert, ist Wirklichkeit. – War nicht alles umsonst? Diese Verzweiflung ist etwas zutiefst Menschliches.

Eine solche Krise zu durchleiden, ist »not-wendend«, um als ein durch Leid geläuterter Mensch die Ketten der Trauer auf der Welt zu sprengen und ihr das Licht der Auferstehung entgegen zu halten.[293]

Nach dem Johannesevangelium war Maria aus Magdala die Erste, die am Ostermorgen den vom Grab weggewälzten Stein entdeckte. Sie wollte unbedingt bei ihrem Herrn sein, wenn nicht mehr beim lebenden, dann beim toten. Sie geriet in Panik, als sie den weggenommenen Stein sah. »Man hat meinen Herrn weggenommen.« Ihre Trauer machte sie blind.

Da kam es zu einer Begegnung mit Jesus im Garten vor dem Grab. Diese ereignete sich in fünf Schritten.

1) Maria meinte, ihren Herrn verloren zu haben.

Maria stand vor dem leeren Grab und weinte. Das Grab war für sie der Inbegriff des Endes, der Grabstein der Grenzstein ihres Glaubens. Nichts konnte sie überzeugen – weder das leere Grab, noch die Trostworte des Engels. Sie hatte ihren Herrn verloren und weinte. Sie hatte ihren Glauben verloren und war verzweifelt.

2) Jesus nannte Maria bei ihrem Namen.

Mit ihrem Namen »Maria« sprach Jesus sie als einzelne, unverwechselbare Persönlichkeit an.

➡ Jesus ließ Maria aus der Gestaltlosigkeit heraustreten.

- Beim Hören des Namens stand Maria ihre ganze Vorgeschichte vor Augen.
- Wenn Jesus sagte »Maria«, dann heißt dies: Meine Geschichte mit dir ist noch nicht zu Ende.

Das Nennen des Namens umfasst die Zusage: Ich kenne dich! Ich verlasse dich nicht! Du bist mein!

3) Maria antwortete mit »Rabbuni«.

Die offizielle, respektvolle Anrede eines Schriftgelehrten ist Rabbi. Rabbuni ist aramäisch und ist mehr als ein menschlicher Titel.[294]

Er ist nicht nur ein Ausdruck der Ehrfurcht, sondern auch der Innigkeit. In der altjüdischen Literatur wird Rabbuni in der Regel als Anrede Gottes gebraucht. Dies entspricht den beiden Begebenheiten, in denen Menschen zu Jesus Rabbuni sagen. Es ist der Blinde Bartimäus (vgl. Mk 10,51), der mit der Anrede »Rabbuni« Jesus darum bittet, dass an ihm erfüllt würde, was dem Gottesknecht verheißen ist; dass die Blinden aufschauen (vgl. Jes 42,7.18). Wenn Maria aus Magdala Jesus mit »Rabbuni« ansprach, so erkannte sie die Hoheit Jesu als Sohn des lebendigen Gottes.[295] Wenn Maria von Magdala Jesus mit Rabbuni anredet, so entspricht dies dem Bekenntnis des Thomas: »Mein Herr und mein Gott« (Joh 20,28).

4) Jesus bat Maria darum, keinen Anstoß zu geben.

Die Worte Jesu »Rühr mich nicht an« heißen aus dem Aramäischen übersetzt: »Komm mir nicht zu nahe!«

Eine orientalische Frau berührte in der Öffentlichkeit niemals einen Mann. Während eines Gespräches musste sie immer darauf bedacht sein, Abstand zu halten. Von dieser Regel gab und gibt es eine Ausnahme: Kommt ein als tot Geglaubter oder Vermisster lebend von einer langen Reise zurück, dann eilen seine Frau und alle ihm Nahestehenden herbei, um ihn zu umarmen und zu küssen.

Wenn Maria auf den Totgeglaubten zugelaufen wäre, um ihn zu umarmen und zu küssen, dann hätte dies die Aufmerksamkeit der Leute in der Nähe und auf dem Weg zu ihrer Arbeit auf sich gezogen. Da diese zumal bei der vielleicht bekannten Vorgeschichte der Maria aus Magdala Anstoß genommen hätten, sagte Jesus: »Berühr mich nicht!« »Komm mir nicht zu nahe!«[296]

Die Zeit der Nähe war vorbei. Maria von Magdala musste dazulernen, nicht festhalten, nichts für sich behalten zu wollen, sondern zu den Brüdern zu gehen, um das Neue, das ihr widerfahren war, mit ihnen zu teilen.

5) Maria wurde zur Grundzeugin der Auferstehung.

Jesus legte Maria folgende Worte ans Herz: »Geh zu meinen Brüdern und sage ihnen: Ich fahre auf zu meinem Vater und zu eurem Vater, zu meinem Gott und zu eurem Gott« (Joh 20,17).

Nach diesem Jesuswort berichtet Johannes, dass Maria von Magdala hinging und den Jüngern verkündete (griech. *angelein*), dass sie Jesus gesehen habe. Der Weg Marias aus Magdala zu den Jüngern war ein Botenweg, ihre Botschaft war »Engelsbotschaft«!

Maria von Magdala hatte alles erfahren, was einen Jünger Jesu auszeichnet.

- Sie war eine Augenzeugin des Wirkens Jesu.
- Sie war dem Auferstandenen begegnet und wurde von ihm gesandt, die Botschaft der Auferstehung weiterzutragen.
- Sie konnte wie die Apostel sprechen: »Ich habe den Herrn gesehen« (Joh 20,18).

Maria von Magdala muss in der ersten Gemeinde eine führende Autoritätsperson gewesen sein. Späte Quellen berichten dann von Spannungen zwischen den Jüngern Jesu und Maria. Die Kompetenzstreitigkeiten zwischen Maria von Magdala und Petrus führten vermutlich dazu, dass Maria von Magdala in den Hintergrund gedrängt wurde. Hier begann die Zurücksetzung der Frau in der Rolle der Gemeinde.

Für Jesus waren Maria aus Magdala und die Frauen seiner Umgebung gleichwertig und gleichrangig mit allen seinen Jüngern.

Maria von Magdala »sagt uns, dass Frauen ebenso Sendboten sein können wie Männer. Sie sagt uns aber auch, dass es – selbst nach einer totalen Krise – einen neuen Anfang geben kann. Und sie sagt uns, dass man nicht stehen bleiben darf. Man muss bereit sein, dazuzulernen. Damit kann man alle Tage neu anfangen«.[297]

Das jede Krise Wendende ist die Gewissheit: das Grab ist leer. Von dem gesprengten Grab schreibt Helmut Thielicke:

»Das österlich gesprengte Grab ist nichts anderes als die gewaltige Durchbruchstelle, wo der Fürst des Lebens eine Bresche in die Front des Feindes getrieben hat. Ihn konnte der Tod nicht halten in diesem gepanzerten Grabtresor, er hat ihn gesprengt.«

XV. Das Wirken Jesu am Ostufer des Sees und östlich des Jordans

> *Es folgten ihm (Jesus) Scharen von Menschen aus Galiläa, der Dekapolis, aus Jerusalem und Judäa und aus dem Gebiet jenseits des Jordans.*
>
> *Matthäus 4,25*

Zu denen, die Jesus nachfolgten, gehörten auch viele aus der Dekapolis. Sie müssen Jesus begegnet sein oder zumindest von ihm gehört haben. Dekapolis, übersetzt »zehn Städte«, war damals ein stehender Ausdruck. Die Dekapolis war ein Gebiet mit zehn Griechisch sprechenden Städten. Die zehn Städte der Dekapolis lagen außer Skythopolis (heute Beth Shean) alle im Ostjordanland. Welche Städte die Zehnzahl ausmachten, ist nicht ganz sicher, da antike Schriftsteller zwei abweichende Listen bieten. Ursprünglich dürften die folgenden Städte dazugehört haben: Abila, Dion, Gadara, Gerasa, Hippos, Kanatha, Raphana, Pella, Philadelphia (= Rabbat-Ammon) und Skythopolis (= Beth Shean).[298] Von diesen Städten liegt Beth Shean als einzige der zehn Städte westlich des Jordans.

Die Gründung dieser Städte fällt in das 3. bzw. schon in das 4. vorchristliche Jahrhundert, als sich das Griechentum mit dem Siegeszug Alexander des Großen durch Vorderasien die damals bekannte Welt eroberte. In diesen Städten wurden griechische und später römische Bildung, Sitten und Kulturen gepflegt. Die im weiteren Umkreis um den See Genezareth entstandenen Städte haben sich bereits im 3. und 2. vorchristlichen Jahrhundert zu einem »Schutz- und Trutzbündnis« zusammengeschlossen.[299] Das Bündnis erwies sich jedoch als nicht stark genug, um die Eroberungszüge des Königs und Hohepriesters Alexander Jannäus (103–76 v. Chr.) aufzuhalten. So kamen die Städte unter jüdische Vorherrschaft.

In römischer Zeit wurden sie von Pompeius (106–48 v. Chr.) von der jüdischen Herrschaft befreit (63 v. Chr.). Sie schlossen sich erneut zu einem engeren Städtebund zusammen, der ursprünglich zehn Städte umfasste.[300]

Der Name Zehnerbund (= Dekapolis) – obgleich später 14 Städte, darunter Damaskus, dem Bund beigetreten waren – blieb erhalten.[301] Unterstellt waren die Städte der Oberhoheit des Statthalters von Syrien.

Rom hatte den einzelnen Städten jedoch eine autonome Verwaltung mit eigenem Münzrecht garantiert.[302] Zur Zeit Jesu gab es noch in allen Städten der Dekapolis eine jüdische Minderheit, vornehmlich in den unteren Schichten der Bevölkerung.

Abb. 154: Fischer am See Genezareth

Die Oberschicht und Mehrheit der Bevölkerung der Dekapolis waren Heiden. Nach einer alten jüdischen Tradition, die im palästinischen Talmud und bei Origines Spuren hinterlassen hat, siedelten im Gebiet östlich des Sees Genezareth die sogenannten Girgaschiter. Diese Girgaschiter gehörten zu den sieben Völkern der Ureinwohner des Landes, von denen es im Buch Josua heißt: »Daran sollt ihr erkennen, dass ein lebendiger Gott mitten unter euch ist: »Er wird die Kanaaniter, die Hetiter, die Hiwiter, Perisiter, Girgaschiter, die Amoriter und die Jebusiter vor euren Augen vertreiben« (Jos 3,10). Die gemeinsame Bezeichnung für diese sieben Völkerschaften heißt »Vertriebene« (hebr. Geruschim oder Geraschim). Wenn Matthäus von Gadara spricht und Markus und Lukas die Bewohner östlich des Sees Genezareth Gerasener nennen, so sind dies nur verschiedene Bezeichnungen für die Bewohner östlich des Sees Genezareth, die besagen, dass diese zu den sogenannten »Vertriebenen« gehörten.[303]

Unabhängig von ihrer Bezeichnung steht eines fest: Jesu Wirken beschränkte sich von Anfang an nicht auf ein rein oder mehrheitlich von Juden besiedeltes Gebiet. Von Anfang an führte die Mission Jesu ihn und seine Jünger auch in das mehrheitlich von Heiden bewohnte Gebiet der Dekapolis. Matthäus und Markus schreiben: »Er fuhr an das jenseitige Ufer des Sees« (Mt 8,28; Mk 5,1) und Lukas spricht von dem Land, das Galiläa gegenüberliegt (vgl. Lk 8,26).

1. Das erste Wirken Jesu im Land der Heiden

»*Sie kamen an das andere Ufer des Sees, in das Gebiet von Gerasa. Als Jesus aus dem Boot stieg, lief ihm ein Mann entgegen, der von einem unreinen Geist besessen war. Er kam von den Grabhöhlen, in denen er lebte. Man konnte ihn nicht bändigen, nicht einmal mit Fesseln. Schon oft hatte man ihn an Händen und Füßen gefesselt, aber er hatte die Ketten gesprengt und die Fesseln zerrissen; niemand konnte ihn bezwingen. Bei Tag und Nacht schrie er unaufhörlich in den Grabhöhlen und auf den Bergen und schlug sich mit Steinen. Als er Jesus von weitem sah, lief er zu ihm hin, warf sich vor ihm nieder und schrie laut: Was habe ich mit dir zu tun, Jesus, Sohn des höchsten Gottes? Ich beschwöre dich bei Gott, quäle mich nicht! Jesus hatte nämlich zu ihm gesagt: Verlass diesen Mann, du unreiner Geist! Jesus fragte ihn: Wie heißt du? Er antwortete: Mein Name ist Legion; denn wir sind viele. Und er flehte Jesus an, sie nicht aus dieser Gegend zu verbannen. Nun weidete dort an einem Berghang gerade eine große Schweineherde. Da baten ihn die Dämonen: Lass uns doch in die Schweine hineinfahren! Jesus erlaubte es ihnen. Darauf verließen die unreinen Geister den Menschen und fuhren in die Schweine, und die Herde stürzte sich den Abhang hinab in den See. Es waren etwa zweitausend Tiere und alle ertranken. Die Hirten flohen und erzählten alles in der Stadt und in den Dörfern. Darauf eilten die Leute herbei, um zu sehen, was geschehen war. Sie kamen zu Jesus und sahen bei ihm den Mann, der von der Legion Dämonen besessen gewesen war. Er saß ordentlich gekleidet da und war wieder bei Verstand. Da fürchteten sie sich. Die, die das alles gesehen hatten, berichteten ihnen, was mit dem Besessenen und mit den Schweinen geschehen war. Darauf baten die Leute Jesus, ihr Gebiet zu verlassen.*«

Markus 5,1-17

Abb. 155: Die Obere Kirche in El-Kursi bei den Gräbern

Jesus hatte gerade den Boden der Dekapolis betreten, als sich ihm ein Besessener in den Weg stellte. Schon diese erste Schilderung und das Hinabstürzen der Schweineherde in den See Genezareth zeigt, dass sich das Ereignis am Ostufer des Sees zugetragen haben muss. Damit scheiden zwei Orte aus: Gerasa und Gadara. Gerasa, das heutige Djerasch, liegt 50 km südlich vom See Genezareth. Gadara ist zwar nur 10 km vom See entfernt, auch gibt es in der Umgebung von Gadara eine Anhöhe, von der aus es 40 m in die Tiefe geht, es ist jedoch nicht vorstellbar, dass die Tiere nach dem Absturz nicht tot liegen blieben, sondern noch bis zum See gerannt sind, um dort zu ertrinken.[304] So bleibt für den Ort des ersten Besuches Jesu im Land der Heiden östlich des Sees Genezareth Gergesa El-Kursi.

Die Grenzlinie zwischen Israel und der Tetrarchie des Herodes Philippus und der hellenistischen Dekapolis war die Semach.[305] Wenn Jesus mit seinen Jüngern im Hafen von Gergesa El-Kursi landete, so betrat er damit das Gebiet der Dekapolis.

Der Besessene, der sich Jesus in den Weg stellte, kam aus einer Grabhöhle.

Bereits im 4. Jahrhundert bauten Christen eine der Höhlen am Hang von El-Kursi zu einer Kapelle aus. Die Hangkapelle soll an die Höhlenwohnung des Besessenen erinnern. Zur Kapelle führen Stufen hinauf, die von einer getünchten Wand begrenzt werden,

Abb. 156: Basilika am Fuß des Abhangs von El-Kursi

auf der man Darstellungen von Kreuzen und Zweigen entdeckt hat. Bei den Zweigen handelt es sich um sogenannte Nezersymbole. Nezer ist das hebräische Wort für Spross, wie Jesaja den Messias aus dem Hause Davids nennt (vgl. Jes 11,1). Kreuz und Spross (Zweig) sind Hinweise auf Jesus, den Messias. Die judenchristlichen Nazoräer betrachteten sich nach Jesaja 60,21 als »Zweig von Gottes Pflanzung«.

In der kleinen Hangkapelle wurden zwei übereinander liegende Mosaikfußböden ausgegraben. Die Kapelle umfasste mehrere Säulen und eine Apsis. In ihr befindet sich eine Steinbank mit zwölf Sitzen. Diese kann gedeutet werden als Zeichen, dass Jesus umgeben von seinen zwölf Jüngern Herr über alle satanischen Mächte und Herr über den Tod ist. Von dem Felsabhang, in dem die kleine Kapelle hineingebaut ist, sollen der Überlieferung nach die Schweine in den See Genezareth gestürzt sein.[306] Für die Urbevölkerung der Dekapolis, die Kanaanäer, waren die Schweine heilige Tiere. Archäologen haben Altäre gefunden, auf denen Kanaanäer ihren Götzen Schweineopfer darbrachten. Da es den Israeliten nur erlaubt war, dem einen Gott zu opfern, war für sie die Schweinezucht und das Essen von Schweinefleisch verboten.[307] Jesus kam der Bitte des Besessenen nach. Die Schweine jedoch blieben nicht am Leben. Die gesamte Herde stürzte sich in den See Genezareth, der zur Zeit Jesu als die Pforte zur Hölle galt.[308]

Abb. 157: Das Taufbecken in der Basilika von El-Kursi

In Erinnerung an das erste Wunder Jesu auf dem Boden des Heidentums kamen ab dem 5. Jahrhundert immer mehr Pilger nach Gergesa El-Kursi. Im 6. Jahrhundert baute Abt Stephanus am Fuß des Abhangs mit der kleinen Hangkapelle eine Klosteranlage und eine dreischiffige Basilika. Die Basilika hatte eine Größe von 45 m Länge und 23,5 m Breite. Die links der Apsis liegende Kapelle, auch Diakonikon genannt, diente als Taufkapelle. Das kleine, aus Ziegeln gemauerte Taufbecken lag an der Ostwand.[309]

Es war eine Folge der arabischen Eroberung (638 n. Chr.), dass die Pilgerreisen nach El-Kursi aufhörten und El-Kursi auch von den Mönchen verlassen wurde. Zu Beginn des 8. Jahrhunderts wurde die Kirche durch ein Erdbeben zerstört. Für Jahrhunderte waren die Ruinen des Klosters und der Kirche unter Erde und Steinen begraben. 1970 baggerten Bulldozer die Spur für eine Straße vom Kibbuz En Ger am Ostufer des Sees zu einer Siedlung auf den Golan-Höhen. Bei diesen Straßenarbeiten wurden die Ruinen der byzantinischen Kirche und des Klosters entdeckt.[310] Das Gelände selbst war – wie Scherbenfunde zeigen – bereits in römischer Zeit besiedelt.[311] Heute ist die Gegend von El-Kursi der geeignete Ort des Gedenkens an Jesu erstes Wirken unter den Heiden.

Mit einer ausführlichen Beschreibung des Besessenen zeichnet Markus »das Bild des Heidentums«[312] und den Sieg über alle satanischen Mächte. Für jeden, der heute El-Kursi besucht, ist dieser

Abb. 158: El-Kursi

Ort die Herausforderung, eine Antwort auf die Frage der Besessenheit zu suchen. Dabei können drei Wege eingeschlagen werden, von denen zwei Irrwege sind:

Irrwege

Als Irrwege sind sowohl die religiöse als auch die rationelle Deutung der Besessenheit zu bezeichnen.

Religiöse Deutung

Krankheiten allgemein aber besonders geistige Behinderungen, psychiatrische und psychische Erkrankungen sind Folgen der Besessenheit. Wie es zu dieser leider immer noch verbreiteten Auffassung kam, kann ich mir nur wie folgt vorstellen: Die aramäischen Worte für Dämonen und böse Geister sind *deva* und *sheda*.

- Das zu *deva* gehörende Eigenschaftswort *devana* heißt »geisteskrank«.[313]
- Das entsprechende zu *sheda* gehörende Adjektiv *shedana* kennzeichnet Menschen mit wunderlichen Ideen und mit Geistesstörungen, die in Gewalttätigkeiten ausarten können.[314]

Im Neuen Testament können Krankheiten in Einzelfällen auf Dämonen zurückgeführt werden. Einmal sagte Jesus zu einer Frau, die »einen Geist der Schwäche hatte«, dass Satan sie schon 18 Jahre in Fesseln gebunden hatte (vgl. Lk 13,11.16). Aber es ist keineswegs so, dass im Neuen Testament Krankheiten und speziell psychische und psychiatrische Erkrankungen auf Dämonen zurückgeführt werden. Es gibt Krankheiten ohne Dämonie und Dämonie ohne Krankheit.

Rationelle Deutung

Die Vernunft verbietet es, mit Dämonen zu rechnen. Der Versuch, Dämonie – wie sie im Neuen Testament unbefangen angesprochen wird – rationell zu deuten, fand ihren Höhepunkt in dem sogenannten Entmythologisierungsprogramm Rudolf Bultmanns (1884–1976). Für Bultmann war das Wissen um die Macht der Dämonen antiquiert, »erledigt durch die Kenntnis der Kräfte und Gesetze der Natur«.[315]

Diesen kurzschlüssigen und verhängnisvollen Deutungsversuchen ist die realistische Beurteilung dessen, was Besessenheit bedeutet, gegenüberzustellen.

Realistische Deutung

Ein Besessener ist ein unfreier und abhängiger Mensch. Er ist in den Machtbereich Satans geraten, aber von Jesus nicht aufgegeben.

Dämonie ist »die transsubjektive Wirklichkeit des Bösen«,[316] d.h. eine Wirklichkeit, die ich mit meinem Verstand weder erklären noch begreifen kann.

Bei der Dämonie handelt es sich nicht um die Übertragung menschlicher Eigenschaften auf das Nichtmenschliche (= Anthropomorphismus), sondern um »reale Mächte«, deren Ziel es ist, »ihr Opfer in den Zustand der Hörigkeit zu bringen«.[317]

Wenn Jesus in einem Menschen einen bösen Geist anredet, steht er an der Schwelle, wohin kein Arzt und Therapeut gelangen wird.[318]

Einen Besessenen kann man mit aller Vorsicht definieren als einen unfreien und abhängigen Menschen, der in die Gewalt Satans geraten, von Jesus jedoch nicht aufgegeben ist.

Ausdruck des Dämonischen ist Unfreiheit

Gott hat jeden einzelnen Menschen bei der Zeugung durch seine Eltern ins Leben gerufen und ihn mit der Gabe der Freiheit ausgestattet. Jeder Mensch hat die Freiheit, zwischen Se-

gen und Fluch zu wählen (vgl. 5 Mo 30,1). Jeder Mensch hat die Freiheit, sich auf die Seite Gottes zu stellen oder so zu leben, als ob es Gott nicht gäbe.
Gott hat in seiner uneingeschränkten Freiheit die Welt erschaffen. Den Menschen schuf er nach seinem Bild, d. h., er legte in ihn die Möglichkeit, mit ihm in Verbindung zu treten und ihn, den allmächtigen Gott, in dieser Welt zu repräsentieren. Ein Mensch, der dies nicht mehr will und kann, hat sich von Gott abgewandt und sich gegen Gott entschieden. Er hat sich zum Sklaven Satans gemacht.

Dämonie heißt, der Mensch hat die Gottesebenbildlichkeit verloren

Er ist Sklave anderer Götter und widergöttlicher Mächte. Satan und seine Helfershelfer, die Dämonen, sind reale Mächte. Sie haben nur ein einziges Ziel: »ihre Opfer in den Zustand der Hörigkeit zu bringen«.[319]
Der Mensch, der in das Zerstörungswerk Satans einwilligt oder hineingerät, erleidet eine Veränderung im Kern seiner Persönlichkeit. »Es geht da ein Schwund vor sich, der in die Substanz hineinfrisst. Der Mensch schrumpft, er wird weniger, weniger in seinem Menschenkern, weniger an Ebenbild«.[320] Er schreit auf, wenn er mit Gott konfrontiert wird. Alles bäumt sich in ihm auf, wenn Gott vor ihm steht. Die beiden Besessenen, denen Jesus entgegentrat, schrien: Lass uns in Ruhe! (Mt 8,29).

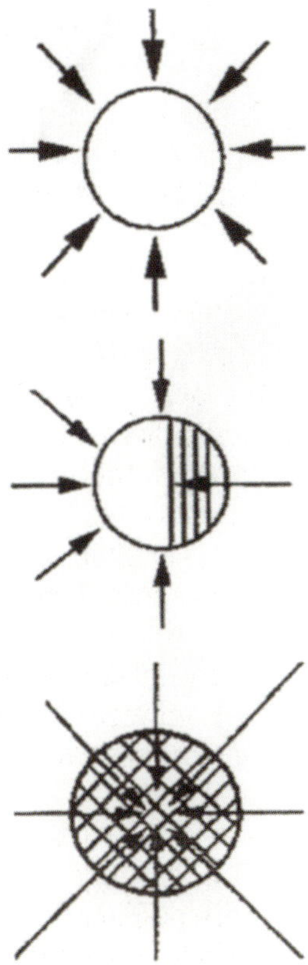
Abb. 159

Jeder Mensch ist von Satan bedroht, keiner jedoch ist willenlos Satan ausgeliefert

Dämonen, die Boten Satans, umkreisen den Menschen. Ihr aggressives Vorgehen richtet sich vornehmlich gegen die Menschen, die entschlossen sind, Gott die Treue zu halten. Kein Mensch ist vor solchen Angriffen Satans sicher. Zu Petrus sagte Jesus: »Satan hat sich euch ausgebeten« (Lk 22,31).

Dämonen haben immer dann einen Teilsieg errungen, wenn Menschen sich dämonischen Mächten öffnen oder als Unmündige Dämonen ausgesetzt werden (= Teilbesessenheit).

Dämonen tragen dann den Sieg davon, wenn Menschen sich bewusst Satan verschreiben und ihre Seele verpfänden und verkaufen (= Besessenheit).

Eine Besetzung des Menschen, das heißt Besessenheit, gibt es nicht ohne die Einwilligung eines Menschen oder dessen Eltern. Eine solche Zustimmung ist immer zugleich eine Absage an den Ausschließlichkeitsanspruch Gottes und eine Übergabe an einen Götzen, an Satan und seine Engel.

Kein Mensch muss in den Klauen Satans bleiben

Immer wieder ist Jesus während seiner Wirkungszeit Besessenen begegnet. Die Evangelien berichten von sieben Heilungen von Besessenen (vgl. Mt 8,28; 9,32; 12,22; 17,14; Mk 1,23; 7,25; Lk 13,11). Die Zahl sieben bedeutet: Es gibt keine dämonische Macht, die vor Jesus nicht weichen muss. Aus dem Rasenden, sich selbst und alles um sich herum Zerstörenden in der Gegend von Gadara schreit es heraus: Du bist Gottes Sohn. Du bist Gott. Quäl uns nicht! Wenn du uns austreiben willst, dann lass uns zu unserem Ursprung zurückkehren.

Es ist kein Zufall, dass Jesus ein Besessener entgegenkam, kaum dass er seinen Fuß auf heidnisches Territorium gesetzt hatte. Besessenheit ist ein Symbol der Gottlosigkeit, d.h. des Heidentums.[321]

In der Begegnung mit Jesus wurde der Besessene wieder zu einem freien Menschen. Dieses Wunder Jesu war ein Einbruch in die Welt der Heiden. Das Handeln Jesu blieb nicht unbeobachtet. Hirten rannten in die nächste Stadt, um diese Neuigkeit zu überbringen. Die nächstliegende Stadt war Hippos. Das Territorium der Stadt reichte bis an den See.[322] Repräsentanten der Stadt überzeugten sich von dem, was in Gergesa El-Kursi geschehen war. Sie forderten Jesus auf, ihr Gebiet zu verlassen, und Jesus bestieg mit seinen Jüngern das Schiff, um zurück nach Kapernaum zu fahren.

Abb. 160: Die Gegend um Gadara

2. Das zweite Wirken Jesu in der Dekapolis

> *»Jesus verließ das Gebiet von Tyrus, wanderte durch die Gegend von Sidon in Richtung an den See von Galiläa mitten in das Gebiet der Dekapolis.«*
>
> *Markus 7,31*

Es war ein langer Weg, bis Jesus von Tyrus kommend das Gebiet der Dekapolis erreichte. Die Wegangabe des Markus entspricht dem Verlauf der antiken Straße.[323]

Als Jesus dieses Mal in die Dekapolis kam, war er kein Unbekannter mehr, denn der Geheilte von El-Kursi hatte in der ganzen Dekapolis davon berichtet, »was Jesus für ihn getan hatte« (Mk 5,20). Eigentlich wollte der Geheilte mit Jesus und seinen Jüngern nach Kapernaum fahren. Jesus aber gab ihm den Auftrag: »Geh nach Hause und berichte den Deinen, was der Herr für dich getan und wie er Erbarmen mit dir gehabt hat« (Mk 5,19). Jesus selbst hatte den, den er von den Dämonen befreit hatte, »zum Boten seiner Frohbotschaft, zum ersten Missionar der Heiden gemacht«.[324]

Bei seinem zweiten Kommen in die Dekapolis brachte man als Erstes einen Tauben zu Jesus, der nur stammeln konnte. Nachdem

Jesus ihn geheilt hatte, war die Reaktion der Menschen: »Die Tauben macht er hörend und die Stummen redend« (Mk 7,37). Nach Matthäus (vgl. Mt 15,29-31) hatte sich eine große Volksmenge um Jesus versammelt. Unter ihnen wirkte Jesus die Anbruchszeichen des messianischen Zeitalters: Blinde sehen, Lahme gehen, Taube hören und Aussätzige werden rein (vgl. Mt 11,2-6).

Die Leute aus der Dekapolis kamen aus dem Staunen nicht mehr heraus. Wenn Matthäus schreibt: »Sie staunten und priesen den Gott Israels«, ist dies ein Hinweis dafür, dass die Scharen zum Großteil aus Nichtjuden bestanden.[325]

Nachdem die Volksmasse drei Tage bei Jesus geblieben war, ergriff Jesus im Unterschied zur Speisung der Fünftausend (vgl. Mt 14,13-21; Mk 6,32-44; Lk 9,10b–17; Joh 6,1-15) die Initiative. Er rief seine Jünger zu sich und sagte: »Ich habe Mitleid mit diesen Menschen. Ich will sie nicht hungrig wegschicken, sonst brechen sie unterwegs zusammen« (Mt 15,32). »Manche von ihnen sind von weit her gekommen« (Mk 8,3). So kam es zur zweiten Speisung, dieses Mal im Land der Heiden.

Bei der Speisung der Fünftausend in der Nähe von Tabgha waren es zwölf Körbe, in die die Reste gesammelt wurden (vgl. Mt 14,20; Mk 6,43; Lk 9,17; Joh 6,13). Damals war es ein Hinweis auf die zwölf Stämme Israels. Bei der Speisung der Viertausend (Mt 15,32-39; Mk 8,1-10) in der Dekapolis sind es sieben Körbe, in denen die Reste gesammelt wurden. Diese Zahl weist auf die sieben Heidenvölker hin, die von den zwölf Stämmen Israels aus dem Land vertrieben wurden und die ausgeschlossen waren vom Bund mit Gott.[326] Es waren die Hetiter, Girgaschiter, Amoriter, Kanaaniter, Perisiter, Hiwiter und Jebusiter (vgl. 5 Mo 7,1; Apg 13,19). Mit der zweiten Speisung der Viertausend und den sieben Körben, in denen die Reste gesammelt wurden, brachte Jesus zum Ausdruck, dass mit dem Anbruch der messianischen Zeit allen Nationen die Tore zum Gottesvolk offenstehen.[327]

3. Weitere Spuren der ersten christlichen Gemeinden in der Dekapolis

Außer in Gergesa El-Kursi, das zum Territorium von Hippos gehörte, und in Gadara gibt es in weiteren Städten der Dekapolis östlich des Jordans Spuren christlicher Gemeinden.

Abb. 161: Straße in Gadara

1) Hippos

Der griechische Name Hippos ist die Übersetzung der aramäischen Bezeichnung *sesit* (Pferd). Hippos war eine weithin sichtbare Stadt auf dem Berg (vgl. Mt 5,14). Gegründet wurde Hippos im 3. Jh. v. Chr. durch die Seleukiden. Alexander Jannäus (103–76 v.Chr) eroberte die Stadt. Pompeius nahm sie im Jahr 63 v. Chr. den Juden wieder weg. Augustus schenkte die Stadt Herodes dem Großen.

Ihren Reichtum verdankte Hippos der direkten Lage an der Römerstraße von Bet-Schean nach Damaskus. In byzantinischer Zeit war Hippos eine bedeutende Bischofsstadt und verfügte über mindestens vier Kirchen, darunter eine Kathedrale.[328] Besonders eindrücklich sind die Ausgrabungen der sogenannten Nord-West-Kirche. Diese lag parallel zur Hauptkolonadenstraße (decumanus maximus) und hatte an der Ostseite drei Apsiden.

Abb. 162: Das Theater in Umm Qeis

Abb. 163: Basilika in Gadara

2) Gadara, das heutige Umm Qeis (Jordanien)

Gadara lag auf einem steil abfallenden Plateau hoch über dem Jarmuk. Von hier aus konnte man den gesamten See Genezareth überblicken und bei guter Sicht bis zum Hermon sehen.[329]

Der antike Begriff Gadara heißt übersetzt so viel wie Festung beziehungsweise Einschließung. Die heutige Bezeichnung Umm Qeis geht vermutlich auf das altarabische »mkes« für Grenzstation zurück.[330]

Die Gebäudereste umfassen u.a. zwei Theater, ein Hippodrom, eine Basilika, Bäder und eine prachtvolle Säulenstraße sowie eine byzantinische Kirche.

In den Kriegen mit Alexander Jannäus (103–76 v.Chr.) wurde Gadara zerstört. Nach Josephus wurde die Stadt von Pompeius wieder mit allem Prunk aufgebaut.[331] Das gut erhaltene Westtheater ist ganz in Basalt ausgeführt und bot 3000 Zuschauern Platz. In den Ehrenbänken der ersten Reihe war die Göttin Tyche als Göttin des Schauspiels, skulpiert aus weißem Marmor, platziert.

In einer der Nebenstraßen unweit vom Westtheater waren in die Subkonstruktion einer Terrasse Verkaufsräume von je 5 m Tiefe angelegt. Auf der Terrasse, die zur Schaffung von Baugrund angelegt worden war, wurde im frühen 6. Jahrhundert eine Basilika in Form eines Achtecks errichtet.

Abb. 164: Pella

Vor dem Oktagon der byzantinischen Kirche befand sich ein durch drei Portale erschlossener Säulenhof. Die Säulen waren aus Kalkstein, die des Kirchenachtecks aus Basalt. Der Boden des Kirchenachtecks war mit farbigen Fliesen ausgelegt.[332]

3) Abila

Mit den im Jahr 1980 begonnenen Ausgrabungen von Abila wurde eine weitere Stadt der Dekapolis entdeckt, die nach christlicher Überlieferung zu den Wirkungsstätten Jesu gehörte. Auf dem Areal D wurden die Reste einer christlichen Kirche zutage gefördert. Die Abbildung zeigt eine Schwelle, die in einen Seitenraum führt.[333]

4) Kanatha (Qanawat im heutigen Syrien)

Der antike Ortsname Kanatha bezeichnet wie der im Arabischen und Persischen gebräuchliche Name Qanawat unterirdische Kanäle. Der Siedlungsraum um Kanatha war seit alters her wegen seines Wasservorkommens ein begehrter Siedlungsplatz. Im 1. Jh. v. Chr. wurde Kanatha Mitglied des Städtebundes der Dekapolis. In byzantinischer Zeit war Kanatha ein Bischofssitz.[334]

Abb. 165: Tell von Pella

Abb. 166: Pella: Blick in die Jordanebene

5) Pella im heutigen Jordanien

Die Stadt Pella wird weder im Alten Testament, noch in den Apokryphen oder im Neuen Testament erwähnt. In ägyptischen Ächtungstexten (1900.v. Chr.) und in den Amarna-Briefen (1400 v. Chr.) kommt Pella vor unter dem Namen Pihila oder Pihilum. In altisraelitischer Zeit erlangte die Stadt nur geringe Bedeutung. Griechische Kolonisten (Mazedonier) siedelten in dieser Region nach der Belagerung des Landes durch Alexander den Großen (332 v. Chr.). Sie nannten ihre Stadt Pella nach der mazedonischen Hauptstadt und dem Geburtsort Alexanders des Großen.

Die Geschichte der Christen in Pella begann in der Zeit des judäischen Krieges (67 n. Chr.). Eusebius berichtet, dass die judenchristliche Gemeinde nach Pella flüchtete. Sie fassten ihren Entschluss in der Beachtung der prophetischen Weissagung von der Zerstörung Jerusalems (vgl. Mt 24,15 f.; Mk 13,14 f.).

Auch nachdem 135 n. Chr. ein großer Teil der Exilanten nach Judäa zurückgekehrt war, blieb Pella in den folgenden Jahrhunderten ein bedeutendes Zentrum für das Christentum. Aus Pella stammt der christliche Schriftsteller Ariston (2. Jh. n. Chr.). Die größte Expansion erreichte Pella während der byzantinischen Periode. 365–625 n. Chr. war Pella Bischofssitz mit bedeutenden Kirchen.[335] Die auf dem Areal IX ausgegrabene byzantinische Basilika wurde im

Abb. 167: Das Forum von Gerasa

Jahr 749/750 n. Chr. durch ein Erdbeben zerstört. Die ersten Christen in Pella waren bekannt unter dem Namen Kirche Gottes (hebr. *qahal el*/griech. *ekklesia tu theu*).

Bargil Pixner geht davon aus, dass die ersten judenchristlichen Exilanten bereits im Jahr 73 nach Jerusalem zurückgekehrt sind. Dort bauten sie auf dem heutigen Zionsberg ein kleines Gotteshaus, und zwar in der Nähe des Palastes des Kajaphas. Sie gaben dem Gotteshaus den Namen Kirche der Apostel. Nach Pixner stand dieses auf dem Areal des heutigen Davidsgrabes und war die älteste christliche Kirche im Heiligen Land.[336]

6) Gerasa (Jerasch im heutigen Jordanien)

»Jerasch ist kein anderer Ort als das alte Gerasa, eine Stadt der Dekapolis« (Ulrich Jasper Seetzen, Archäologe und Orientpionier).

Die frühesten Siedlungsspuren von Gerasa stammen aus dem 6. vorchristlichen Jahrtausend (Neolithikon).

Aus der Geschichtslosigkeit heraus hat sich die Stadt erst in hellenistischer Zeit entwickelt. Verschiedene gefundene Inschriften sprechen von der »Stadt der Antiochener«, die früher Gerasener hießen. Der Gründer der Stadt Jerasch war vermutlich ein Seleukide, Antiochus III. (223–187 v. Chr.) oder Antiochus IV. (175–164 v. Chr.). Die Stadt hatte eine wechselnde Geschichte unter den

Abb. 168: Herkulestempel in Amman

Nabatäern, unter Alexander Jannäus und unter den Römern. Jerasch verlor an Bedeutung und gelangte erst wieder in byzantinischer Zeit zur vollen Blüte.

Schon im 3. Jh. n. Chr. gibt es Zeugnis von Christen in Jerasch. In byzantinischer Zeit wurden folgende große Kirchen gebaut:

- 442 die Kirche des Elias und der Maria
- 464/465 die Kirche der Propheten, Apostel und Märtyrer
- 529 die Georgskirche
- 531 die Johanneskirche
- 530 die Synagogenkirche
- 540 die Peter- und Paulskirche
- 565 die Propyläenkirche
- 611 die Kirche des Bischofs Genesius.

Am Konzil von Chalcedon (451 n. Chr.) nahm ein Bischof aus Gerasa namens Plancus oder Placcus teil.[337]

7) Rabbat-Ammon (Philadelphia), das heutige Amman

Das heutige Amman, die Hauptstadt Jordaniens, war die Hauptstadt von Ammon. Der vollständige Name Rabbat-Ammon erscheint an folgenden Stellen im Alten Testament (5 Mo 3,11; 2Sam 12,26.27;

Abb. 169: Byzantinische Basilika in Amman

Jer 49,2; Ez 21,25). Die Kurzform Rabba findet sich in 2Sam 11,1; 12,26; Jer 49,3. Der Name bedeutet offensichtlich Hauptstadt.

Im Bereich des Flughafens von Amman wurde ein Gebäude aus dem 13. Jh. v. Chr. ausgegraben. In ihm fanden sich Überreste verbrannter Menschen, darunter viele Kinder. Vermutlich handelt es sich dabei um Menschenopfer für den Götzen Moloch.

König David hatte in Hanun, dem Sohn Nachaschs, einen Rivalen. Nach dem Sieg über Hanuns aramäische Verbündete und der ammonitischen Armee konnten David und Joab Ammon überrennen. Joab belagerte Rabbat-Ammon. Er überließ jedoch David die Ehre, die Zitadelle einzunehmen (vgl. 2Sam 10; 12,26-31; 1Chron 20,1).[338] Urija, den Mann Batsebas, schickte David in der Schlacht um Rabbat-Ammon in den Tod (vgl. 2Sam 11).

Mitte des 3. Jh. v. Chr. wurde Rabbat-Ammon hellenisiert. Zu Ehren des neuen Oberherrn Ptolomaios II. Philadelphos (285–245 v. Chr.) wurde Rabbat-Ammon offiziell in Philadelphia umbenannt. 218 v. Chr. unter Antiochus III. war Philadelphia Hauptstadt des Seleukidenimperiums. Es gehörte dann zum Städtebund der Dekapolis. Nach einem Zwischenspiel der Herrschaft der Nabatäer eroberte König Herodes die Stadt.

In der frühchristlichen oströmischen Stadt residierten in Philadelphia Bischöfe zwischen 325 und 575 n. Chr. Am Konzil von Nicea (325 n. Chr.) und an der Synode von Antiochia (341 n. Chr.) nahm jeweils ein Bischof Cyrius aus Philadelphia teil. Während der diokletianischen Verfolgungen (303–311 n. Chr.) starben viele Christen Philadelphias für ihren Glauben.[339]

Bei den Ausgrabungen auf der Zitadelle wurde u. a. der Grundriss einer byzantinischen Kirche entdeckt.[340]

Schluss

Die Orte im Leben Jesu von Bethlehem bis Kapernaum gehören zum ganzen Leben Jesu. Durch sie können wir verstehen, was sich Schlag auf Schlag in der letzten Woche im Leben Jesu ereignete.

Im Apostolischen Glaubensbekenntnis ist die letzte Woche im Leben Jesu zusammengefasst in den Zeilen: »gelitten, unter Pontius Pilatus gekreuzigt, gestorben und begraben, am dritten Tage auferstanden von den Toten«.

Karl Barth weist mit Recht darauf hin, dass das kleine Wort »gelitten« im Glaubensbekenntnis eine eigene Stellung und ein eigenes Gewicht hat. Es ist die Zusammenfassung des Lebens Jesu von Bethlehem bis zu Jesu Einzug in Jerusalem. Schon die Kindheit Jesu, seine Geburt im Stall von Bethlehem, steht unter dem Zeichen des Leidens.

Unter das Wort »gelitten« gehört das ganze Leben Jesu.

Im Heidelberger Katechismus, verfasst von den Schülern Johannes Calvins Olivian und Ursinus, heißt es: »was verstehst du unter dem Wörtlein gelitten? Dass er an Leib und Seele für die ganze Zeit seines Lebens auf Erden, sonderlich aber am Ende desselben, den Zorn Gottes wider die Sünde des ganzen menschlichen Geschlechtes getragen hat«.

Das ganze Leben Jesu vollzieht sich bereits im Schatten des Kreuzes.

Gleichzeitig gilt, was Johann Albrecht Bengel von den Evangelien vor der Auferstehung sagt: »Alle Worte und Geschichten Jesu atmen bereits den Geist der Auferstehung (spirant ressurectionem)«.

Literaturverzeichnis

Alpert, F., Your Historical Guide to Jerusalem Throughout the Ages. Archaeological Seminars Inc. 1984.

Bach-Werke-Verzeichnis
Baedeker, Ägypten, 8. Aufl. 2000.
Baedeker, Jordanien, 2. Aufl. 2000.
Barrett, C. K., Das Evangelium nach Johannes, Berlin 1990.
Barth, Ch., kl in ThWAT IV, Sp. 367–375.
Berger, K./Nord, Ch., Das Neue Testament und frühchristliche Schriften, Frankfurt 1999.
Bethany. Beyond the Jordan, Jordan Tourism Board, 2002.
Betz, O., phoneo, in: ThWNT, Bd IX, S. 296.
Bier, A., Eretz Israel: Old and New. A Jewish Pilgrim's Companion, Jerusalem 1976.
Bistavros, G. G., Kurze Geschichte der St. Sergius Kirche. Die älteste Kirche in Ägypten, o. A.
Blauer Führer. Israel, Wien/München/Zürich/New York 1982.
Blauer Führer, Ägypten, Wien/München/Zürich/New York 1981.
Bogler, B., Libanon, Marco Polo Reiseführer, 1995.
Bonhoeffer, D., Widerstand und Ergebung, DWB 8, München 1998.
Bonhoeffer, D., Nachfolge, DBW 4, München 1989.
Bours, J., Da fragte Jesus ihn: Schritte geistlicher Einübung in die Jesusnachfolge, 4. Aufl., Freiburg/Basel/Wien 1985.
Bours, J., Halt an, wo läufst du hin? Bildmeditationen, Freiburg/Basel/Wien 1990.
Bräumer, Hj., Auf dem letzten Weg, 2. Aufl., Neuhausen-Stuttgart, 1996.
Bräumer, Hj., Das Buch Hiob, Kap 1–19, Wuppertal, 1992.
Bräumer, Hj., Das Buch Hiob, Kap. 20–42, Wuppertal, 2. Aufl., 1997.
Bräumer, Hj., Das erste Buch Mose. Kapitel 1–11, Wuppertal 1983.
Bräumer, Hj., Das erste Buch Mose. Kapitel 12–36, Wuppertal 1987.
Bräumer, Hj., Das erste Buch Mose. Kapitel 37–50, 2. Aufl., Wuppertal 1995.

Bräumer, Hj., Das zweite Buch Mose. Kapitel 19–40, Wuppertal 1999.
Bräumer, Hj., Das zweite Buch der Chronik, Wuppertal 2002.
Brunner, E., Wahrheit als Begegnung, Berlin/Zürich 1938.
Brunner-Traut, E., Die Kopten. Leben und Lehre der frühen Christen in Ägypten, Köln 1982.
Buber, M., Ich und Du, in: Schriften zur Philosophie, Bd. I., München 1962.
Buber, M., Moses, 3. Aufl., Heidelberg 1966.
Bultmann, R., Neues Testament und Mythologie. Das Problem der Entmythologisierung der neutestamentlichen Verkündigung, in: Kerygma und Mythos. Ein theologisches Gespräch, ThF, Bd. I, 3. Aufl., Hamburg 1954, S. 15–48.

Conrad, W., Christliche Stätten in der Türkei. Von Istanbul bis Antakya, Stuttgart 1999.
Corbach, D., Daniel Oswald Rufeisen. Der Mann aus der Löwengrube. Spuren jüdischen Wirkens 3, Köln 1989.

Dalman, G., Orte und Wege Jesu. Schriften des deutschen Palästina Instituts, 3. Aufl., Gütersloh 1924.
Das Große Bibellexikon, Bd. 1, Wuppertal/Gießen 1987.
Das Große Bibellexikon, Bd. 2, Wuppertal/Gießen 1988.
Das Große Bibellexikon, Bd. 3, Wuppertal/Gießen 1989.
Delitzsch, F., Biblischer Kommentar über die Psalmen, 4. Aufl., Leipzig 1883.
Dorrie, H., in: RGG, Bd. III, 3. Aufl., Sp. 1060.
DuMont visuell, Heiliges Land, 2. Aufl., 1997.

Eder, A., Der Davidsstern. Seine Bedeutung in der Geschichte und im Verlauf der Erlösung, 2. Aufl., Jerusalem 1984.
Ernst, J., Das Evangelium nach Lukas, Leipzig 1984.
Evangelisches Gesangbuch, Ausgabe für die Evangelisch-Lutherischen Kirchen in Niedersachsen und für die Bremische Evangelische Kirche, Hannover 1994.
Evangelisches Gottesdienstbuch. Agende für die Evangelische Kirche der Union und für die Vereinigte Evangelisch-Lutherische Kirche Deutschlands, Verlagsgemeinschaft »Evangelisches Gottesdienstbuch«, Berlin 2000.

Foester, W., Herodes und seine Nachfolger, in: RGG, 3. Aufl., Tübingen 1959, Sp. 266–269.
Franziskanischer Führer, Die Burg Antomer, Führer für Besucher in Jerusalem, Franciscan Printing Press, o. Verfasser. und o. Jahresangabe.
Friedländer, M., Die Jüdische Religion, Basel 1971.

Gnilka, J., Das Evangelium nach Markus, EKK II 1+2, Leipzig 1982.
Göll, H., Illustrierte Mythologie. Göttersagen und Kultusformen, 7. Aufl., Leipzig 1901.
Goethe, J. W. v., Faust. Der Tragödie erster Teil, V. 765, Leipzig Reclam o. J.
Gollwitzer, H., Die Freude Gottes. Einführung in das Lukasevangelium. 2. Aufl., Berlin Dahlem und Gelnhausen 1952.
Goppelt, L., Lukas 24,13-35, in: Calwer Predigthilfen Bd. 11, Stuttgart 1972, S. 214–221.
Gradwohl, R., Die Farben des Alten Testamentes, zitiert nach Beyse, K. M., *an,* in: ThWAT VIII, Sp. 340–342.
Grant, M., Reise im Gegenwind, 2. Aufl., Marburg 1981.
Grün, A., Gebet als Begegnung, Münster, Schwarzacher Kleinschriften, Bd. 60, Münster Schwarzach 1990.
Grün, A., Österlich leben, Freiburg 2001.
Grüninger, W./Brandes, E. (Hrsg.), Atempausen. Gedanken für jeden Tag des Jahres, Stuttgart 1977.
Grundmann, W., Das Evangelium nach Markus, 6. Aufl., Berlin 1973.
Grundmann, W., Das Evangelium nach Matthäus, 3. Aufl., Berlin 1972.
Guardini, R., Nähe des Herrn, 2. Aufl., Würzburg 1962.
Guardini, R., Der Herr. Betrachtungen über die Person und das Leben Jesu Christi, Leipzig 1953.
Guardini, R., Tugenden. Meditationen über Gestalten sittlichen Lebens, Würzburg 1963.
Guardini, R., Vorschule des Betens, 7. Aufl., Einsiedeln 1964.

Hadvarim, T./Degany, R., Seinen Spuren folgen. Mit Jesus durch das Heilige Land, Wuppertal 2000.
Heinz-Mohr, G., Den Kreuzweg gehen. Meditationen zur Passionszeit, Kassel 1979.
Hentschel, G., Die Bücher der Könige, 1. Aufl., Leipzig 1986.

Hoade, E. H., Guide to the Holy Land, 4. Aufl., Jerusalem 1971.
Höllhuber, D., Libanon, DuMont, Köln 1999.
Homolka/Böckler, Die Weisheit des Judentums, 13.10.
Hromádka, J. L., Lukas 24,1-12, in: GPM 1958/59.

Irmsche, J./Johne, R. (Hrsg.), Lexikon der Antike, 2. Aufl., Leipzig 1977.
Iwand, H.-J., Johannes 11,1+3+17-27, in: Göttinger Predigtmeditationen 1958–59, Berlin 1959, S. 251–258.

Jeremias, J., Das Evangelium nach Johannes, Leipzig 1931.
Jeremias, J., Die Gleichnisse Jesu, 6. Aufl., Göttingen 1962.
Jeremias, J., Heiligengräber in Jesu Umwelt, Göttingen 1958.
Jeremias, J., Jerusalem zur Zeit Jesu, 3. Aufl., Göttingen 1962.
Jeremias, J., Die Abendmahlsworte Jesu, 3. Aufl., Göttingen 1969.

Keel, O.,/Küchler, M., Orte und Landschaften der Bibel, Bd. 2, Zürich/Einsiedeln/Köln/Göttingen 1982.

Keel, O./Küchler, M./Uehlinger, Ch., Orte und Landschaften der Bibel, Bd. 1, Geographisch-geschichtliche Landeskunde, Zürich/Einsiedeln/Köln/Göttingen 1984, S. 661.
Keil, C. F., Biblischer Kommentar über die prophetischen Geschichtsbücher des Alten Testaments, Bd. III: Die Bücher der Könige, 2. Aufl., Leipzig 1876.
Kierkegaard, S., Christentum und Christenheit, München 1957.
Kluge F., Etymologisches Wörterbuch der deutschen Sprache, 21. Aufl., Berlin/New York 1975.
Kolta, K. S., Christentum im Land der Pharaonen, München 1985.
Kopp, C., Die Heiligen Stätten der Evangelien, 2. Aufl., Regensburg 1964.
Krömler, H. (Hrsg.), Unser aller Gebet. Eine ökumenische Besinnung über das Gebet des Herrn, 4. Aufl., Zürich/Stuttgart o.J.
Kroll, G., Auf den Spuren Jesu, 8. Aufl., Leipzig 1980.
Kühner, H./Harris, D., Israel. Ein Reiseführer durch dreitausend Jahre, 4. Aufl., Jerusalem/Tel Aviv 1978.
Kuhn, J., Ermutigung, 3. Aufl., Berlin 1983.

Lamsa, G. M., Die Evangelien in aramäischer Sicht, St. Gallen 1963.
Lau, J. M., Wie Juden leben: Glaube, Alltag, Feste, Gütersloh 1988.

Leipoldt, J., Die Frau in der Antike und im Urchristentum, 2. Aufl., Leipzig 1955.
Loewenich, W. v., Der Mensch im Lichte der Passionsgeschichte, Stuttgart 1947.
Loffreda, St., Cafarnaum, die Stadt Jesu, 2. Aufl., Jerusalem 1981.
Loffreda, St., Recovering Capharnaum, Modena 1985.
Loffreda, St., Die Heiligtümer von Tabgha, Jerusalem 1975.

Magnificat, Das Stundenbuch, Abtei Maria Laach, April 2001.
Magnificat, Das Stundenbuch, Abtei Maria Laach, Oktober 2001.
Magnifikat, Das Stundenbuch, Abtei Maria Lach, November 2001.
Magnificat, Das Stundenbuch, Abtei Maria Laach, Juni 2003.
Magnificat, Das Stundenbuch, Abtei Maria Laach, April 2004.
Magnificat, Das Stundenbuch, Abtei Maria Laach, Mai 2004.
Meinardus, O. F., Auf den Spuren der Heiligen Familie von Bethlehem nach Oberägypten, Koblenz 1978.
Meinardus, O. F., Auf Jesu Wegen im Heiligen Land. Galiläisches Tagebuch, Würzburg 1990.
Meinardus, O. F., Die heilige Woche. Tagebuch eines Reiseleiters, Catholica Unio 1988.
Meister, J., Erfahrungen mit dem verborgenen Gott, Neuendettelsau 1972.
Metzger, M., Grundriss der Geschichte Israels, Neukirchen-Vluyn 1963.
Mohr, G. H., Lexikon der Symbole, 4. Aufl., Düsseldorf/Köln 1976.

Neumann, W., Handbuch der Kantaten, Johann Sebastian Bach, Leipzig 1977.
Noort, E., Israel und das westliche Jordanufer, Neukirchen-Vluyn 1987.

Odelain, O./Séguineau, R., Lexikon der biblischen Eigennamen, Düsseldorf/Neukirchen-Vluyn 1981.

Pessach-Haggada in der Übersetzung von Heidenheim, Basel, 4. Aufl., 1960.
Pixner, B., Mit Jesus durch Galiläa nach dem fünften Evangelium, Rosh Pina 1992.
Pixner, B., Mit Jesus in Jerusalem, Corizin 1996.
Pixner, B., Wege des Messias und Stätten der Urkirche, Riesner, R., (Hrsg.), Gießen 1996.

Pixner, B., Wege Jesu um den See Genezareth, in: Das Heilige Land, 119,2–3, 1987, S. 1–14.

Ratzinger, J. K., Bilder der Hoffnung. Wanderungen im Kirchenjahr, 2. Aufl., Freiburg/Basel/Wien 1997.
Ringgren, H./Seybold, K./Fabry, H.-J., *mlk*, in: ThWAT, Bd. IV, Sp. 926–957.
Riera, C., Ins fernste Blau. Der historische Mallorca-Roman, Bergisch-Gladbach 2000.
Roloff, J., Die Apostelgeschichte, NTD Bd. 5, Berlin 1988.
Rudolph, W., Chronikbücher, HAT Erste Reihe Bd. XXI, Tübingen 1955.

Sand, A., Das Evangelium nach Matthäus, Leipzig 1986.
Scheck, F. R., Jordanien, DuMont, Kunst-Reiseführer, 2. Aufl., Köln 2000.
Schein, B. E., Following the Way. The Setting of John's Gospel, Minneapolis/Minnesota 1980.
Schlatter, A., Der Evangelist Johannes, 3. Aufl., Stuttgart 1960.
Schlatter, A., Der Evangelist Matthäus, Stuttgart 1959.
Schlink, E., Der Erhöhte spricht, Tübingen 1948.
Schmalz, Mater Ecclesiarum. Die Grabeskirche in Jerusalem, Straßburg 1918.
Schmid, J., Das Evangelium nach Matthäus, Regensburger Neues Testament, Bd. I, Leipzig o. J.
Schniewind, J., Das Evangelium nach Markus, NTD I, 9. Aufl., Göttingen 1960.
Schniewind, J., Das Evangelium nach Matthäus, NTD Bd. II, 9. Aufl., Göttingen 1960.
Schniewind, J., Antwort an Rudolf Bultmann. Thesen zum Problem der Entmythologisierung, in: Kerygma und Mythos. Ein theologisches Gespräch, ThF, Bd. I, 3. Aufl., Hamburg 1954, S. 77–121.
Schunk, K. D., râgni, in: ThWAT, Bd. VII, Sp. 345–347.
Schütz, P., Das Evangelium den Menschen unserer Zeit dargestellt, Berlin 1940.
Schweizer, E., Das Evangelium nach Lukas, NTD 3, Berlin 1982.
Seitz, M., Das Vaterunser, in: Calwer Predigthilfen, Bd. 9, 1970, S. 251–255.
Seitz, M., Lukas 23,33-48, in: GPM, 1968/69.

Slotki, J. W., Chronicles, 7. Aufl., London/Jerusalem/New York 1978.
Steinwand, E., Verkündigung und gelebter Glaube, Göttingen 1964.
Strack, H. L./Billerbeck, P., Kommentar zum Neuen Testament aus Talmud und Midrasch, Bde I-IV, 6. Aufl., München 1974/75.
Streloke, H., Ägypten, DuMont Kunst-Reiseführer, 4. Aufl., Köln 1979.
Strobel, A., Deine Mauern stehen vor mir alle Zeit, Gießen 1998.
Symbolum Nicaenum, in: Die Bekenntnisschriften der evang.-luth. Kirche, 4. Aufl., Göttingen 1959.

The Threshold of the Judgement Gate Jerusalem, 1927.
Thielicke, H.: Das Gebet, das die Welt umspannt, 13. Aufl., Stuttgart 1973.
Thielicke, H., Fragen des Christentums an die moderne Welt. Eine kritische Kulturkritik, Genf 1945.

Vilnay, Z., The Guide to Israel, 25. Aufl., Jerusalem 1985.
Voigt, G., Der schmale Weg. Homiletische Auslegung der Predigttexte der Reihe I, Berlin 1978.
Vries de, S. Ph., Jüdische Riten und Symbole, 6. Aufl., Wiesbaden 1990.

Wagner, S., dâra, in: ThWAT, Bd. II, Sp. 313–329.
Weber, O., Grundlagen der Dogmatik, Neukirchen, Bd. I 1959, Bd. II 1962.
Westermann, C., Zur Anrede des Vaterunsers, Mt 6,9a in: ZdZ, 1952/53, S. 77–79.
Wilken, K. E., Biblisches Erleben im Heiligen Land, Bd. I, Lahr/Dinglingen 1953.
Wilken, K. E., Biblisches Erleben im Heiligen Land, Bd. II, Lahr/Dinglingen 1954.
Wilken, K. E., Der Stein des Pilatus, Erinnerungen an Besuche im Heiligen Land, Lahr-Dinglingen 1966.
Willeitner, J./Dollhopf, H., Jordanien, 2. Aufl., München 1996.
Wilmes, H. M., Im Land des Herrn. Führer für Pilger, 3. Aufl., Werl 1982.
Wolf, B., Das Buch Samuel, Bd. I, Friedberg 1923.
Wolf, B., Das Buch Samuel, Bd. II, Friedberg 1926.

Würthwein, E., Die Bücher der Könige, 1. Könige 17–2. Könige 25, ATD Teilband 11,2, Göttingen 1984.

Zahn, Th., Das Evangelium nach Johannes, 6. Aufl., Leipzig 1921.
Zahn, Th., Das Evangelium des Lukas, Kommentar zum Neuen Testament, Bd. III, 4. Aufl., Leipzig 1920.
Zink, J., Die Wahrheit lässt sich finden. Dokumente aus der Bibel und Erfahrungen heute, Stuttgart/Berlin 1972, 2. Aufl.

Abkürzungsverzeichnis

RGG	Die Religion in Geschichte und Gegenwart, 3. Aufl., Tübingen 1957–1965.
ThF	Theologische Forschung: wissenschaftliche Beiträge zur kirchlich-evangelischen Lehre.
ThWAT	Theologisches Wörterbuch zum Alten Testament, Stuttgart/Berlin/Köln/Mainz 1973–2000.
ThWNT	Theologisches Wörterbuch zum Neuen Testament, Stuttgart 1957–1979.

Anmerkungen

I. Nazareth – die Heimat Jesu

1 Vgl. Riesner, R., Nazareth, in: Das Große Bibellexikon, Bd. 2, Wuppertal/Gießen 1988, S. 1031+1032.

2 Vgl. Mt 2,23; 26,71; Lk 18,37; Joh 18,5+7; 19,19; Apg 2,22; 4,10; 6,14; 22,8; 24,5–26,9. Vgl. Mk 1,24; 10,47; 14,67; 16,6; Lk 4,34; 24,19.

3 Vgl. Kopp, C., Die Heiligen Stätten der Evangelien, 2. Aufl., Regensburg 1964, S. 89.

4 Vgl. Kroll, G., Auf den Spuren Jesu, 8. Aufl., Leipzig 1980, S. 104.

5 Pixner, B./Riesner, R., Kochaba, in: Das Große Bibellexikon, Bd. 2, a. a. O., S. 801.

6 Vgl. Riesner, R., Nazareth, a. a. O., S. 1032.

7 Vgl. Kroll, G., a. a. O., S. 109.

8 Wilken, K. E., Biblisches Erleben im Heiligen Land, Bd. I, Lahr-Dinglingen 1953, S. 22.

9 Vgl. ebd., S. 1279.

10 Berger, K./Nord, Ch., Das Neue Testament und frühchristliche Schriften, Frankfurt 1999, S. 1288.

11 Vgl. Kroll, G., a. a. O., S. 124–127.

12 Vgl. Kopp, C., a. a. O., S. 107.

13 Vgl. Riesner, R., Nazareth, a. a. O., S. 1032.

14 Vgl. Kroll, G., a. a. O., S. 125 f.

15 Vgl. Riesner, R., Nazareth, a. a. O., S. 1032 f.

16 Nach dem Talmudtraktat Synhedrin (IX 1 und 3) werden folgende Personen durch Verbrennung hingerichtet: »Wer eine Frau und ihre Tochter beschlafen hat und eine Priestertochter, die gehurt hat« (Lazarus Goldschmidt, Der babylonische Talmud. Neu übertragen durch Lazarus Goldschmidt. Bd. 8, 1967, S. 762; zur Verbrennung als schwerere Todesart vgl. ebd., S. 778).

17 Vgl. Bräumer, Hj., Josef, in: Das Große Bibellexikon, Bd. 2, a. a. O., S. 723 f.

18 Epiphanius, zitiert nach Kroll, G., a. a. O., S. 113.

19 Vgl. Riesner, R., Nazareth, a. a. O., S. 1036, und Kroll, G., a. a. O., S. 125.

20 Vgl. Riesner, R., Nazareth, a. a. O., S. 1036, und Kopp, C., a. a. O., S. 101.

21 Vgl. Kroll, G., a.a.O., S. 119.
22 Vgl. Wilken, K. E., Bd. I, a.a.O., S. 15.
23 Wilmes, H. M., Im Land des Herrn. Führer für Pilger, 3. Aufl., Werl 1982, S. 272.
24 Wilken, K. E., Bd. I, a.a.O., S. 16.
25 Vgl. Kroll, G., a.a.O., S. 117+125.
26 Kroll, G., a.a.O., S. 117.
27 Vgl. Riesner, R., Nazareth, a.a.O., S. 1036.
28 Vgl. Kroll, G., a.a.O., S. 121.
29 Vgl. Blauer Führer. Israel, Wien/München/Zürich/New York 1982, S. 211.
30 Vgl. Riesner, R., Nazareth, a.a.O., S. 1036.
31 Vgl. Kroll, G., a.a.O., S. 107.
32 Vgl. ebd., S. 104+107.
33 Vgl. Kopp, C., a.a.O., S. 117.
34 Vgl. Riesner, R., Nazareth, a.a.O., S. 1034.
35 Vgl. Wilken, K. E., Bd. I, a.a.O., S. 13.
36 Vgl. Kopp, C., a.a.O., S. 117.
37 Vgl. Hoade, E.H., Guide to the Holy Land, 4. Aufl., Jerusalem 1971, S. 663.
38 Vgl. Riesner, R., Nazareth, a.a.O., S. 1033.
39 Vgl. Riesner, R., Nazareth, a.a.O., S. 1034.

II. En Kerem – die erste Begegnung Jesu mit Johannes dem Täufer

40 Vgl. Kopp, C., a.a.O., S. 130.
41 Vgl. Kroll, G., a.a.O., S. 213.
42 Vgl. Riesner, R., En Kerem, in: Das große Bibellexikon, Bd. 2, a.a.O., S. 776.
43 Vgl. Kroll, G., a.a.O., S. 214.
44 Ebd., S. 214.
45 Vgl. ebd.
46 Vgl. Riesner, R., En Kerem, a.a.O., S. 776.
47 Vgl. Pixner, B., Wege des Messias und Stätten der Urkirche, Hrsg. von Riesner, R., Gießen 1996, S. 278 ff.
48 Odelain, O./Séguineau, R., Lexikon der biblischen Eigennamen, Düsseldorf/Neukirchen-Vluyn 1981, S. 66.
49 Vgl. Kroll, G., a.a.O., S. 228.
50 Blauer Führer, Israel, a.a.O., S. 401, u. Hoade, E. H., a.a.O., S. 591.
51 Vgl. Bier, A., a.a.O., S. 281.
52 Vgl. Kopp, C., a.a.O., S. 132.

53 Vgl. Riesner, R., Nazareth, a. a. O., S. 1036.
54 Vgl. Kroll, G., a. a. O., S. 213.
55 Ebd.
56 Buber, M., Ich und Du, in: Schriften zur Philosophie, Bd. I., München, 1962, S. 85.
57 Steinbüchel, Th., zitiert nach Grün, A.: Gebet als Begegnung, Münster, Schwarzacher Kleinschriften, Bd. 60, Münster Schwarzach 1990, S. 7 f.
58 Hoade, E. H., a. a. O., S. 591 f.
59 Vgl. Berger, K./Nord, Ch., a. a. O., S. 1292.
60 Vgl. Kroll, G., a. a. O., S. 228.
61 Vgl. Kopp, C., a. a. O., S. 136.
62 Vgl. Kroll, G., a. a. O., S. 213.
63 Vgl. Kopp, C., a. a. O., S. 136.
64 Vgl. Wilmes, H. M., a. a. O., S. 199.
65 Hoade, E. H., a. a. O., S. 590.
66 Vgl. Kroll, G., a. a. O., S. 228.
67 Vgl. Hoade, E. H., a. a. O., S. 590.
68 Delitzsch, F., Biblischer Kommentar über die Psalmen, 4. Aufl., Leipzig 1883, S. 635.

III. Der Weg von Nazareth nach Bethlehem

69 Vgl. Zink, J., Die Wahrheit lässt sich finden. Dokumente aus der Bibel und Erfahrungen heute, Stuttgart/Berlin 1972, 2. Aufl., S. 155.
70 Vgl. Pixner, B., Wege des Messias, a. a. O., S. 24 f. und 245 f.
71 Vgl. Keel, O.,/Küchler, M., Orte und Landschaften der Bibel, Bd. II, Zürich/Einsiedeln/Köln/Göttingen 1982, S. 663.
72 Vgl. Dalman, G., Orte und Wege Jesu. Schriften des deutschen Palästina Instituts, 3. Aufl., Gütersloh 1924, S. 21 ff.
73 Vgl. Wolf, B., Das Buch Samuel, (Bd. I, Friedberg 1923), Bd. II, Friedberg 1926, S. 42.
74 Vgl. Meister, J., Erfahrungen mit dem verborgenen Gott, Neuendettelsau 1972, S. 6–8.
75 Vgl. Bier, A., a. a. O., S. 38, und Hoade, E. H., a. a. O., S. 345.
76 Vgl. Keel, O./Küchler, M., Bd. II, a. a. O., S. 606.
77 Vgl. Pixner, B., Wege des Messias, a. a. O., S. 27.
78 Vgl. Dalman, G., a. a. O., S. 22.
79 Vgl. Bier, A., a. a. O., S. 38.
80 Vgl. Blauer Führer, Israel, a. a. O., S. 517.
81 Aquarell von Julius Hartmann, veröffentlicht durch die Agentur des Rauhen Hauses, Hamburg 1899.

82 Vgl. Keel, O./Küchler, M., Bd. II, a.a.O., S. 608.
83 Vgl. Wilken, K. E., Biblisches Erleben im Heiligen Land, Bd. II, Lahr/Dinglingen 1954, S. 167, und
Jeremias, J., Heiligengräber in Jesu Umwelt, Göttingen 1958, S. 75.
84 Vgl. Keel, O./Küchler, M., Bd. II, a.a.O., S. 610.
85 Vgl. Dalman, G., Orte, a.a.O., S. 30.
86 Vgl. Gradwohl, R., Die Farben des Alten Testamentes, zitiert nach Beyse, K. M., *an*, in: ThWAT VIII, Sp. 341.
87 Vgl. Pixner, B., Wege des Messias, a.a.O., S. 245.
88 Keel, O./Küchler, M., Bd. II, a.a.O., S. 650.
89 Vgl. Kroll, G., a.a.O., S. 105.
90 Vgl. Keel, O./Küchler, M., Bd. II, a.a.O., S. 653.
91 Josephus, Jüd. Altertümer VII,2, zitiert nach Wilken, K. E., Bd. II, a.a.O., S. 172.
92 Vgl. ebd., S. 172.
93 Kroll, G., a.a.O., S. 83.
94 Vgl. Wilken, K. E., Bd. II, a.a.O., S. 173.
95 Ass. Mos. 6,22, zitiert nach Kroll, G., a.a.O., S. 93.

IV. Bethlehem

96 Vgl. Keel, O./Küchler, M., Bd. II, a.a.O., S. 613.
97 Vgl. Kroll, G., a.a.O., S. 39.
98 Vgl. Riesner, R., Bethlehem, Das Große Bibellexikon, Bd. 1, Wuppertal/Gießen 1987, S. 197.
99 Vgl. Wilken, K. E., Bd. II, a.a.O., S. 174.
100 Ringgren, H./Seybold, K./Fabry, H.-J., *mk*, in: *ThWAT*, Bd. IV, Sp. 942.
101 Pixner, B., Wege des Messias, a.a.O., S. 34.
102 Vgl. Noort, E., Israel und das westliche Jordanufer, Neukirchen-Vluyn 1987, S. 187 ff.
103 Vgl. Riesner, R., Bethlehem, a.a.O., S. 196 f.
104 Pixner, B., Wege des Messias, a.a.O., S. 33.
105 Vgl. Kopp, C., a.a.O., S. 39.
106 Vgl. Kroll, G., a.a.O., S. 48 f.
107 Vgl. Kopp, C., a.a.O., S. 39 f.
108 Vgl. Kroll, G., a.a.O., S. 60.
109 Vgl. Riesner, R., Bethlehem, a.a.O., S. 197.
110 Vgl. Kroll, G., a.a.O., S. 49.
111 Vgl. ebd., S. 60.
112 Pixner, B., Wege des Messias, a.a.O., S. 37.

113 Vgl. ebd., S. 38.
114 Wilken, K. E., Der Stein des Pilatus, Erinnerungen an Besuche im Heiligen Land, Lahr-Dinglingen 1966, S. 18–27.

V. Die beiden ersten Besuche Jesu im Tempel

115 Vgl. Keel, O./Küchler, M./Uehlinger, Ch., Orte und Landschaften der Bibel, Bd. 1, Geographisch-geschichtliche Landeskunde, Zürich/Einsiedeln/Köln/Göttingen 1984, S. 661.
116 Vgl. Bräumer, Hj., Das erste Buch Mose. Kapitel 12-36, Wuppertal 1987, S. 193.
117 Vgl. Alpert, F., Your Historical Guide to Jerusalem Throughout the Ages. Archaeological Seminar Inc. 1984, S. 10+11.
118 Vgl. Keel, O./Küchler, M./Uehlinger, Ch., Bd. 1, a. a. O., S. 575.
119 Vgl. Kroll, G., a. a. O., S. 172.
120 Vgl. Koop, C., a. a. O., S. 345.
121 Vgl. Kroll, G., a. a. O., S. 183.
122 Vgl. Koop, C., a. a. O., S. 348.
123 Vgl. Kroll, G., a. a. O., S. 175, und Koop, C., a. a. O., S. 350.
124 Zur Bar Mizwa vgl. Lau, J. M., Wie Juden leben. Glaube – Alltag – Feste, Gütersloh 1988, S. 310–315.

125 Kroll, G., a. a. O., S. 188.
126 Ernst, J., Das Evangelium nach Lukas, Leipzig 1984, S. 89.
127 Guardini, R., Nähe des Herrn, 2. Aufl., Würzburg 1962, S. 59.

VI. Die Flucht nach Ägypten

128 Vgl. Kroll, G., a. a. O., S. 69.
129 Vgl. Metzger, M., Grundriss der Geschichte Israels, Neukirchen-Vluyn 1963, S. 210.
130 Vgl. Bruce, F. F., Herodes, in: Das Große Bibellexikon, Bd. 1, a. a. O., S. 563.
131 Vgl. Guardini, R., Der Herr. Betrachtungen über die Person und das Leben Jesu Christi, Leipzig 1953, S. 4.
132 Vgl. Brunner-Traut, E., Die Kopten. Leben und Lehre der frühen Christen in Ägypten, Köln 1982, S. 9.
133 Vgl. Kroll, G., a. a. O., S. 99.
134 Vgl. ebd., S. 94.
135 Vgl. ebd.
136 Vgl. Baedeker, Ägypten, 8. Aufl., 2000, S. 82.
137 Vgl. Bräumer, Hj., Das erste Buch Mose. Kapitel 37–50, 2. Aufl., Wuppertal 1995, S. 141.

138 Vgl. Blauer Führer, Ägypten, Wien/München/Zürich/New York 1981, S. 442.
139 Vgl. ebd., S. 298.
140 Vgl. Kroll, G., a. a. O., S. 35.
141 Vgl. Meinardus, O. F., Auf den Spuren der Heiligen Familie, a. a. O., S. 35.
142 Vgl. Streloke, H., Ägypten, DuMont Kunst-Reiseführer, 4. Aufl., Köln 1979, S. 198.
143 Meinardus, O. F., Auf den Spuren der Heiligen Familie, a. a. O., S. 70.
144 Vgl. Blauer Führer, Ägypten, a. a. O., S. 242.
145 Vgl. Baedeker, Ägypten, a. a. O., S. 286.
146 Vgl. ebd.
147 Vgl. Blauer Führer, Ägypten, a. a. O., S. 240.
148 Vgl. Bistavros, G. G., Kurze Geschichte der St. Sergius Kirche. Die älteste Kirche in Ägypten, o. A.
149 Meinardus, O. F., Auf den Spuren der Heiligen Familie, a. a. O., S. 15.
150 Vgl. Kolta, K. S., Christentum im Land der Pharaonen, München 1985, S. 12 f.
151 Vgl. Kroll, G., a. a. O., S. 96.
152 Vgl. Berger, K./Nord, Ch., a. a. O., S. 312.
153 Vgl. Kroll, G., a. a. O., S. 95–99.
154 Bistavros, G. G., a. a. O.
155 Meinardus, O. F., Auf den Spuren der Heiligen Familie, a. a. O., S. 34.

VII. Betanien östlich des Jordans – Zukunft hat Vergangenheit

156 Vgl. Scheck, F. R., Jordanien, DuMont, Kunstreiseführer, 2. Aufl., Köln 2000, S. 149.
157 Vgl. Bethany, Beyond the Jordan, Jordan Tourism Board, Sept. 2002.
158 Vgl. Kroll, G., a. a. O., S. 229–231.
159 Vgl. Willeitner, J./Dollhopf, H., Jordanien, 2. Aufl., München 1996, S. 173.
160 Vgl. Bethany, a. a. O.
161 Vgl. Riesner, R., Betanien II, in: Das Große Bibellexikon, Bd. 1, a. a. O., S. 193.
162 Vgl. Bethany, a. a. O.
163 Vgl. Scheck, F. R., a. a. O., S. 150.
164 Vgl. Bethany, a. a. O.
165 Wilken, K. E., Der Stein des Pilatus, a. a. O., S. 89.

VIII. Kana – Jesus auf der Hochzeit in Kana

166 Zu Kfar Kanna vgl. Blauer Führer, Israel, a.a.O., S. 194f.

167 Zu Chirbet Kana vgl. Koop, C., a.a.O., S. 184–195, und Kroll, G., a.a.O., S. 242f. und Riesner, R., Kana, in: Das Große Bibellexikon, Bd. 2, a.a.O., S. 752.

168 Zu Qana im Süden des heutigen Libanons vgl. Höllhuber, D., Libanon, DuMont, Köln 1999, S. 210f., und Bogler, B., Libanon, Marco Polo, 1995, S. 88.

169 Vgl. Bogler, B., a.a.O., S. 88.

170 Zu dem Brauchtum bei den Hochzeitsfeierlichkeiten zur Zeit Jesu vgl. Kroll, G., a.a.O., S. 243–246.

171 Der Midrasch bedeutet auf Hebräisch »Auslegung«. Ursprünglich folgte er mündlich im Synagogalgottesdienst auf die Thoralesung, später wurde er in Einzelauslegungen schriftlich festgehalten.

172 Kroll, G., a.a.O., S. 245.

173 Göll, H., Illustrierte Mythologie. Göttersagen und Kultusformen, 7. Aufl., Leipzig 1901, S. 118–123.

174 Vgl. Kroll, G., a.a.O., S. 246.

IX. Das »Evangelische Dreieck« am See Genezareth

175 Vgl. Pixner, B., Wege des Messias, a.a.O., S. 86.

176 Pixner, B., Wege Jesu um den See Genezareth, in: Das Heilige Land, 119,2–3, 1987, S. 1.

177 Vgl. Riesner, R., Kapernaum, in: Das große Bibellexikon, Bd. 2., a.a.O., S. 767.

178 Pixner, B., Wege Jesu um den See Genezareth, a.a.O., S. 3.

179 Kroll, G., a.a.O., S. 278.

180 Riesner, R., See Genezareth, in: Das große Bibellexikon, Bd. 1, a.a.O., S. 440.

181 Vgl. Kroll, G., a.a.O., S. 230.

182 Vgl. Kühner, H./Harris, D., Israel. Ein Reiseführer durch dreitausend Jahre, 4. Aufl., Jerusalem/Tel Aviv 1978, S. 213.

183 Vgl. Riesner, R., See Genezareth, a.a.O., S. 440.

184 Vgl. ebd., S. 439.

185 Ebd., S. 439f.

186 Vgl. ebd., S. 440.

187 Grundmann, W., Das Evangelium nach Matthäus, 3. Aufl., Berlin 1972, S. 368.

188 Vgl. Bräumer, Hj., Das Buch Hiob, Kap. 20–42, Wuppertal, 2. Aufl., 1997, S. 251–254.

189 Vgl. Pixner, B., Wege des Messias, a.a.O., S. 66f. + 78.
190 Vgl. Pixner, B., Mit Jesus durch Galiläa, a.a.O., S. 42.
191 Vgl. Riesner, See Genezareth, a.a.O., S. 438, Pixner, B., Mit Jesus durch Galiläa, a.a.O., S. 73f.

X. Betsaida und Gamla – und die Berufung der ersten Jünger Jesu

192 Vgl. Kroll, G., a.a.O., S. 299.
193 Vgl. Dalman, G., a.a.O., S. 172f.
194 Vgl. Kroll, G., a.a.O., S. 298.
195 Pixner, B., Mit Jesus durch Galiläa, Rosh Pina 1992, S. 91.
196 Vgl. Strack, H. L./Billerbeck, P., Kommentar zum Neuen Testament aus Talmud und Midrasch, Bde I-IV, 6. Aufl., München 1974/75, Bd. II, S. 71.
197 Vgl. Barrett, C. K., Das Evangelium nach Johannes, Berlin 1990, S. 205.
198 Vgl. Jeremias, Joh., Das Evangelium nach Johannes, Leipzig 1931, 93.
199 Vgl. Mohr, G. H., Lexikon der Symbole, 4. Aufl., Düsseldorf/Köln 1976, S. 102.
200 Vgl. Mt 21,19; Mk 11,12ff.; Lk 13,6ff.
201 Vgl. Jeremias, Joh., Das Evangelium nach Johannes, a.a.O., S. 93.
202 Vgl. Strack, H. L./Billerbeck, P., Bd. II, a.a.O., S. 371.
203 Vgl. Zahn, Th., Das Evangelium des Johannes, 6. Aufl., Leipzig 1921, S. 141.
204 Vgl. ebd., S. 141f.
205 Bornkamm, G., zitiert nach Barrett, a.a.O., S. 209.
206 Vgl. Pixner, B., Mit Jesus durch Galiläa, a.a.O., S. 91, und Noort, E., a.a.O., S. 202.
207 Vgl. Betz, O., phoneo, *ThWNT*, Bd. IX, S. 296.
208 Kluge, F., Etymologisches Wörterbuch der deutschen Sprache, 21. Aufl., Berlin/New York 1975, S. 68.
209 Ebd., S. 63.

XI. Die Drohworte Jesu gegen Chorazin, Betsaida und Kapernaum

210 Steinwand, E., Verkündigung und gelebter Glaube, Göttingen 1964, S. 26.
211 Vgl. Wilken, K. E., Bd. I, a.a.O., S. 200f.
212 Schniewind, J., Das Evangelium nach Matthäus, NTD Bd. II, 9. Aufl., Göttingen 1960, S. 148.
213 Vgl. Pixner, B., Mit Jesus durch Galiläa, a.a.O., S. 95.
214 Vgl. Meinardus, O. F., Auf Jesu Wegen im Heiligen Land. Galiläisches Tagebuch, Würzburg 1990, S. 136.

215 Vgl. Kroll, G., a.a.O., S. 300.
216 Vgl. Wilken, K. E., Bd. I, a.a.O., S. 234.
217 Vgl. Noort, E., a.a.O., S. 195.
218 Wilken, K. E., Bd. I, a.a.O., S. 233.
219 Kroll, G., a.a.O., S. 314.
220 Vgl. Bier, A., a.a.O., S. 229.
221 Vgl. Irmsche, J./Johne, R. (Hrsg.), Lexikon der Antike, 2. Aufl., Leipzig 1977, S. 199 u. 348.
222 Vgl. Bräumer, Hj., Das zweite Buch Mose. Kapitel 19–40, Wuppertal 1999, S. 315 ff.
223 Vgl. Kroll, G., a.a.O., S. 313.
224 Vgl. Blauer Führer, Israel, a.a.O., S. 237.
225 Vgl. Wilken, K. E., Bd. I, a.a.O., S. 228.
226 Ebd.
227 Vgl. Kroll, G., a.a.O., S. 313.
228 Steinwand, E., a.a.O., S. 26.
229 Schniewind, J., Das Evangelium nach Matthäus, a.a.O., S. 148.

XII. Kapernaum – die Wahlheimat Jesu

230 Vgl. Noort, E., a.a.O., S. 293, und Loffreda, St., Cafarnaum, die Stadt Jesu, 2. Aufl., Jerusalem 1981, S. 15.
231 Vgl. Loffreda, St., a.a.O., S. 9.
232 Vgl. Bier, A., a.a.O., S. 232.
233 Vgl. Loffreda, St., a.a.O., S. 16.
234 Vgl. Kroll, G., a.a.O., S. 285.
235 Vgl. Wilken, K. E., Bd. I, a.a.O., S. 207.
236 Vgl. Pixner, B., Mit Jesus durch Galiläa, a.a.O., S. 36.
237 Mt 4,13; 8,5; 11,23; 17,24; Mk 1,21; 2,1; 9,33; Lk 4,23; 7,1; 10,15; Joh 2,12; 4,47; 6,17; 6,59.
238 Strack, H. L., Billerbeck, P., Bd. I, a.a.O., S. 722.
239 Brunner, E., Wahrheit als Begegnung, Berlin/Zürich 1938, S. 51.
240 Vgl. Schein, B.E., Following the Way. The Setting of John's Gospel, Minneapolis/Minnesota 1980, S. 106.
241 Vgl. Wilken, K. E., Bd. I, a.a.O., S. 213.
242 Vgl. Kroll, G., a.a.O., S. 293.
243 Vgl. Noort, E., a.a.O., S. 294.
244 Eder, A., Der Davidsstern. Seine Bedeutung in der Geschichte und im Verlauf der Erlösung, 2. Aufl., Jerusalem 1984, S. 5–45.
245 Vgl. ebd., S. 46 f.
246 Vgl. Dorrie, H., RGG III, 3. Aufl., Sp. 1060.

247 Tos. Meg. 4,23, zitiert nach Kroll, G., a.a.O., S. 288.
248 Ebd., S. 288.
249 Vgl. ebd.
250 Vgl. Noort, E., a.a.O., S. 294.
251 Vgl. Pixner, B., Mit Jesus durch Galiläa, a.a.O., S. 33.
252 Vgl. Kroll, G., a.a.O., S. 298.
253 Vgl. Loffreda, St., a.a.O., S. 37.
254 Vgl. Kroll, G., a.a.O., S. 37.

XIII. Tabgha – das Quellgebiet und seine Heiligtümer

255 Vgl. Pixner, B., Wege des Messias, a.a.O., S. 86+92+98.
256 Vgl. Wilken, K. E., a.a.O., S. 216f.
257 Loffreda, St., Die Heiligtümer von Tabgha, Jerusalem 1975, S. 48f.
258 Ebd., S. 9–16.
259 Vgl. Pixner, B., Mit Jesus durch Galiläa, a.a.O., S. 69–71, und Loffreda, St., Die Heiligtümer von Tabgha, a.a.O., S. 21.
260 Vgl. Pixner, B., Mit Jesus durch Galiläa, a.a.O., S. 72.
261 Vgl. Loffreda, St., Die Heiligtümer von Tabgha, a.a.O., S. 48.

262 Vgl. Kühner, H./Harris, D., a.a.O., S. 207.
263 Vgl. Vilnay, Z., a.a.O., S. 491.
264 Vgl. DuMont visuell, Heiliges Land, 2. Aufl., 1997, S. 382.
265 Vgl. Kroll, G., a.a.O., S. 301.
266 Vgl. Meinardus, O. F., Auf Jesu Wegen, a.a.O., S. 131.
267 Vg. ebd., S. 132.
268 Vgl. Noort, E., a.a.O., S. 182.
269 Vgl. Kroll, G., a.a.O., S. 302, und Meinardus, O. F., Auf Jesu Wegen, a.a.O., S. 132.
270 Kopp, C., a.a.O., S. 261.
271 Vgl. Pixner, B., Mit Jesus durch Galiläa, a.a.O., S. 73.
272 Vgl. Hoade, E. H., a.a.O., S. 701.
273 Vgl. Loffreda, St., Die Heiligtümer von Tabgha, a.a.O., S. 58–62.
274 Vgl. Barnabas 5,1, zitiert nach Berger, K./Nord, Ch., a.a.O., S. 241.
275 Vgl. Grün, A., Österlich Leben, Freiburg 2001, S. 5.

XIV. Magdala – eine Stadt an der Via Maris

276 Vgl. Kroll, G., a.a.O., S. 29+279.
277 Vgl. ebd., S. 584, Anm. 203.
278 Ebd., S. 278.
279 Vg. Riesner, R., Magdala, in: Das Große Bibellexikon, Bd. 2, a.a.O., S. 909f.

280 Vgl. Grundmann, W. Das Evangelium nach Markus, 6. Aufl., Berlin 1973, 319.

281 Vgl. Leipoldt, J., Die Frau in der Antike und im Urchristentum, 2. Aufl., Leipzig 1955, S. 167.

282 Vgl. Wilken, K. E., Bd. I, a.a.O., S. 119ff., und Riesner, R., Magdala, a.a.O., S. 909f.

283 Vgl. Strack, H. L./Billerbeck, P., Bd. II, a.a.O., S. 1047.

284 Vgl. Riera, C., Ins fernste Blau. Der historische Mallorca-Roman, Bergisch-Gladbach 2000, S. 331+334.

285 Vgl. Wilken, K. E., a.a.O., S. 122.

286 Lamsa, G. M., Die Evangelien in aramäischer Sicht, St. Gallen 1963, S. 296.

287 Vgl. Strack, H. L./Billerbeck, P., Bd. II, a.a.O., S. 162.

288 Guardini, R., Tugenden. Meditationen über Gestalten sittlichen Lebens, Würzburg 1963, S. 72.

289 Vgl. Leipoldt, J., a.a.O., S. 145.

290 Ernst, J., a.a.O., S. 176.

291 Vgl. Lamsa, G. M., a.a.O., S. 294.

292 Vgl. Wilken, K. E., a.a.O., S. 121ff.

293 Vgl. Magnificat. Das Stundenbuch, Abtei Maria Laach April 2001, S. 158f.

294 Vgl. Barrett, C. K., a.a.O., S. 541; vgl. Strack/Billerbeck II, S. 25.

295 Vgl. Grundmann, W., Das Evangelium nach Markus, a.a.O., S. 222.

296 Vgl. Lamsa, G. M., a.a.O., S. 441.

297 Gabriele Miller, in Magnificat, April 2001, a.a.O., S. 122.

XV. Das Wirken Jesu am Ostufer des Sees und östlich des Jordans

298 Vgl. Riesner, R., Dekapolis, in: Das Große Bibellexikon, Bd. 1, a.a.O., S. 264.

299 Wilken, K. E., Bd. I, a.a.O., s. 169.

300 Vgl. Kroll, G., a.a.O., S. 343.

301 Vgl. Willeitner, J./Dollhopf, H., a.a.O., S. 44.

302 Vgl. Kroll, G., a.a.O., S. 343.

303 Vgl. Pixner, B., Mit Jesus durch Galiläa, a.a.O., S. 44f.

304 Vgl. Wilken, K. E., Bd. I, a.a.O., S. 172.

305 Vgl. Pixner, B., Wege des Messias, a.a.O., S. 142.

306 Vgl. ebd., S. 146–148.

307 Vgl. Pixner, B., Mit Jesus durch Galiläa, a.a.O., S. 43, und Wege des Messias, a.a.O., S. 143.

308 Maimonides, Siehe Kapitel IX, See Genezareth.

309 Vgl. Kroll, G., a.a.O., S. 346.

310 Vgl. Pixner, B., Wege des Messias, a. a. O., S. 145.
311 Vgl. Kroll, G., a. a. O., S. 346.
312 Vgl. Pixner, B., Wege des Messias, a. a. O., S. 143.
313 Vgl. Lamsa, G. M., a. a. O., S. 223.
314 Vgl. ebd., S. 222 f.
315 Bultmann, R., Neues Testament und Mythologie. Das Problem der Entmythologisierung der neutestamentlichen Verkündigung, in: Kerygma und Mythos. Ein theologisches Gespräch, *ThF*, Bd. I, 3. Aufl., Hamburg 1954, S. 17.
316 Schniewind, J., Antwort an Rudolf Bultmann. Thesen zum Problem der Entmythologisierung, in: Kerygma und Mythos. Ein theologisches Gespräch, *ThF*, Bd. I, 3. Aufl., Hamburg 1954, S. 113.
317 Thielicke, H., Fragen des Christentums an die moderne Welt. Eine kritische Kulturkritik, Genf 1945, S. 165+194.
318 Vgl. Guardini, R., Der Herr, a. a. O., S. 46.
319 Thielicke, Fragen des Christentums, a. a. O., S. 194.
320 Schütz, P., Das Evangelium den Menschen unserer Zeit dargestellt, Berlin 1940, S. 243.
321 Vgl. Pixner, B., Wege des Messias, a. a. O., S. 143, und Pixner, B., Mit Jesus durch Galiläa, a. a. O., S. 43.
322 Vgl. Riesner, R., Hippos, in: Das Große Bibellexikon, Bd. 2, a. a. O., S. 581.
323 Vgl. Riesner, R., Dekapolis, a. a. O., S. 264.
324 Pixner, B., Mit Jesus durch Galiläa, a. a. O., S. 45.
325 Vgl. Pixner, B., Wege des Messias, a. a. O., S. 71.
326 Vgl. ebd.
327 Vgl. Pixner, B., Mit Jesus durch Galiläa, a. a. O., S. 84.
328 Vgl. Riesner, R., Hippos, a. a. O., S. 581.
329 Vgl. Willeitner, J./Dollhopf, H., a. a. O., S. 169.
330 Vgl. Baedeker, Jordanien, 2. Aufl., 2000, S. 169.
331 Vgl. Wilken, K. E., Bd. I, a. a. O., S. 169.
332 Vgl. DuMont, a. a. O., S. 201.
333 Vgl. www.bibleinterp.com
334 Vgl. www.dainst.org
335 Vgl. Pella, in: Das Große Bibellexikon.
336 Vgl. www.ancientneareast.tripod.com
337 Vgl. www.kircheliebenscheid.de
338 Rabba, in: Das Große Bibellexikon.
339 Vgl. www.kircheliebenscheid.de
340 Vgl. www.antikefan.de

Sch'ma Israel

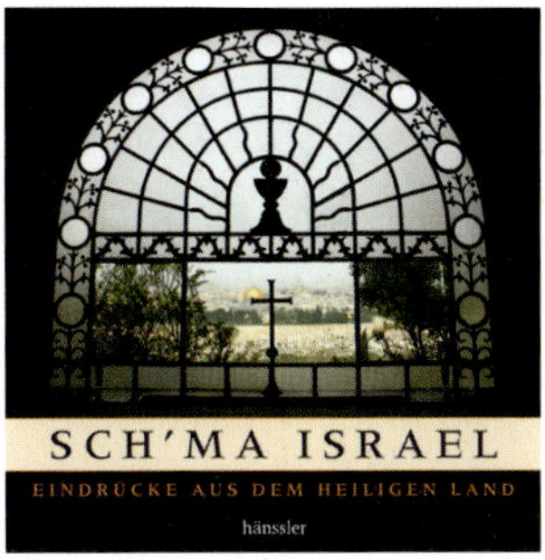

Bildband, 21×21 cm, 100 S.
Nr. 394.530,
ISBN 978-3-7751-4530-5

Israel ist ein faszinierendes Land.

Im Medien-Dschungel der Tagespolitik verliert man es oft aus den Augen. Zitate aus Bibel und Judentum nehmen den Leser mit auf die Reise: zu dem »auserwählten« Volk, wie es in der Thora heißt.

Stimmungsvolle Landschafts- und Personenbilder von Johannes Gerloff, Hilla und Max Moshe Jacoby und anderen entführen den Leser in das Gelobte Land.